グローバル人事改革の
挫折と再生

制度論で捉える組織変革

後藤将史

著

若い知性が拓く未来

　今西錦司が『生物の世界』を著して，すべての生物に社会があると宣言したのは，39歳のことでした。以来，ヒト以外の生物に社会などあるはずがないという欧米の古い世界観に見られた批判を乗り越えて，今西の生物観は，動物の行動や生態，特に霊長類の研究において，日本が世界をリードする礎になりました。

　若手研究者のポスト問題等，様々な課題を抱えつつも，大学院重点化によって多くの優秀な人材を学界に迎えたことで，学術研究は新しい活況を呈しています。これまで資料として注目されなかった非言語の事柄を扱うことで斬新な歴史的視点を拓く研究，あるいは語学的才能を駆使し多言語の資料を比較することで既存の社会観を覆そうとするものなど，これまでの研究には見られなかった溌剌とした視点や方法が，若い人々によってもたらされています。

　京都大学では，常にフロンティアに挑戦してきた百有余年の歴史の上に立ち，こうした若手研究者の優れた業績を世に出すための支援制度を設けています。プリミエ・コレクションの各巻は，いずれもこの制度のもとに刊行されるモノグラフです。「プリミエ」とは，初演を意味するフランス語「première」に由来した「初めて主役を演じる」を意味する英語ですが，本コレクションのタイトルには，初々しい若い知性のデビュー作という意味が込められています。

　地球規模の大きさ，あるいは生命史・人類史の長さを考慮して解決すべき問題に私たちが直面する今日，若き日の今西錦司が，それまでの自然科学と人文科学の強固な垣根を越えたように，本コレクションでデビューした研究が，我が国のみならず，国際的な学界において新しい学問の形を拓くことを願ってやみません。

　　　　　　　　　　　　　　第26代　京都大学総長　山極壽一

i

目　次

序章　新たな「正義」が増え続ける時代の組織 ……………………… 1

第1章　組織変革の制度理論に向けて ………………………… 7

第1節　組織行動の説明原理──制度論からのアプローチ　9

 (**1**) 組織内プロセスの長期動因としての制度──理論的問題意識　9

 (**2**) 「べき論」による組織変革の行き詰まり──実務的問題意識　11

第2節　制度理論における先行研究と本書の意義　14

 (**1**) 制度派組織論の問題意識　15

 (**2**) 「新制度学派」の登場とそれに対する批判　17

 (**3**) 近年の制度理論における三つのアプローチ　21

 (**4**) 本書の視点　32

第3節　制度の採用・不実行・再加速のプロセスの比較事例研究　36

 コラム1　日本企業と経営の流行　39

第2章　グローバル人事制度と日本企業 ………………………… 41

第1節　人事制度普及を論じる意味　43

 (**1**) 法規, 社会規範, 模倣圧力──制度理論の視角　44

 (**2**) 日本的人事とグローバル人事──二つの制度の相剋と複雑性　48

第2節　データ収集と分析の方法　52

 (**1**) データ収集　52

 (**2**) データ分析　59

 コラム2　日本企業における「グローバル人材」ブーム　66

第3章　制度採用：その遅速の要因 ……………………………… 69

第1節　組織による制度採用のタイミングは何によって決まるのか　71

第2節　制度採用の説明要因はどう考えられてきたか　71

第3節　制度採用の過程をデータ分析する　77

（**1**）制度採用の遅速の要因　77

　（**2**）個別事例の経緯　84

　第4節　組織の意思決定プロセスの特性が施策採用にどう影響するか　86

第4章　実行停滞：意図せざる不実行の発生要因 ……………… 95

　第1節　採用した制度が不実行に終わるのはなぜか　97

　第2節　不実行の説明要因はどう考えられてきたか　97

　第3節　制度採用後の実行過程をデータ分析する　103

　（**1**）実行プロセスの概要　104

　（**2**）個別事例の経緯　109

　（**3**）制度の実行・不実行の要因　123

　第4節　何が経営陣の意図する改革実行を妨げるのか　132

　　コラム3　「とりあえず」の改革と改革の塩漬け　139

第5章　実行加速：改革を再加速させる変革リーダーとは … 141

　第1節　推進リーダーの属性は変革にどう影響を及ぼすか　143

　第2節　停滞した改革が再加速する要因はどう考えられてきたか　144

　第3節　推進リーダーの交代は何をもたらしたか　149

　（**1**）実行プロセスの概要　149

　（**2**）個別事例の経過　153

　（**3**）リーダーの「制度的執着」と「制度的立場」　162

　（**4**）制度的属性が施策実行に及ぼす作用　165

　第4節　推進リーダーの「制度的属性」と組織反応　178

　　コラム4　推進リーダーの孤独と勇気　186

第6章　プロセス全体に見る組織反応の原理 ……………… 189

　第1節　プロセス全体を通じて何が観察されたか　191

　第2節　組織フィールドの相対性と組織反応　204

第7章　結　論 ……………………………………………………… 217

第 1 節　制度に対する組織反応の経時的変化──理論的総括　219

第 2 節　組織外からの影響に対する組織反応──実務的総括　225

参照文献　229

あとがき　243

索引　245

序章

新たな「正義」が増え続ける
時代の組織

企業を取り巻く環境変化はますます加速し，企業経営の難易度は高まっている。難しさの一つの理由に，社会から企業に対する様々な期待が増え，その要求水準も高まっていることがある。例えば，企業は従来のように経済的成長を期待される一方で，社会的責任を果たす具体的な貢献も求められる。単に利益を上げるだけでなく，適切な企業統治を行っているか，その過程も厳しく問われる。経営陣と従業員の都合だけでなく，株主に対する貢献と説明責任を果たさなければならない。国内中心の経営でなく，グローバルに最適な経営手法を構築すべきとされる。国籍や属性を問わず，多様性を重視した組織であることが求められる。旧来の残業に頼る働き方を改革し，生産性を高め柔軟な組織を構築する必要がある。その他にも，細かな経営手法や業種ごとの慣習の変化なども含めれば，10〜20年前にはそれほど真剣な問題にはならなかったのに，いまや「当然の常識」として企業に求められるようになった新たな規範は，数多くあるだろう。

　これらの価値観は，一つ一つが広く社会で正当性を認められ，多くの人にとって理想論としてまさにそうあって欲しいと願う事柄である。かつては漠然とした概念だったものが，いつの日か具体的な規範となり，当然守るべき社会からの期待として企業組織に影響を及ぼす。そして企業は社会的な評価を保つためにも，これらに対応し説明責任を果たさなければならない。しかし，このような新しい「正義」は，以前からある組織のやり方やアイデンティティと必ずしも調和しない。また求められる「正義」そのものが，互いに矛盾することもある。そのため企業組織が自らの首尾一貫した統合性を保ちながら，多くの社会的期待に次々に答えていくことは，簡単ではなくなってきている。

　このような現象の背景には，これまでの常識を越えて，組織が社会的な相互作用にさらされやすくなったという環境の変化がある。情報技術が発展し，個人を含め様々な存在が世論を素早く容易に形成することができる。そして揺り戻しはあれ，経済の国際的な結合は強まり，単に国内だけでなく世界中の市場から，対立する価値観がせめぎ合う。その結果，企業をはじめとする現代の組織は，新たに増え続け，しかもその全てに誠実に対応することが難しい「正義」の洪水に直面する。このとき経営とは，自社の論理を自社なり

の合理性で追求するだけのものではない。組織外からの影響を受け社会に受容されることを意識しながら，次々に登場する要求と自らとの折り合いをつけ，それを説明しモニタリングを受け，自らの正当性を確保していくことが必要になる（cf. Power, 1997）。

　しかし，このように増え続ける「正義」に対して，全ての期待に応え，カメレオンのように色を変え続け，完璧かつ誠実に適応できている組織などあるのだろうか。もしそうでないとしたら，組織はそのような外的圧力の中で，虚実を交えてどう反応してしまうものなのか。またどう対応していくべきなのか。本書の研究は，こうした問いを考え，経営において表だって議論されにくいが重要な組織の実態を，組織人に向けてより精緻に描き出すためのものである。

　このような問いに答えるために，本書では二つのアプローチを取る。第一に，本書は制度理論を理論的な主軸として活用する。組織を合理的な存在と捉え，自らの目標に最短距離で解を出し一致団結してそれを実現する存在と仮定すると，本書が問題とする組織のありのままの姿は見えてこない。それに対して，非合理性と社会性を扱った組織の説明手段の一つとして，制度理論がある。制度理論とは，単純化すれば，組織を制度（社会的に何が正当とされるか，組織への社会的期待の認識）に強く影響される存在として想定し，その前提の中での組織のあり方と行動の説明を目指す理論である。制度理論は，本書の問題意識である，社会的期待と組織との関係，その中での組織反応の多様性と変化を主問題とする。そのため本書では，制度理論を分析の視点とした実証研究を行う。

　第二に，本書では実証研究の事例として，グローバル人事制度の日本企業への普及を扱う。グローバル人事制度は，人材の採用から異動まで幅広い人事制度領域において，本国志向を超えて多国籍の人材の活用を図る，多国籍企業に浸透した一連の経営手法である。人材の多様性を社会的正義とするダイバーシティの大義とも連動し，欧米企業からベストプラクティスが体系化された。企業経営の国際化は日本で重要な経営課題として長く議論されており，海外展開する企業であれば当然備えるべきものとして，議論が盛り上がってきた。しかし，旧来の日本的人事制度が変化しつつもいまだ残る中で，異

なる枠組みを新たに導入することは容易ではなかった。組織のあるべき姿について社会的関心が急速に高まり，それに対し多くの企業が一斉に反応したが，一方で新たな施策が旧来の価値観と必ずしも合致しない。これらの点は，本書の問題意識に適した文脈を提供する。

本書は主に社会学の理論とアプローチでの研究に基づく，経営学の学術書である。学術書は，関連研究者に理論的示唆とその根拠を提示することを重視する。本書もそれに従い，学術研究の共有作法にできるだけ従った形での，理論的貢献を主目的とした[1]。一方で，経営学の学術研究には一般に実務に対する貢献も期待される。学術書には特有の限界もあるが[2]，本書は三つの点で実務に対する示唆の提供も目指す。

第一に，本書は，社会との共生を目指す全ての組織にとって重要な問題を提起する。外部からもたらされる規範やその圧力に，組織はどのように反応してしまうのか。そしてそれはなぜか。本書は事例を通じてそのような現象を描き，全ての組織人に対して組織のあり方を考えるヒントを提供する。第二に，本書は日本企業へのグローバル人事制度の導入改革を事例として扱うことで，同テーマに関する取り組みの実例の情報を提供する。グローバル人事制度に関する知識は普及が進んだが，実際にその導入にあたり組織で何が

---

1) 社会科学が説明を目指す対象としての事実とはそもそも何なのか，は本来重要な問題である。そのためここで本書の立場を明確にする。本書は，社会に関する「事実」が客観的に存在し，それを自然科学のアナロジーで探究する Realism そのものではなく，人々の相互作用の中で社会的に構成されるとする Social Constructivism にやや近い立場を取る（Phillips, Lawrence & Hardy, 2006）。

本書の研究は重要なデータとして過去を回顧するインタビューを使用し，それを筆者が分析している。インタビューで示された事実認識について，特に When/What にあたるいつどのような組織行動（例：組織設立，人事異動，会議，機関決定，公式な社内制度変更）が起こったかについて，社内外文献や複数インタビューで確認し，重層的に支持された事象を「事実」と想定している。一方で，Why にあたる，組織行動の背後にある関連要因の抽出や要因間の関係に関しては，全てについての重層的な検証が困難でもあり，また新たな説明の探索にも価値を見出すため，インタビュー回答者による過去の経験や観察に対する解釈と，筆者による解釈が介在することを是としている。各章のデータ収集と分析で，再現性を高め批判的検討を容易にするよう手順を可能な限り定式化・明示しているが，あくまで内容には解釈が介在する可能性（限界）がある。

一方で，本書は客観的な「事実」は無くあくまで社会的事実は主観的であるとする，完全な Constructivism に近い立場は取っていない。そのような立場では，例えばインタビュー対象者がどのような社会的現実を主観的に認識したかを個別に詳述し，多様な社会的現実の可能性を提示することを価値とするなど，異なる研究アプローチが取られるであろう。

起こるかについて，実態を整理した情報は少ない。人事制度をはじめとして，本国偏重を脱した最適な国際経営モデルの構築は，多くの日本企業にとってなおも重要な関心事である。本書は，グローバル人事制度の発展と推進を模索する経営リーダーに対して，他企業群での取り組み内容とその経緯という貴重な情報を伝える。そして第三に，本書は，約10年にわたる過程を分析することで，組織変革の失敗と成功の一つの典型的なあり方を描写する。どのような時に組織変革は加速し，または失速するか。要因は多様だがそこには一定の共通項がある。本書は，組織内で変革を推進するリーダーに対して，変革のたどる典型的な浮き沈みのあり方を伝えるものでもある。

2）　社会科学（経営学）の学術研究から実務的な示唆（組織や個人が何をすべきか）を抽出する際には限界があると考える。実務的な指針には，学術研究と相容れない二つの志向が必要なためである。

　　第一に，「どうすべきか」を提言するには，目的を決めなければならない。具体的な行動や施策は，特定の目的にどう貢献するか，決まった尺度に照らしてはじめてその適切さを評価できる。しかし，本書で扱う文脈には，組織の内外を含め多様なステークホルダーが存在し，その目的も多様である。またある施策がもたらす効果も，多元的である。企業では経済的利益が重要な尺度だが，経済的利益にも短期長期など多様な時間軸があり，また利益以外の尺度が同時に問われる。学術研究（経営学）の長所は，このように複雑で多様な目的がせめぎ合う中でその優劣を決めることよりも，特定の利害（目的）から距離を置きメカニズムを説明することにあると考える。

　　そして第二に，実務では検討手法の質（どのように検証したのか）よりも，結論の質（何が結論か，その結論は実務で試したいものか）がはるかに重要となる。極端に言えば，思いつきの結論でも，それが試す意義ある行動仮説につながれば実務では価値がある。しかし学術研究ではそれと対照的に，検証過程の厳密な評価と，先行研究との関係の入念な定義が問題になる。学術研究と同じ厳密さで検証した具体指針を出そうとするなら，批判的検討に耐える備えをするために膨大な時間が必要となり，研究する間に現実は変わり，文脈も問題の優先順位も変化してしまう。

第1章 組織変革の制度理論に向けて

人の行動は，周囲にも影響する。
ある行動を人々が繰り返すと，それは慣習になる。
慣習が定着すると，それは当然の常識になる。
その常識は，罰や強制がなくても人の行動を定める。
そして人は，自らが作った見えない鉄の檻に
囚われて生きていく。

本章では，序章で述べた問題意識を，学術研究の設計としてより具体的に説明する。第1節では，本書が依拠する理論である制度理論と事例研究の文脈である日本企業のグローバル人事制度に関して，それぞれの視点から何が問題となるかを概説する。第2節では，制度理論に関して，先行研究とそれに対する本書の貢献を整理する。第3節では，本書における研究デザインを総括し，本書の各章の構成を説明する。

第1節　組織行動の説明原理——制度論からのアプローチ

(1) 組織内プロセスの長期動因としての制度——理論的問題意識

組織論における制度理論は，組織が社会的な価値に影響を受けるメカニズムを論ずる。その源流は Selznick（1957）等に代表される「旧制度学派」にあるが，現在の主流である「新制度学派」では，Meyer and Rowan（1977）以降，制度的影響下にある組織群としての「組織フィールド」（例えば大は業界や企業グループ，小は企業内諸部門など，組織やその構成員が自らと同じ社会的期待を受ける存在と認識する対象範囲）に注目する。組織のおかれた状況は千差万別であるはずなのに，なぜ組織は皆同じような形態になってしまうのか。「新制度学派」は社会の中の組織フィールド，フィールド内の組織，組織内の個人という階層構造に留意し，フィールド内の組織の同型化を強調した。そこでは，ある組織構造がそのフィールドの組織として当然備えるべき正当性あるものとされ，同型化が組織を合理的かつ正当性ある存在とし，組織の成功と生存につながると考えられた（DiMaggio & Powell, 1983；Scott, 1991）。そしてさらに，組織構造以外の施策にも対象を広げ，どのようなメカニズムで組織の同型化が起こるのか，実証研究が蓄積した。

新制度学派が初期に提起したのは，制度的環境に左右され，受動的かつ画一的な組織像である。しかし，現実の組織は自らの目的と意思を持ち，規範に反することから生まれる軋轢や摩擦をいとわずに活動する側面も持つ。また画一的に制度に従うメカニズムだけでは，制度自体が変化する現実を説明

できない。さらに，組織内も画一的ではなく，例えば海外におけるエージェントである海外現地法人は，プリンシパルである本社とは行動原理が異なる。このように組織の内外で同型化が画一的に起こらないことは，初期の実証研究でも示されていた（例えば Fligstein, 1985）。DiMaggio（1988）がこの問題をエージェンシー包摂の必要性として整理して提起し，全ての組織が制度的な同化圧力に従うのでなく個別差があることが，その後注目を集めていく。そして 1990 年代以降，同じ制度的環境の中で，ある組織は同化に向かい，ある組織はそうでないという，個別差が発生するメカニズムの解明が主要な研究関心の一つとなる（Greenwood, Oliver, Sahlin & Suddaby, 2008；Scott, 2014）。

　制度に対する組織の反応の説明要因の探索には，後述するように，これまで主要なものとして，合理性と戦略論との連動による説明（e.g. Oliver, 1991），制度的環境の精緻な理解を重視した説明（e.g. 制度ロジック（Thornton, Ocasio & Lounsbury, 2012）），アクターとしての制度的企業家に注目するアプローチ（e.g. DiMaggio, 1988；Fligstein, 1997, 2001）等が登場した。しかしこれら先行研究の多くは，組織がある制度の影響下で反応する過程の一時点に関する説明にとどまる。制度理論では，制度と組織の作用における各段階に応じて，異なる固有の組織反応が起こることが提起されている。組織反応の各段階とは，次の通りである。第一に，具体的な施策や組織形態の採用が新たにフィールド内の組織に普及し制度化が起こる（Tolbert & Zucker, 1983）。この採用の段階において，ある組織は早期に採用しある組織はそれに抵抗し遅い時点まで採用しないといった，個体差が発生する。第二に，採用後の実行段階において，実務的利益でなく外部から求められる正当性の確保を理由として採用した施策は，組織において実行が形式にとどまり，それと組織の中枢部分と分離させた実質的な不実行の状態（Decoupling）が発生する（Meyer & Rowan, 1977）。ここでは，制度がもたらす施策をどの程度真剣に，またどの程度忠実に実行するかについて，組織の個体差が観察される（Ansari, Fiss & Zajac, 2010）。そして第三に，形式のみの不実行に至った後の段階でも，その後に組織内の状況が変化し実行が再加速する事例（Coupling）が報告されている（e.g. Espeland, 1998）。

　ところが，これらの各段階について既存の実証研究は段階ごとに完結し断

絶している。そのため，特定の組織と制度的環境を対象に，事例ごとの文脈の差異による影響を除外し，かつ経路依存性を考慮した経時的変化の検討が十分に行われていない。社会的に正当とされる施策が採用されたのに，その後に形だけの実行に終わり，またさらにその後わざわざ改めてそれを真剣に実行し直すような奇妙な現象が，なぜ起こるのか。そして何より，そのような反応をする組織とそうでない組織との違いはどこにあるのか。さらに，先行研究の多くが，組織フィールドを中心とした制度的環境にこうした変化の説明要因を求め，組織内要因の検討が不足している（Greenwood et al., 2008）。組織の個体差を説明する上では，本来，制度的環境の特性に加え，組織自体が持つ固有要因がどのように反応に影響するかも重要である。しかし，組織の固有要因に関する先行研究は数も少なく，かつネットワーク（e.g. Young, Charns & Shortell, 2001）等の外部との関係性，および外形的な要因（e.g. 地位（Han, 1994），規模（Beck & Walgenbach, 2005）等）に関心が集中している。結果として，組織アイデンティティ（Glynn, 2008）に焦点を当てた検討等を除けば，組織内での具体的なプロセスに関する分析は限られる。そして組織反応には，組織としての公式な意思決定と，その前後に発生する非公式なものも含めた合意形成が重要な影響を及ぼす。そのため，組織内プロセスには多様な観点があり得るが，特に意思決定と合意形成に関わるプロセスの観点で，ある正当性に紐づいた施策がどのような組織反応を生むかを検討することは，先行研究も指摘するように重要かつさらに検証が求められる領域である（Greenwood et al., 2008：29-30；Kennedy & Fiss, 2009）。以上の問題意識から，本書では一つの制度的文脈に事例を取った比較事例研究を行い，経時的変化の観点で組織内プロセス（特に意思決定と合意形成）の観点から制度に対する組織反応を検討する。これが，理論的観点での本書の切り口である。

(2)「べき論」による組織変革の行き詰まり──実務的問題意識

　一方で実務的な観点では，近年は企業の経営実務において，グローバルでの市場競争に対応できる人材の確保に対する関心が高まっている。そしてその手段として，人事制度を改革する取り組みが普及しつつある。そのモデルとして，欧米多国籍企業を中心に普及した，「グローバル人事制度」もしく

は「グローバルタレントマネジメント (GTM)」と呼ばれる一連の施策がある。その定義は多様だが，共通項として，「採用，評価，育成，報酬，異動等一連の人事制度について，各国組織の枠を超えて制度を最適化し，場合により一定範囲で統一管理する国際人事上の取り組み」を指すとされる (Tarique & Schuler, 2010)。ベストプラクティスを定型化したコンサルティング会社がその普及を図り[1]，半定型的なソリューションを提供してきた。主要なビジネス雑誌も関連記事を増やした結果，日本でも一種の流行を形成した[2]。

　このようなグローバル人事制度の普及は，制度理論の観点でも注目を集めてきた。Paauwe and Boselie (2005) が主張するように，組織の人事施策は合理的意思と制度的作用の両方が影響しつつ国際普及する。そのため，グローバルで共通性の高い人事制度の導入（あるいはそれへの抵抗）は，制度理論における実証研究の題材となっている。先行研究では，国の制度的影響による各国での人事施策の普及の違いを検証する研究が主流となる（例えば本社人事制度を題材とする Gooderham, Nordhaug & Ringdal (1999)，現地法人の人事制度を題材とする Bjorkman, Fey & Park (2007), Quintanilla, Susaeta & Sanchez-Mangas (2008) 等）。一方で，一国に所在する組織群を対象として，その中でグローバル人事制度の同化圧力への各組織の対応を検討した，須田 (2013)のような研究も登場している。

　しかし似た制度環境にあっても，組織には同型化するものとしないものがある。例えば，海外展開を進めているからと言って，全ての日本企業が同時にグローバル人事制度の検討を始めているわけではない。反応の度合いには企業によってバラツキがあり，そこには二つの検討余地がある。第一に，制度導入が実務的利益の観点で有用と考える経営陣がいる企業でも，過去の慣行，組織内の抵抗，政治的事情等の制約によって実行ができない現象が生まれている可能性がある。そのような「必要と分かっていても実行できない」現象は，知識と実行のギャップ (Knowing-doing gap) と称される (Sutton & Pfef-

---

1)　例えばヘイグループ（www.haygroup.com/jp），マーサー等（www.mecer.co.jp）。これらの企業による出版書籍の代表例として，ヘイコンサルティンググループ，2007；ヤマモト＆太田，2009 等。

2)　例えば「日経ビジネス」における 2009/01/12 号 32〜35 ページ，2010/06/21 号 38〜40 ページ，「週間東洋経済」における 2012/09/15 号 59 ページ，2013/12/28 号 50〜51 ページ，「週刊ダイヤモンド」における 2008/05/31 号 56〜65 ページ，2013/08/03 号 100〜107 ページなど。

図 1-1　制度導入における，実務的利益と実行の有無による帰結

検討実行あり	合理的必要性は無いが，実行する（制度的同型化，制度理論の検討領域）	合理的必要性があり，実行する
検討実行なし	合理的必要性が無く，実行しない	合理的必要性はあるが，実行しない（Knowing-Doing Gap，組織変革論の検討領域）
	実務的利益無し	実務的利益有り

注：「合理的必要性」や「実務的利益」は，誰の認識に基づくか，どういう基準で判断するかに応じ，その有無や性質が変化する。組織には多様な構成員がおり，それぞれの主観に応じて判断は異なる。ここで問題としているのは，実務上最も問題となることが多い組織の経営陣の認識で，生産性向上や業務上の障害の解消が期待されるかである。尚，そのような意味で「合理的必要性は無いが，実行する」状況だったとしても，経営陣が組織にとっての利得を制度的利益（社会的評価の維持向上，それに伴う資源調達等での利便）という別の形で期待している可能性は否定されない。

fer, 2000)。そしてこうしたギャップがどのようなメカニズムで生まれ，それをどのように打開できるかについて，古くから組織変革論の領域で検討がなされてきた。そこでは特に，リソース硬直性（resource rigidity），ルーチン硬直性（routine rigidity），脅威認識（threat perception）等の説明要素が実証研究の対象となってきた（Gilbert, 2005）。この方向性での研究関心は，多くの実務的議論が，「どうすればやるべき改革を実行できるか」という，変革の起動方法の観点に集中する傾向とも一致する。

　一方で，グローバル人事制度を制度の観点から捉えると，もう一つの重要な点が浮き彫りになる。制度理論では，組織外からの規範的影響を受けて，組織が実務的利益とは関係なく同型化していくことを問題とする（DiMaggio & Powell, 1983）。例えばグローバル人事制度の導入も，海外展開する一流企業であれば外国人も公平に扱う当然導入すべき制度として，規範的な圧力を持ち得る。また先進他社の事例が情報として浸透し，それが不確実な将来に対する処方箋として，模倣的な同化圧力も生む。結果として，実務的な利益は見込まれないのに，制度的圧力が理由となって制度の導入を検討する企業組織も登場し得る（図 1-1）。

　このような組織は，経営陣の実務的利益の判断よりも制度的圧力の受容に

よって行動し，主体的判断を放棄し，流行に流されやすい組織とも言える。組織外で喧伝される新しい「あるべき」経営手法にアンテナを張り，いち早くその取り込みを行う。企業ランキングなどに注目し，先進的な取り組みが社外に評価されることを善しとする。しかしそのような「べき論」による組織変革は，当初盛り上がりを見せてもやがて熱が冷め停滞し，形だけを残してどこかに消えてしまう。このような現象が仮に存在するならば，例えばグローバル人事制度の導入に関しても，無駄な検討や役に立たない制度導入に工数が浪費されている可能性がある。

　もしそうであれば，どのようなメカニズムで制度に対する組織の思考停止が起こるのか，それを防ぐ手段はあるのか，を検討することの意義は大きい。さらに，制度の経時的変化の視点からの検討は，施策採用後になぜある組織は不実行に陥り，ある組織は予定通り実行できるのか，また一度不実行に陥った改革がどのように再起動され得るのか，という，実務上の変革マネジメントにとって重要な示唆を提示する。そのため本書は正当とされ普及する経営手法に対する組織の向き合い方，そして変革と停滞が連続する過程について，実務的示唆を提供するものでもある。

第2節　制度理論における先行研究と本書の意義

　組織は社会からの多様な規範的影響の中で，どのように行動するのか。その原理を考えるには，そもそも組織あるいはその構成員である個人にとって，合理的とはどういうことか，という本質的な問題を考える必要がある。そしてこの問いは，経済学および社会学における，重要な論争の焦点になっている。本節では，制度理論に関する先行研究とその課題を整理し，その中での本書の貢献を位置づける[3]。

　まず第1項では，制度理論が登場した背景にある，組織論の基本的な問題意識を確認する。次に第2項では，1970年代後半から主流となった，いわゆる「新制度学派」の主張とそれに対する批判を整理する。第3項では，この批判を踏まえた近年の研究系譜を三つの流れに整理する。そして，組織変

化を制度の視点で説明する上で近年重要性を増す，「制度的企業家」論の意義と課題を整理する。最後に第4項で，本書が充足を目指す研究ギャップである，先行研究から派生する二つの問題を論ずる。

(1) 制度派組織論の問題意識

経営学における制度派組織論はどのような特徴を持つ理論か。制度理論は，組織が自身の合理性でなく組織内外の価値を取り込んだ「制度」に影響される，非合理な側面を強調する組織論の一系譜である。制度理論は20世紀前半から社会学・政治学・経済学の幅広い分野で形成され，主として社会学での蓄積が組織論研究では活用されてきた（詳細な解説として，cf. Scott, 2014）。その流れは大きく Selznick（1949, 1957）が代表する「旧制度学派」と称される1960年代以前の研究[4]と，Mayer and Rowan（1977）以降本格的に展開し現在主流を占める，「新制度学派」に大別される（DiMaggio & Powell, 1991；Greenwood et al., 2008）。新旧の制度学派では強調する点が異なるが，いずれ

---

3)　文献レビューの範囲は，制度派組織論について影響力の大きい議論を反映するため，関連論文を継続的に多数掲載し論文被引用数が多い，1970年代後半以降の経営学の米国・欧州主要学術誌（*Administrative Science Quarterly, Academy of Management Journal, Academy of Management Review, Organization Science, Organization Studies*）を中心とした（cf. Farashahi, Hafsi & Molz, 2005）。ただし，なぜそのような議論が登場したか，背景の問題意識を明確にするため，1960年代以前の制度派組織論の源流と経営学組織論の他の関連議論についても，必要な範囲で言及した。

4)　制度学派の組織論の原点は，後に1970年代後半以降の「新制度学派」と対比して「旧制度学派」（Selznick, 1996）と称される議論の登場にさかのぼる。ここで，旧制度学派の主な主張とその発展を整理する。まずその一つの嚆矢として，「制度」の語は使用していないが，Merton（1940, 1957）による官僚制の特性をめぐる議論が存在する。Merton（1940, 1957）は，官僚組織の中で組織規程の極端に高い影響力を持つ現象に注目した。組織規程は組織行動の原則を示すが，個々の文脈では必ずしも規定通りの行動が有効でない場合もある。しかし，官僚組織では目の前の現実に組織規程が適合するか否かに関係なく，手段であったはずの規定の遵守が目的として絶対視される。その結果，機械的な規定の墨守が意図せざる不利益を組織にもたらす場合もある。Mertonは，このような事象を元に，組織規定そのものが一度公式化されるとその遵守を絶対視させる性格を持つと主張した。そして組織には規定による支配が生まれ，厳格な手続きと形式主義・儀式主義が蔓延すると問題提起した。Mertonの議論は，分析単位として組織に注目し，その内部で個人の行動に影響を与える，合理性を超えた規範の存在を指摘した点に新規性があった。

　　合目的なはずの行動が組織単位で意図せざる結果をもたらす現象に注目し，この議論を発展させたのが Selznick（1949, 1957）である。Selznick は，分析単位として組織に注目し，組織内に規範的作用が生まれ，その結果組織目的と行動が乖離する現象に注目した点で，Mertonの議論を継承している。一方で，その主張には二つの点で新しい視点を含む。

　　第一に，Selznick は組織行動の説明原理として，組織外のステークホルダーの影響を包摂し，

16

も同じ起源を持ち，共通の問いを探究した研究系譜の中に位置づけられる（Kraatz, 2009 ; Selznick, 1996）。

環境との相互作用に生きる組織像を提唱した。そこでは，組織は所与の目的を果たすための合理的な道具であると同時に，社会的な需要や利害の圧力から生まれる「制度」でもあるとされる（Selznick, 1957: 5）。組織内外のステークホルダーは，それぞれの価値観と利害関心を持ちその実現に向け組織行動に影響を与える。組織は，これらが作用しあう動的で複合的なプロセスによりそれ自体が制度となる対象として定義された。例えば米国における大規模な治水事業（TVA）の事例では，政府や農業関係者など開発対象地域の多様な利害関係者がそれぞれ独自の価値観と利益の実現を目指し，組織が従うべき価値観と向かうべき方向性を外部からダム開発組織に押し付ける政治的過程が報告された（Selznick, 1949）。Selznick の議論の特徴は，このようにある組織が内外から「組織に何が必要か」に関する価値を取り込んで，相互に矛盾するそれら価値の政治的な調整を通じ，社会環境に順応する「制度化」の過程を強調する点にある（Greenwood & Hinings, 1996）。一方で，組織では内部の利害調整や慣習もまた制度として固着する（Selznick, 1957）。そのため「制度化」は環境による組織変化と同時に，内部における変革への抵抗も生む。そして，外部作用と組織内部の両面で制度化された複数の志向性が，対立・連携・調整等のプロセスを経て，妥協可能な一定の組織行動に決着する。結果として，制度化から生まれる組織行動は組織の元来の目的と乖離する場合もあり，また組織の生存に必ずしも有用な結果をもたらすとは限らないとされた。

　一方で Selznick が提起したもう一つの新しい視点が，制度的リーダーシップである（Selznick, 1957: 4）。既述のように，組織では多様な正当性の主張が日常的に対立するため，これに迎合するだけでは組織の価値観はどこまでも拡散し，統合的な活動を維持できない恐れが生まれる。これに対して，Selznick はリーダー（組織のトップ）が「ステーツマン」（Selznick, 1957: 4）として，制度的作用への関与を通じた組織の一体性の維持を担うと主張する。制度化は環境適応のプロセスでありそれ自体は不可避である。しかしその中でも，組織の制度的価値観（差別化された具体的なミッション）を能動的に定義し，組織の統合性を維持することは可能であり，それこそが有能なリーダーの責務であると Selznick は主張したのである（Selznick, 1957: 119）。そしてその際にリーダーは，レトリックを活用し言語による意味付けの発信を通じて組織内外の利害関係者の認識に作用することで，その役割を果たす。Selznick のこの主張は，組織行動が環境からの強力な制度的作用を受けるとしても，同時に組織はある種の主体性を維持し制度の作用メカニズムを活用してそれに対抗した活動を行う可能性を示す。Selznick の議論は，コミュニティカレッジ（Clark, 1960, 1972），病院（Perrow, 1961）等の公共性が強い組織を題材に，組織目標と組織行動の乖離に焦点を当てた一連の事例研究として継続する。その内容は，社会に埋め込まれた組織やその内部の個人が，政治的要求としての環境からの作用に影響を受けつつ，自らの行動に主体的に影響を及ぼす調整メカニズムを問題とする点に特徴があった。Selznick を中心とするこれらの議論は，1990 年代以降活発化し現在まで続く制度理論へのエージェンシーの包摂の模索において重要な先駆的理論であり，直接的な援用こそ少数であるものの，当該議論に重要な刺激を提供している（Kraatz, 2009）。一方で，旧制度学派の制度理論は，個々の組織ごとの固有な文脈（どのような構成員とステークホルダーが，どのように政治的状況に関与するか）を問題とする。このような意味での文脈は厳密には組織ごとに異なるため，結果としての制度的作用も組織ごとに異なるはずである。しかし，現実には組織が個々の文脈を超えて共通の形態や慣行を持ち，似たような価値を絶対視する現象が観察される。この理論の限界に対する問題意識は，本書のこれ以降の部分で述べるように，旧制度学派とは対極に位置する「新制度学派」と呼称される理論的試みへと発展していった。

制度理論はどのような問題意識と問いを持つ理論か。制度理論は，「制度」の概念を強調する特殊性はあれ，組織行動がどのように定まり，その結果としての組織変化がどのように説明可能かを探究する組織論の系譜にある（Greenwood & Hinings, 1996）。この問いに対する答えには，組織と人間の性質をどう捉えるかの前提に応じて，多様なアプローチがある。組織論では，この前提を大きく二つの軸で設定し，その中でどこに主軸を置くかに応じて，多様な理論が提起されてきた。一つの軸は，そもそも組織（またはその内部の構成員）による真に「合理的」な意思決定が存在するか，という人間の合理性に対する見方である。そしてもう一つの軸は，組織反応が組織自ら主体的に決め得るものか，または環境の作用により定まるものかに関する見方である。20世紀の組織論は，これらの観点での多様な視点を模索してきた試みとも言える[5]。そして単純化すれば，制度派組織論はこれらの視点の中で，組織行動の説明に非合理性を認め（第一の軸），かつ環境作用面を強調した理論的試行（第二の軸）の一つである。そして新旧制度学派を含む制度派組織論の中での様々な立場は，制度という個を超えた支配的作用を前提とした上で，組織行動のどこまでが環境主導なのか，どこまで組織主導の側面が存在するのか（あるいはそれをどう包摂できるのか）という二項対立をめぐる試行錯誤として登場してきた。

(2) 「新制度学派」の登場とそれに対する批判

1960年代から1970年代にかけ，経済学・政治学・社会学において「新制度学派」と呼ばれる新たな研究潮流が台頭する。新制度学派は，合理性への過剰な信頼を否定し，限定された合理性と社会的な作用を強調し，それぞれの分野でその後の研究に大きく影響を与えた。そして組織論でも，環境要因をより強調した説明である新制度学派が登場し，支配的な議論となっていく（DiMaggio & Powell, 1991）。

組織論における新制度学派の代表的な問題提起は，1960年代後半から始まっている。特にBerger and Luckmann（1967）は，個人の行動が蓄積し，その歴史が時間と共に「誰が何をするのが当然か」を規定する規範と化し，その世界観が個人の認識に影響し行動に影響する再帰的な構造を主張した。

これは，二つの点で旧制度学派の議論からの拡張性を持つ。第一に，必ずしも一つの組織に閉じず，それを超えた社会レベルでの認識からの規範形成を提示した点で，分析レベルを組織横断的な階層まで拡張した。第二に，対立する価値観と利害が制度（組織）を形成するのでなく，行動が価値観を形成しその価値観が矛盾と共に利害対立を生むとする点で，秩序の優越性に焦点をあてた。そして，これを発展させた Meyer and Rowan (1977) および Zucker (1977) に代表される 1970 年代後半の議論から，「新制度学派」と称される新たな制度論の展開が始まった（DiMaggio & Powell, 1991 ; Greenwood et al., 2008 ; Scott, 2014）。

　当時の「新制度学派」の主張の骨子は，以下の通りである。まず，社会では一定の社会的プロセスや義務が，思想や行動の中で当然の前提として受容される状態になる。このような前提は，何が正当かを規定する認識上の価値基準として，影響下の組織に受容され制度化する。制度は影響下の組織群に

---

5)　具体的には，主な視点は下記の通りである。まず一つの支配的な考え方として，組織は複雑な環境から独立して行動する合理的なエージェントであり，組織行動は組織にとっての客観的利得に応じて採否が決まるとする見方がある（e.g. Blau & Schoenherr 1971 ;，Williamson, 1975）。一方で，合理・独立という単純化された組織像を修正する見方も継続的に提起されてきた。第一に，合理性の前提に関しては，完全で無謬な合理性でなく，情報の制約とバイアスの影響を加味した「限定された合理性」（Simon, 1972）の中で最適解を選択する人間像が提唱された。また，これに判断と結果の関係のあいまいさ（ambiguity）の概念を加味して，意図と結果が連動しないまま活動し続ける非合理な組織像も提唱された（ゴミ箱モデル，Cohen, March & Olsen, 1972）。第二に，環境が組織に及ぼす影響に関しては，環境と組織が相互に作用にする折衷的な説明が志向された。特に，Thompson (1967) は後にコンティンジェンシー理論と総称される統合的説明を提示した。その要諦は，以下の通りである。まず，組織は自らの生き残りに有利になることを目的に，環境への合理的な適応を目指す。その過程で，組織は環境が自らに何を要求するか想定し，それを織り込んだ行動を取る。しかし，環境からの要求は組織の利得に負の作用をもたらす場合もある。そのため，組織は自らが生き残りに必須と考える技術的中核を環境の影響から守る緩衝を行い，また守るべき諸活動が組織内で管理可能なように組織の境界を設定する（Thompson, 1967）。そして組織行動が組織にどのような利得をもたらすか，因果関係が曖昧で不確実な局面では，組織内部の政治的プロセスによって組織反応が定まる（Cyert & March, 1963）。その場合，組織行動は手続きの整合性を担保し組織内紛争（コンフリクト）を回避する等，組織内のプロセスを円滑化する方向に定まるとされる（Tolbert & Zucker, 1983）。これら環境と組織の相互作用を重視する理論は，組織単体の合理性では説明できない組織現象への対応原理として，1950 年代から徐々に台頭した。そしてその一つの結晶であるコンティンジェンシー理論は，1980 年代にかけて組織論において支配的影響を及ぼした（Hirsch & Lounsbury, 1997）。組織に対する環境の影響重視が極端に進んだ結果，1970 年代には進化生物学の影響を受け，組織反応の説明要因として環境のみに焦点をあて組織や個人の影響を捨象した理論体系も登場した（ポピュレーションエコロジー，Hannan & Freeman, 1977）。

対し，制度が定める正当性に従う同型化圧力をもたらす。同型化の範囲となる「組織フィールド」は，同業種組織に加え，取引先など外部の関連団体，あるいは他の認知的な影響源までが幅広く含まれる。フィールド内の組織は，制度の要求を疑問視する余地のない，当然そうであるべきものとして受容する。制度的圧力の規定する内容としては，組織構造が注目され，ある組織構造がそのフィールドの組織であれば当然備えるべき正当性あるものと認識され，フィールド内で組織構造が同型化することが強調された。制度への同型化は，機能的必要性とは関係なく，合理的かつ正当性ある組織としての存在を示し，組織の成功と生存につながると考えられた（DiMaggio & Powell, 1983 ; Tolbert & Zucker, 1983）。

　その後，DiMaggio and Powell（1983）は，同型化には合理的選択の結果としての競争的同型化と，それと異なる制度的同型化の両方が存在すると主張し，かつ，制度的同型化については強制的・模倣的・規範的の三種類のメカニズムを詳細に定義した（pp. 150-154）。強制的同型化とは，政府や有力組織が法規制や相手の依存関係を元にした圧迫的依頼により，公式・非公式に及ぼす同型化作用である。模倣的同型化は，不確実な状況の中で，容易に対応策を見出すために組織が周囲を模倣し同型化する作用である。規範的同型化は，フィールドの構成員であればそれに従うことが正当であるとする認識による作用であり，主に職業的専門化から発生する。そして，制度は組織に定着すると固着性を持ち，かつ組織内部門や個人といった下位レベルに対する制度として機能する。これらの議論が基盤となり，1980 年代から 1990 年代にかけ，どのようなメカニズムで組織の同型化が起こるか，組織構造以外の施策にも対象を広めて，研究が蓄積していった（Greenwood et al., 2008 ; Scott, 2014）。

　1980 年代の新制度学派は，制度に埋め込まれた受動的な組織の集まりとしての社会像を強調した（Greenwood et al., 2008 ; Scott, 2014）。組織フィールドで，制度は組織にとってあまりに当然のため疑問の余地がなく問題化され得ない，「合理化された神話」（Meyer & Rowan, 1977）になるとされる。そしてフィールド内の組織は制度を共有し，制度が正当と規定する組織形態と活動を遵守し，フィールド内組織の同型化が進む。その過程で個々の組織や個

人の活動は，捨象可能なものとして軽視される。しかし現実には，制度は時代を超えて不変ではなく，時と共に様々に変化する。また全ての組織の反応が例外なく均一ではなく，個々の組織にはその反応に個体差がある（Fombrun, 1989）。環境決定的な立場を重視する 1980 年代の新制度学派の理論では，現実に観察されるこれらの事象を説明できない（Hirsch & Lounsbury, 1997）。こうした社会化過剰の反省として，新制度学派の修正の必要性について決定的な提言を行ったのが，DiMaggio（1988）である（DiMaggio & Powell, 1991 ; Greenwood & Hinings, 1996 ; Greenwood et al., 2008 ; Greenwood, Raynard, Kodeih, Micelotta & Lounsbury, 2011）。

　制度変化とその説明変数としての主体の意図およびエージェンシーを制度理論にどのように包摂すべきか。DiMaggio（1988）は，二つの点で新機軸を提唱した。第一に，制度変化を捉える上で制度のいくつかの時系列的段階を定義し，それに対応した分析の必要性を示唆した。制度変化は，ある時点から次の時点に至って別の状態に制度が移行し変化することを指す。ここで問題とされるのは，制度がどのように生まれ，普及し，質的にその内容を改め，そして消滅するのかである。DiMaggio（1988）は，具体的には制度の複製・創造・脱制度化の三つを例示し，これら各段階で作用するメカニズムと注目すべき側面が異なる可能性を指摘した。そして DiMaggio による第二の貢献は，「制度的企業家」をはじめとするいくつかの概念を提起し，組織や個人による主体的な制度への作用が実在し検討に値することを提唱した点である。DiMaggio（1988）は，「制度的企業家」を，自らの利害意図の実現のために，自らが持つ資源を活用し他者に影響を及ぼして，新たな制度を構築する有力者として定義した（1988 : 14）。制度的企業家は，自ら構築を目指す制度が正当性を得るために世論にその正当性を認めさせる活動（「制度ワーク」）を行い，他のアクターを支持者として獲得することを目指す。DiMaggio は，こうした「制度プロジェクト」が成功すれば，既存の制度から一定の独立性を持つ新たな制度が形成されるとした（1988 : 15）。DiMaggio が提起したこれらの問題と解決の方向性は，以後の研究に大きな影響を及ぼした。制度に埋め込まれた主体を重視する理論としての独自な貢献を維持しつつ，制度変化・主体の意図とエージェンシーをどのように包摂できるか。以後の制

第1章　組織変革の制度理論に向けて　21

度理論研究ではこの問いが継続的に提起され（e.g. Beckert, 1999；Greenwood & Suddaby, 2006；Hensmans, 2003；Hirsch & Lounsbury, 1997；Marquis & Raynard, 2015），現在までその系譜は続いている（Greenwood et al., 2011）。

（3）近年の制度理論における三つのアプローチ

　DiMaggio（1988）の問題提起を経て，制度論研究はエージェンシーを包摂した新たな説明の方向性を模索した。その際に問題となったのは，制度がその生成から脱制度化までの過程においてなぜどのように変化するのか，そしてそこに主体の意図の介在がどのように可能なのか，である。これに対して，以後の研究には大きく三つのアプローチが存在する。第一と第二のアプローチは，アクター自身よりも制度変化が起こる状況そのものに重点を置き，どのように変化を可能とする状況が存在し得るかを問題とする。この問題意識での先行研究には，制度へのアクターからの作用の内容を問題とする系譜（合理性と戦略論，第一のアプローチ）と，そのようなエージェンシーが存在する制度的環境の具体的描写と定義を問題とする系譜（代表的な概念として制度的矛盾，制度的複雑性，制度ロジック，等，第二のアプローチ）がある。そして第三のアプローチは，アクターにより重点を置き，どのような主体がどのような特性に基づいて制度変化を起こすのかを問題とする。代表的な議論として，DiMaggio（1988）が提起した制度的企業家論がこれに当てはまる。本節では，以上の各観点での代表的な先行研究とその貢献および限界を論ずる。

①　合理性と戦略論との融合

　DiMaggio（1988）が提起した問題に対する一つのアプローチは，合理性を正面から受け入れ，アクターが制度のメカニズムを活用してどのように戦略的行動を取るか，その作用の内容を議論するものである。この中で，一つの方向として，制度理論と合理性を前提とした説明原理，特に取引コスト経済学（Transaction cost economics）とを直接融合させる説明原理の構築が試みられた（Martinez & Dacin, 1999；Roberts & Greenwood, 1997）。しかし特に議論が発展したのは，合理性と戦略論の視点を部分的に取り入れた制度理論の試行である。特に，資源ベースアプローチと制度論の融合を目指した Oliver

（1991）の系譜は，エージェンシーを是とした際に制度理論がどう拡張できるか，新しい方向性を示した点で重要である。Oliver（1991）は，組織は制度に一方的に左右される受動的存在ではなく，それが競争優位につながるように，制度に対する戦略的対応を行う能動的な側面を持つと主張した。具体的には，黙従・妥協・回避・無視・操作の五つの戦略を選択し，各戦略それぞれ三つずつ例示された戦術を採用するとした（Oliver, 1991：152）。Oliverは後にさらに踏み込んで，制度的資本の概念を提唱した（Oliver, 1997）。制度的資本とは，競争優位の源泉となるリソースの活用を最適化するように，組織内外の制度的環境を最適化する要因である。制度がもたらす同型化圧力に抵抗なく適応できる内部の制度的環境を持っていれば，組織は速やかに外部の施策を取り入れ変革が進む。取り入れるものが競争優位にあるリソース獲得につながる施策であれば，制度的資本は競争優位に貢献する。この議論では，特に組織レベルにおける，内外の制度的環境をマネジメントする能力こそが競争優位に貢献する変革力として注目された（Bresser & Millonig, 2003；Oliver, 1997）。

　さらに，Oliverが提示した，合理性を持ち意図的に制度的環境を競争優位構築と維持に活用する組織像を継承し，Lawrence（1999）は「制度戦略」が存在すると主張した。制度戦略とは，自らの競争優位のために制度・フィールド・規制・規準の創造と改変を行う組織活動である（Lawrence, 1999：167）。より具体的には，Lawrenceは誰がフィールドや市場に参加できるかを操作するメンバーシップ戦略と，何が市場で正当と認められるかを操作する規準化戦略が採用されると定義した。これらアクターの合理性を重視した議論は，制度理論と競争優位性の議論を連結し両理論からの説得的な組織事象の説明を可能とし，また過去の制度理論に欠けていた実務的示唆を提供した点で重要な貢献をもたらした。一方で，戦略論によるアプローチは，戦略発動の際に制度に埋め込まれながら一定の合理性を発揮するアクターを前提とする。しかし，制度に埋め込まれ制度を問題視すらできないはずのアクターが，その制度を自覚的に変化させることができるとすると，矛盾が生じる（埋め込まれたエージェンシーのパラドックス, cf. Holm, 1995；Seo & Creed, 2002）。だからといって制度の優越性を否定してはそもそも制度理論の存在意義が無

く，またそのような戦略論は新制度派制度理論の理論的蓄積も活用できない。そのため，アクターが制度的影響の制約を受けながらも戦略的活動を取れるような状況とそうでない状況があることを前提に，どのような場合になぜそのような状況が生まれるのか，理論的な限界を何らかの議論で補完することが必要となる。

②　制度的環境の精緻化

　制度変化そのものに重点を置く研究系譜の中で，戦略論とは対極にある視点からその限界に対応するのが，アクターの戦略ではなく制度的環境に注目するアプローチである。これらの議論では，制度がアクターに対し支配的な影響を及ぼすことを前提としつつ，制度的環境が持つ特性の中に，アクターのエージェンシー発現を促進する状況があることを問題とする。そして，制度的環境がより精緻にはどのような構造と特性を持ち，どのような条件であれば合理性を維持した意図的な制度への作用を行うアクターが登場し得るか，が問題とされた。

　制度的環境の精緻化を目指すアプローチにはいくつかの系譜がある。その初期の例が，Holm（1995）である。Holm（1995）は，ノルウェーの漁村における統括販売組織（Mandated sales organization（MSO））の生成から脱制度化の過程を検討し，制度変化を可能とする Nested system を制度的環境のあり方のモデルとして提示した。Nested system とは，制度化に影響されたアクターが起こす行為が，その結果として新たな問題に派生し，その解消意欲が制度を動かす行為につながり，これら二種類の行為が相互に影響する動的なプロセスとして制度変化を起こすとするものである。このような制度に関する問題と連動した変化の発生を，Seo and Creed（2002）は制度的矛盾の概念でより精緻化した。Seo and Creed（2002）は，ある制度が生まれ組織が制度化された結果もたらされる矛盾として，①実務的効率性の低下，②制度の固着による適応力の低下，③別の制度との間の相克，④多様なステークホルダーが存在する中で満たされないニーズを抱えた者の不満増大，の四つを挙げた。これらの要素の内，実務的効率性の低下については，そもそも効率性の評価自体が制度に影響を受けた組織構成員によって行われるため（Lounsbury,

2007), 必ずしも制度変化を目指す圧力になるとは限らない。しかし Seo and Creed (2002) の指摘は, 複数の制度または考慮すべき正当性・利害が同時に存在する場合に, ある制度の同型化圧力が相対化される可能性を示唆する。このような制度変化を可能とする要因としての制度的矛盾の考え方は広く受容され, その後, 複数制度のせめぎ合いを前提とした世界観が浸透していく。

その代表的な理論体系が, 制度ロジック論である。制度ロジック論は, Friedland and Alford (1991) に由来する (Thornton, Ocasio & Lounsbury, 2012)。Friedland and Alford (1991) は 1980 年代の新制度学派制度論に対する DiMaggio (1988) の批判に応え, 複数の制度が制度間システムの下で相互に矛盾しながら存在する世界観を提唱した。そこでは西欧型社会を念頭に, 資本主義・官僚国家・民主制・キリスト教等の制度的秩序が存在するとされた。制度的秩序は多元的な合理性を象徴し, 組織や個人は相互に矛盾をはらむこれら制度的秩序への依拠を使い分け, 制度を変化させる(pp. 249-253)。Thornton and Ocasio (1999) はこの世界観を発展させ, 横軸に複数の制度ロジックを, 縦軸に各ロジックの具体的な特性 (象徴と普及する施策) を取った整理による, 制度的環境の体系化が可能であることを主張した。制度ロジック論の特性は, 複数の特定ロジックが併存する状態こそが定常で, ロジック間の矛盾が常に緊張状態をもたらし, 一方でアクターが協力してその秩序を維持する世界観である (Reay & Hinings, 2009)。そして制度ロジック間の矛盾が顕著な場合に, その解消方法としての制度変化を促す圧力が生まれ, その条件下でエージェンシーと限定的な合理性を発揮できる制度的企業家の登場が肯定される (Thornton, Ocasio & Lounsbury, 2012)。制度は認識により形成されるため, 極論すれば制度は認識者の数だけ多様なものが存在し得る。しかし制度ロジックの理論家は共有された社会通念としての一定の共通項があるべきと主張し, 家族・コミュニティ・宗教・政府・市場 (ビジネス)・職業・企業の 7 つの制度ロジックを提唱している (Thornton, Ocasio & Lounsbury, 2012)。尚, 制度ロジックの隣接概念として制度的複雑性がある。制度的複雑性は, 複数の制度ロジックが存在しそれらが矛盾する状態が定常的にある状態を示す (Greenwood et al., 2011) が, 特定の制度ロジックへの収斂と特定の社会説明モデルを提唱していない点で, より中立的な概念と言える。

このように，エージェンシー発揮の前提条件を制度的環境の性質に求める議論は，制度理論の前提と矛盾しない形で，アクターによる制度変化を肯定しつつ，その限界の議論を可能とする点に魅力と貢献がある。一方で，制度的環境を検討するだけでは，アクターが具体的にどのように制度変化を実現するのか，具体的な行為に関する説明には限界がある。このような限界に対し，統合的な説明を志向した Beckert（1999）を代表とする統合論は，一定の説得力を持つ。Beckert（1999）は，不確実性を軸に戦略的選択と制度的作用が相互に影響し合うことを重視した。アクターはできる限り合理的判断を追求するが，通常は制度的環境に支配される。しかし，特に制度的複雑性が高い環境（相反する制度が併存し対立する状況）では，相異なる正当性が認識される結果，行為の結果の不確実性が高まり，制度ロジックと反する行動もやむなく検討されることとなり（Beckert, 1999：780），新たな制度生成を行う制度的企業家の活動は活発化する。従って，統合的説明は可能であり，それをつなぐのは不確実性であると論ずる。他にも，制度とアクターの相互作用論として Hoffman（1999）は化学業界における環境対応を題材に，アクターが考慮できる選択肢が組織フィールドによって形成され変化していく形で，フィールドとアクターは相互牽制することを提示した。これらが示すように，戦略論と制度的環境論は相互排他的なものではなく，制度的環境論でエージェンシーの発揮条件が定まり，その際にアクターが取る行動の指針を体系的に捉えたのが戦略論であるとする整理が可能である。以上の議論は，抽象的な存在としてのアクターを想定した際に，それがどのようなメカニズムで制度変化と関わるか，という点では先行研究に相当程度の蓄積が生まれていることを示す。

③　制度的企業家論

　一方で，これら戦略論・制度的環境に関する理論は，あくまでアクターの特性から独立した説明であり，DiMaggio が提起したアクターの特異性が何なのか，アクター側の要因についての検討が欠落している。アクターのどのような特性が，エージェンシーの発現と相関するのか。アクターに注目する代表的な議論が，DiMaggio の提起をさらに発展させた制度的企業家論の系

譜である。制度的企業家論を理論的に発展させる土台となったのが，Fligstein
による定義である。Fligstein（1997）は，DiMaggio（1988）が提起した制度的
企業家の概念を具体化することこそ，制度理論とエージェンシーをめぐる議
論の解決方法になると提唱し，個人を念頭とした制度的企業家について二つ
の点を主張した。第一に，制度的企業家が，特定の社会的スキルを駆使する
ことで，制度の生成と改変を実現する点である。社会的スキルとは，ある種
の行為の実現と正当化を目指し，アクターが互いに共有できる意義とアイデ
ンティティを提供し，他のアクターとの協業を動機づける能力であるとされ
る（Fligstein, 1997：398）。Fligstein は社会的スキルの発揮形態として直接的な
権威に加えて 14 種の戦略的行動を例示し，それらが安定した社会環境（組
織フィールド）を創造し維持するための試みであると論じた。そして第二に，
そのスキルの使い方が，フィールドの成熟度（未熟・成熟・成熟し危機に瀕し
た状態）に対応して変化するとする点である。Fligstein は制度的企業家の例
として，欧州連合を目指す取り組みが1980年代に解体の危機に瀕した際に
活躍し今日の統一市場の形成に貢献した，Jacques Delors を挙げている。Flig-
stein は後にも同様の主張を提起し（Fligstein, 2001），組織フィールドを潜在的
な制度的企業家がせめぎ合う世界と捉え，多数のアクターに訴えかけ意義を
共有することで，新しい制度の創造や既存制度の改革を実現する存在として
の制度的企業家像を提起した（p. 106）。

　Fligstein の定義は，組織内のグループや個人の活動といった組織のミクロ
な動向に注目し，「制度的企業家とはどのような『社会的スキル』を発揮す
る存在なのか」に関する議論を提起した。それ以降，制度的企業家のスキル
検討は組織と個人の両レベルで行われた（組織レベルの例として米国インター
ネット音楽配信の創造を題材とした Hensmans（2003），サンマイクロシステムズに
よる JAVA の普及を題材とした Garud, Jain & Kumaraswamy（2002）等，個人レベ
ルの例として米国での LGBT への公平な処遇の普及を題材とした Creed, Scully &
Austin（2002），カナダでの HIV 治療を題材とした Maguire, Hardy & Lawrence（2004）
等）。これらの検討からは，成功する制度的企業家の発揮するスキルと戦略
的活動について一定の共通理解が形成された。すなわち，制度的企業家の社
会的スキルとは，多様なステークホルダーが受容するフレームを発見し

（Creed, Scully & Austin, 2002 ; Garud, Jain & Kumaraswamy, 2002），理論的にその正当性を確立し，言語を通じてその意義を共有しステークホルダーの利害とも調和させる（Garud, Jain & Kumaraswamy, 2002 ; Hardy & Phillips, 1998 ; Hensmans, 2003）と共に，政治的に同盟を組み必要な資源を確保し対立的な交渉も行う（David, Sine & Haveman, 2013 ; Garud, Jain & Kumaraswamy, 2002 ; Hardy & Phillips, 1998 ; Levy & Scully, 2004）ものである。これらの事例研究には主体が組織レベルと個人レベルの検討が混在するが，観察された戦略的活動の内容は共通性が高い。

　そしてアクターに注目する制度的企業家論におけるもう一つの理論的関心が，制度的企業家がどのような条件で生まれてくるのか，その発現条件に関する探究である。制度的企業家を可能とする条件に関する先行研究には，四つの視点がある。第一の視点は，組織フィールドが特定の状態にあることが，制度的企業家の発現と連動するとする議論である。特に，フィールド内に制度的な多様性が高く（Clemens & Cook, 1999 ; Seo & Creed, 2002），制度化が進行し成熟した組織フィールドが制度的企業家との親和性が高いとされた。しかし組織フィールドの特性，特に制度的多様性によって制度変化を説明する議論は，アクターに注目する制度的企業家論本来の独自性を持たず，既述した制度ロジック論などに回収される。また組織フィールドの成熟度は注目を集め，成熟したフィールド（e.g. Greenwood, Suddaby & Hinings, 2002 ; Lounsbury, 2002），未熟なフィールド（e.g. Garud, Jain & Kumarswamy, 2002 ; Maguire, Hardy & Lawrence, 2004）それぞれについて検証が行われたが，具体的な戦術や態様に違いはあれ，どちらの成熟度でも制度的企業家は発現することが報告されている。

　そこで，アクター側の個性，特に組織と制度的環境との関係性に注目したのが第二の視点である。関係性が重要な理由は，アクターが考慮できる選択肢がフィールドによって形成され，またフィールドもアクターの影響を受けるためである（Hoffman, 1999）。例えば Leblebici, Salancik, Copy & King（1991）は米国のラジオ放送局の草創期からの歴史を通じ，新規参入者やフィールドの周辺部に位置する影響力の弱い放送局が制度から逸脱した手法を採用し，それをフィールド中心部の有力局が採用することで新たな制度化が起こる過

程を説明した。そこでは，フィールドの周辺部ではアクターが制度に埋め込まれた度合いが低く，かつ生存の脅威にさらされるため，新たな実験をする志向性が強いことが理由となった。「辺境」から制度的企業家が登場する事例は，新たな組織フィールドだけでなく，成熟業界でも報告されている（例えば米国TV業界における近年の事例（Gurses & Ozcan, 2015））。一方で，逆に組織フィールドの中枢にいる既存有力者こそが制度変化を起こすとする反論もある。Greenwood and Suddaby（2006）は，カナダの会計監査法人における複数事業を持つ組織形態への転身を題材に，フィールド中枢の組織（「エリート制度起業家」）が制度変化を主導すると主張した。その理由は，有力で広範なネットワークを持つことからフィールドの領域を超えた見解に触れる機会が多く，またそれら複数フィールド間では必ずしも慣習の整合性が無いため，認識面での制度への埋め込まれ方がむしろ弱まるためとされた。またReay, Golden-biddle and Germann（2006）は，カナダにおける病院組織を題材に，制度に埋め込まれた主流の組織でも，試行錯誤からの小さな成功を積み重ねることで，組織は内発的に新しい組織形態を創発し制度化させることが起こると主張した（日常的活動による制度変化の例として， 他にDaudigeos（2013）等）。このように組織と制度的環境との関係性に注目した議論は，組織フィールドのいずれの位置からも制度変化を起こす主体が発生する事例が報告され，制度への埋め込まれ方が弱まる理由もフィールド内の特定の位置に限定されず，それぞれ観察されている。そのため，制度的企業家の発現条件を説明する上では説明力が限定的な結果となっている。

このような個別組織とフィールドの関係性の限界を補完する第三の視点として，組織単独でなく組織の集合としてのフィールド全体を問題とする方向性がある。例えばGreenwood, Suddaby and Hinings（2002）は，カナダの会計監査法人の組織フィールドでの制度変化において，フィールド全体に作用する存在としての業界団体が重要な役割を果たした事例を示した。Greenwoodらによれば，業界団体は制度が促す慣行を明示化しルーチンとして定着させ，内部でフィールド内組織間の対話を推進し，フィールド外との折衝を行う代表として機能する。さらに業界団体のような明確なフィールド代表組織が存在しなくても，マクロレベルでの対話と認識変化があれば，起業家

や組織が個々の活動から集合体として制度を形成する事例も報告されている（例として，カナダのホエールウォッチング業界の形成を題材としたLawrence & Phillips（2004），二酸化炭素削減の国際的枠組みである京都議定書を題材としたAnsari, Wijen & Gray（2013）等）。報告された事例では，特定の構成組織や個人が決定的な役割を果たさない段階的かつ相互触発的なプロセスが詳説され，事例のような種の制度変化の説明メカニズムとしては，一定の説得力がある。しかしこの視点では，どのような条件でなぜエージェンシーが可能となるか，組織フィールドレベルより下の階層での説明が提示できないという限界がある。

　そこで，DiMaggio（1988）の元来の提起にも従って，制度理論における最も下位のレベルである個人に注目して制度的企業家の発現要件を探るのが第四の視点である。先行研究では，特に個人が持つ人的ネットワークおよびそれと連動した社会的ポジションが重視されている。Battilana（2006）は，制度的企業家が実現するには単に意思を持つだけでなく，それを可能とするリソースを持つか否かを考慮する必要があり，そのため個人がどのような地位を持ち誰と関係を持っているかが重要と論じた。社会的地位は人的ネットワークにより規定される可変的な個人の特性であり，組織フィールドに対する見方に影響を与えるとされる（Dorado, 2005）。例えばBattilana and Casciaro（2012）は，英国の病院を題材に，組織を構成する個人のネットワークが，制度的な影響への変則的な組織対応に影響することを検証した。

　Battilanaらの議論は，個人が持つ社会的な背景を問題とするものであり，Fligstein（1997, 2001）が主張した「社会的スキル」を礼賛する単純化した解釈，つまり個人の先天的または後天的な能力そのものに焦点をあてることを慎重に回避していた。しかしそれでも，制度的企業家論の一側面として，アクター特に個人の合理性や能力を過剰に重視し，非現実的な議論に陥る恐れがある点は批判を受けた。そもそも，制度に埋め込まれた組織の，さらに下位に存在する個人が制度自体に変化をもたらすと考えるには，個人はあまりに非力かつ定義により制度にとらわれた存在であり，より上位レベルである組織や組織フィールドに何らかの作用があってはじめてエージェンシーが可能となるとする疑問が提起される（Battilana & D'Aunno, 2009）。さらに，Meyer

（2006）が指摘するように，（限定されたものであれ）合理性を持った行動を取る志向は選ばれた企業家だけでなく，本来は全ての人間が持っているはずである。特異な属性や能力を持つ一部の個人だけが，合理性を回復し意図的な制度への作用が可能となると規定するのは，制度から超越的な認識と能力を持つ制度的企業家を規定し（スーパーヒーロー仮説），その存在に依存して理論的なギャップを説明する試みにつながる。そのためこの問題を回避するために，個人レベルの制度的企業家を捉える際にも，個人を超えた要因と個人との連動性を考慮する必要が提唱された（Meyer, 2006）。例えば Delmestri（2006）は，多国籍企業のイタリア人マネジャーの実証研究を題材に，英雄的な制度的企業家のスキルによる説明を否定し，制度的影響への対応が個人のスキルでなく個々の多文化経験等の構造的要因で決まっていたと主張した。

　また一方で，集合体としてのアクターを制度的企業家と見なす代替案も提唱されている。Lounsbury and Crumley（2007）は，米国ミューチャルファンドにおけるアクティブマネーマネジメントという新慣行の生成を題材に，一人の起業家でなく複数のアクターが相互作用して制度変化を作り出す過程を示した。これは，ビジョンを共有する個人が集合体として自発的に協力することで制度的変化を実現する，集団的な制度的企業家像にもつながる（Zietsma & Lawrence（2010），他に事例として京都議定書を題材とした Wijen ＆ Ansari（2007），スコットランドのヘルスケアサービスを題材とした Forbes（2012）等）。特に Dorado（2013）はボリビアのマイクロ金融制度の発展を題材に，英雄的な個人の制度的企業家論を否定し，起業家が孤立した個人ではなく，集団として機能することを主張した。そこでは，個人は座視しがたい変化（技術革新・政策変更・健康危機などの節目）を目にし，やむなく制度的企業家となり，共通したビジョンを持つ複数の人々が制度を共に作り上げ，相互作用で意欲を高めていくとされた。Vaccaro and Parazzo（2015）が位置づけるように，個人の力量に過剰に依存した説明を超えた，集合的な起業家のミクロな行動の集積による社会的価値観の変化の議論は，「ポスト英雄志向の制度的企業家論」として現在定着しつつある。

　ここまで述べてきたように，制度的企業家論はエージェンシーと制度変化

の説明要因にアクター側の要素を重視した議論として多数の先行研究を生み出し発展してきた。そしてスキル論の過剰な重視を潜在的課題として抱えつつも，制度的企業家が抱える制約条件を加味した具体的なメカニズムの探索に貢献してきた。一方で制度的企業家論は，エージェンシーを，アクターが制度変化をもたらすことを目指し，それを自己認識した合目的的な作用と捉えている（DiMaggio, 1988；Fligstein, 1997, 2001）。しかし既に挙げたように，制度変化には，例えば特定少数の企業家が政治力を発揮し意図的に制度変化をもたらす類型（e.g. Garud, Jain & Kumarswamy, 2002）もあれば，明確な意図は無いがルーチンの蓄積が結果的に制度変化をもたらす類型（e.g. Smets, Morris & Greenwood, 2012）もあり，また集合的な企業家群が創発的に形成され途中から制度変化を目指す意図を発揮する類型（e.g. Vaccaro & Parazzo, 2015）もある。Dorado（2005）は，制度変化にはこれら三類型に該当する起業家的・随行的・招集的の三種類があり，古典的な制度的企業家論は制度変化の一類型でしかないとする重要な指摘を行った。そこでは，フィールドにおける制度的状況（透明・不透明・もしくは拮抗（制度の相反性と制度化度合い））と各アクターの資性（社会的ネットワークと時間的志向）によって反応が定まるとされる。Dorado（2005）はその仮説的なモデルの中で，時間的志向に応じエージェンシーにも三種類があり，未来志向であれば戦略的エージェンシー（起業家的変化），過去志向であればルーチン型エージェンシー（随行的変化），現在志向であれば意味探索型エージェンシー（招集的変化）が発揮されると論じた。制度理論におけるエージェンシーの包摂は，その契機となったDiMaggio（1988）の具体的で優れた問題提起の指向に影響を受けた結果，彼が提起したアクターの意図性ある状況の探究に偏向してきた。Doradoの指摘の重要な点は，アクターの意図性が介在する制度への作用と，介在しない無自覚的な制度への作用が併存することを是として，これらを包摂する説明の必要性を提示した点にある。

(4) 本書の視点

■アクターの内的要因による組織反応としての制度変化

ここまで述べたように，エージェンシーと制度理論との調和という大きな文脈の中で，先行研究では，制度変化を精緻に捉える上でアクターの意図せざる結果まで含めて検討する必要が示唆されている。その際に有用となるのは，二つの切り口である。第一に，前提として，アクターの能力とその意図の過剰重視という制度的企業家の陥穽を意識的に回避する必要性がある（Lawrence, Suddaby & Leca, 2009）。制度変化の理由を制度的企業家の社会スキルに無批判に転嫁することは，全てをアクターの意図で説明する誤謬につながる。そのため本書では，制度の影響下にあり，自然状態では基本的にその支配的影響を脱することがない人間像に依って事例の検討を行う。この視点では，個人は過去に接触した制度的環境を当然視する認識の指向性を持つ（institutional attachment（制度的執着），Almandoz, 2014）。そして個人がそのような制度の影響を脱することのない存在であっても，個人は制度に対する組織反応に影響を及ぼすと考える。具体的には，制度的執着が多様な個人が組織内で混在する状況では，ある制度的な志向を持つ個人が，組織内の意思決定に対する影響力を変化させることで，制度への組織反応を変化させることはあり得るためである。そして制度に対する組織反応の変化は，それ自体が組織レベルにおける制度変化（どの制度がどの程度代弁され，結果として何が支配的認識となるかという組織内の制度的環境の変化）でもあり，またマクロで見れば組織フィールドレベルでの制度変化（広く受容される制度自体の変化や，新たな制度の創造）につながり得る。先行研究では，その個人─組織反応間のメカニズムについて，影響力ある組織内ポストをどのような制度的志向の個人が持つかを重視するが（e.g. Almandoz, 2014；Tilcsik, 2010），ポスト以外の作用のあり方も探索し得る。本書は，個人に対する制度の優越を前提とした中での，組織・個人と制度との相互作用に焦点を当てる。

そして第二の切り口として，制度変化に向けた意図ある行動（DiMaggio（1988）が提起した「制度プロジェクト」）だけに集中するのでなく，組織・個人の多様な反応全体から探索を行うことが有用となる。本来，個人や組織の

行動には，制度変化に寄与するものとそうでないものが両方あり，制度変化につながるのは一部の事象である。それら反応全体を俯瞰することで，制度変化につながる類型をより幅広く検討することができる。言い換えれば，強く限定した独立変数（制度変化に向けた意図と関連ある要素）だけから従属変数（組織反応）との間のメカニズムを探索するよりも，より幅広い独立変数からの観察が探索としての価値を高めるとする考え方に立つ。そしてこのような反応全般について，組織間でどのように個体差が発生するかを探索することは，組織論の本流である組織変化のメカニズム解明にも直接貢献する（Greenwood & Hinings, 1996）。そのため，本書では組織反応の個体差を検証する観点で広く組織反応を説明する要因の探索研究を行う。また先行研究では，組織反応を検討する上で，組織の外形要因を中心とした定量的実証研究が偏重され，事象の具体的なメカニズムと関連要因の探索に本来適した，組織内プロセスに関する実証研究が不足してきた（Greenwood et al., 2008）。そのため本書では，組織内でどのように正当性が扱われ，どのように組織反応が形成されるか，その意思決定プロセスに注目して検討を行う。

　ここで言う意思決定プロセスとは，次のような理解に基づくものである。まず，意思決定とは，何らかの目的を達成するための行動を選択し決定する過程である（宮川, 2005）。その主体は個人でもあるが，その集合体としての組織もまた意思決定を行う。意思決定の具体的な手順が何かについては，細部が異なる多様な解釈が存在するが（e.g. Eilon, 1969; Litchfield, 1956），そこには一定の共通理解がある。それは大きくは，何らかの問題を確認し定義する活動，問題に対する複数の解決方法を創出する活動，それぞれの代替案を評価選択する活動が一つのサイクルとなる一連の活動である（cf. Simon, 1960）。組織の意思決定プロセスは，個人の意思決定プロセスと比較して以下の点でより多層的な性質を持つ。第一に，組織内部の多様なステークホルダーが関与するため，各個人の持つ条件の違いが複雑に相互作用し結果に影響する。具体的には，それぞれが持つ情報と選択基準に対する選好が異なるため，個人によって推奨する結論が異なる可能性がある。同時に，意思決定に対して持つ権限と責任もまた，多くの場合個人によって異なる。例えば，経営幹部は下位の組織構成員よりも強い権限を持ち自らの意見を組織として

の結論に反映できるかも知れず，またある業務を責任範囲とする構成員は局外の構成員よりも結論と合意を一定の方向に導くことに強い動機や義務感を持つ可能性がある。第二に，組織では意思決定は一回で終了するものでなく，同様の主題であってもそれが何度かの段階に分けて継続するサイクルとなる。例えば，ある施策の採用とそれに関わる実行推進を組織として（経営会議などが機関として）意思決定したとしても，実行に向けた個別施策の設計とその詳細に対する決定はその後に行われる。そして詳細設計のためには，必要な情報提供を各部門に依頼し，その情報も活用して選択肢を検討し，具体的にいつどの施策を誰がどのように推進するかを決定する必要がある。また組織としての公式な意思決定（経営会議など）に至るまでには，その手前に多くの非公式なものを含めた合意形成と小決定を行う必要がある。さらに公式な意思決定で提案が否決されれば，再度新たな素案の探索と合意形成の折衝が始まる。このような観点から，本書では意思決定プロセスを，意思決定をめぐり異なる情報・権限・選好・立場を持つ複数の組織構成員がせめぎ合い，それぞれの最適な解を組織としての公式な意思決定に反映させるために牽制し合う，反復して継続する過程としてとらえる。

■制度の経時的変化

　そして制度に対する組織反応を探る上では，既に述べた通り制度の経時的変化を考慮する必要がある。先行研究は主に制度の側に注目し，組織フィールドレベルで制度がどのように発生しどのように衰退・変化するか，その段階をモデル化する理論的試みが多数ある（e.g. Greenwood, Suddaby & Hinings, 2002；Tolbert & Zucker, 1996）。一方で，その影響を受ける組織の側での，各段階での組織反応の経時的変化と，段階を超えた相互関係に関する研究はきわめて限定的であった。これらの問いは1990年代から議論されていながら，各段階を分断して検討した実証研究が蓄積し（Kennedy & Fiss, 2009），未だに解消しない深刻な研究ギャップとして警鐘が鳴らされている（Boxenbaum & Jonsson, 2017）。

　先行研究では，組織レベルでの反応における経時的変化の主な段階として次の三つが提示されている[6]。第一段階は，「施策の採用（Adoption）」（組織フィー

ルドレベルでは「普及 (Diffusion)」と「同型化 (Isomorphism)」が起こる段階）である。ある組織形態や施策が特定の組織で登場し，制度として正当性を獲得していく中で普及が拡大するが，採用時期とその過程には組織の個体差が存在する (Tolbert & Zucker, 1983)。先行研究では，採用時期を被説明変数とし説明変数を探索する研究が蓄積している。特に，採用における組織のモチベーションについて，実務的利益が早期採用に，制度的理由が後期採用に結び付くとする 2-stage model が提起され，その是非に対する議論が一つの研究系譜として継続した (cf. Kennedy & Fiss, 2009)。

　第二の段階は，「形式と実態の乖離 (Decoupling)」である。組織における施策採用の後，施策の実行段階では採用と異なる原理が働くため，これを弁別して考える必要がある (Ansari, Fiss & Zajac, 2010 ; Gondo & Amis, 2013 ; Marquis & Qian, 2014 ; Okhmatovskiy & David, 2012)。そして実行段階では，一つの典型的反応として施策を採用したという形式と，組織の実態との乖離 (Decoupling) が起こる (Fiss & Zajac, 2004, 2006 ; Ingram & Simons, 1995 ; Meyer & Rowan, 1977 ; Westphal & Zajac, 1994, 2001)。Decoupling は，その発生の有無，経営陣による意図の有無，そして態様は多様であり，その発生メカニズムと組織間個体差の説明は多くの研究者の関心を集めている(Bromley & Powell, 2012 ; Crilly, Zollo & Hansen, 2012)。第三に，近年注視されるのがその後に発生し得る「乖離の解消 (Coupling)」である。これは Coupling (Tilcsik, 2010) または Recoupling (Espeland, 1998 ; Hallet, 2010) と称され，一度形式と実体が乖離した状態に陥った組織でも，組織内の変化に伴って施策の実質的な実行が加速する現象として報告されている。しかし，報告例は限定的であり，その詳細なメカニズムの検討が期待される状況にある (Bromley & Powell, 2012)。

　以上の各段階の間に，相互連動の関係は存在するのか。存在するとしたら，それは具体的にどのようなメカニズムなのか。すなわち，ある段階からある

---

6)　組織フィールドレベルを含めて議論される制度変化の段階の重要な類型として，脱制度化 (Oliver, 1992) がある。これはある特定の制度が組織に対し影響力を失う状況を問題とするものである。本書では単一の制度を題材にその消滅を論ずる代わりに，制度的複雑性の中で，特定の制度の脱制度化が他の制度による支配的影響力の強化と連動して同時に起こる状況を問題とする。

段階への移行に分岐があるとすれば，何が要因となるのか。これらの疑問を含め，組織反応の経時的変化と相互連動は，検証が十分に為されていない重要論点として提起されている（Kennedy & Fiss, 2009）。そのため，本書では単一の事例群を用いて探索研究を行い，経時的変化を明確に観察し，時系列での組織反応相互の連関性も探索対象とする。

　総括すると，本書は先行研究の課題を越える二つの視点を実現するよう設計された。第一の視点が，組織レベルでのアクターの内的要因による組織反応としての制度変化である。ここでは，先行研究が不足する，組織内の意思決定をめぐるプロセス要因に焦点を当てる。そして個人を，個々は制度的執着に囚われながら，集団として組織レベルでの制度変化を起こす存在として内包する。そして第二の視点が，組織反応の経時的変化である。ここでは三つの段階に注目し，組織反応の経時的変化とその相互作用を明示するため，単一事例群を使用した長期観察を行う。三段階の個々の反応を検討しつつ，それらを横断したメカニズムの検討も行う。

第3節　制度の採用・不実行・再加速のプロセスの比較事例研究

　本書の主眼は，組織内部を経時的変化の観点で観察した際に浮かび上がる，制度に対する組織反応の説明要因を探索することである。具体的には，以下の問い（リサーチクエスチョン）を持って，探索的研究を行った。

- 制度的複雑性に対して，組織の反応はなぜ，どのように異なるか
- 特に，組織内の意思決定の観点でどのような要因が影響するのか
- 特に，ある制度の組織における採用（Adoption），実行における形式と実態の乖離（Decoupling），その後の再加速（Coupling）の各段階にどのような要因が存在し，それらがどのように関係するのか
- そして，これら各段階を通じて組織反応を説明する原理は何か

本書のアプローチは，一つの制度的文脈と組織群に注目し，その中で制度

の採用・不実行・再加速の各段階を追う比較事例研究である。この手法を選択した理由は二つある。第一に，既述の通り，一つの制度的文脈において観察を行うことが，先行研究に不足した視点を補うこととなるためである。第二に，事例研究は一般化可能性を犠牲とするが，事象のメカニズムの探索と新たな説明要因仮説の特定に有用であるためである（Yin, 1989）。研究手法の選択として，定性データによる研究が有効かつ適切なのは基本的に理論が未成熟な領域である（Edmondson & Mcmanus, 2007）。制度に対する組織反応の各段階のうち，採用と不実行の領域については，第3章と第4章で詳述するように定量研究も含め先行研究は多く，既に一定の成熟度がある。しかし，同領域における本書の主眼は，一定の問題意識に関心が集中し理解が収束しつつある問題を再び問題化し創造的な貢献をすることにあり，これも定性研究の適切な使い方の一つである（Edmondson & Mcmanus, 2007）。

　本書の構成は，以下の通りである。まず第2章では，本書が扱う制度的文脈（日本企業におけるグローバル人事制度の導入）と関連先行研究を詳説し，どのように事例が本書の理論的関心と合致するかを説明する。合わせて，その文脈を題材にどのような手法でデータ収集と分析を行ったかを説明する。それ以降の三つの章（第3章・第4章・第5章）では，一つの文脈と事例から収集した組織内プロセスに関するデータを活用し，制度の採用・不実行・再加速のそれぞれについて，組織反応の説明要因を探索した研究結果を述べる。これらはそれぞれが問題関心，先行研究との関係性，データ分析結果，考察と結論から構成される。第3章では，制度の採用段階での組織反応として，伝統的に検討されてきた早期採用と後期採用について，その説明要因を探索する。第4章では，同じ事例の中で，制度採用後の不実行（形式と実態の乖離）に注目し，実行の加速要因と阻害要因の説明要因を探索する。第5章では，同じ事例の中で，形式と実態の乖離が発生し実行が停滞した後に実行が再加速した事例について，推進リーダーの制度的属性を中心に説明要因を探索する。第6章では，プロセス全体を分析し，その根底にある組織行動のメカニズムに関する仮説を検討する。そして第7章では，本書が示唆する結論と将来の研究課題を整理する。

　なお，本書では，研究対象の背景にある社会動向と，研究過程で感知した

ニュアンスとを読者に分かりやすく伝えるよう，コラムを章の間に挿入した。
コラムは学術研究とは独立しており，筆者の主観的な印象に基づく個人的意
見である。

第1章　組織変革の制度理論に向けて　39

コラム1　日本企業と経営の流行

　企業が抱える課題は，その文脈に応じて多様である。そして課題に対してどのような経営手法で処するかも，企業によって異なる。しかし，ちょうど服飾のファッションと同じように，経営手法や経営課題にもその時代ごとの流行がある。流行とは，外部で旬の話題とされることに影響され，乗り遅れないよう同じものを取り入れる風潮である。細部は企業によって違っていても，同じ経営課題や手法に多くの企業がいっせいに関心を持つ状況は少なくない。経営学では，このような現象はmanagement fashion（もしくはmanagement fads）として取り上げられている（Abrahamson, 1991）。古くはQC，TQM，リエンジニアリング，コア・コンピタンスなど，20世紀から経営の流行語は幅広く登場してきた。

　日本の経営にも，流行がある。例えば経済誌を見れば，登場するキーワードには時によって明らかに増減の傾向がある。表は，最近15年間の流行語の一部を取り上げ，日本経済新聞とその関連紙上での毎年の記事件数をまとめたものである。

表　日本経済新聞とその関連紙上に現れた流行語の記事件数

	2003	2004	2005	2006	2007	2008	2009	2010	2011	2012	2013	2014	2015	2016
グローバル経営	102	46	23	20	15	30	23	43	46	65	53	69	73	61
グローバル人材	8	5	4	3	16	13	13	67	148	277	279	242	150	108
女性活躍	6	8	6	14	17	9	12	11	10	15	64	177	236	284
働き方改革	0	0	3	0	2	1	1	3	1	6	16	56	89	616
人工知能	70	77	75	49	46	32	52	34	50	70	178	250	821	2461

出所：日経テレコン21により筆者作成（日経新聞朝夕刊，日経産業，日経MJ，日経金融，日経新聞地方経済面，日経プラスワン，日経マガジンを対象紙とし，キーワード完全一致で該当記事数を検索）

　これを見ると，流行にはいくつかのパターンがあることが推察できる。第一に，上がり下がりを繰り返しながら，話題として登場し続けるものがある。例えば，「グローバル経営」がその典型である。1980年代までは「国際経営」の語がより一般的であったが，1990年代からこの「グローバル経営」の語は多く使われ続けている。日本企業の国際展開は既に数十年の歴史が有り，企業の関心は継続している。2000年頃には米国型を模範とした「グローバルスタンダード経営」が話題となり，その後一時下火になるが，2010年代に入って登場頻度は再び緩やかに増えている。

第二に，ある時期から急速に拡散し，何もないところからブームを形成するものがある。例えば，2010 年頃から急速に記事数が増えた「グローバル人材」がその典型例である。その背景には，2000 年代半ば以降，政府や経済同友会などが，日本企業の海外展開に向けた人材育成の必要性を提唱していったことがある。社会からの反応は当初限られていたが，2009 年のリーマンショックを経て国家や企業の成長戦略に対する危機感が高まり，その突破口として海外で戦える人材の育成に関心が集まった。尚，「グローバル人材」には明確な定義も資格も法規制も無い。実務と連動した漠然とした必要性の感覚が，分かりやすいキーワードを得て一気に盛り上がり，社会の空気感を作り出した例と言えるだろう。

　第三に，同じようにある時期から急にブームとなるが，そのきっかけに一定の公的強制力が働いているものがある。例えば，2013 年頃から急速に盛り上がった「女性活躍」が典型例である。女性活躍は政府による成長戦略の一環として組み込まれると共に，一定基準を満たす企業にも努力目標が設定され，進捗と取り組み内容の公表が義務づけられた。具体的な罰則は無いが一定の強制的圧力を伴うものであり，その強制化とほぼ時を同じくして記事数も一気に増加している。昨今話題となっている「働き方改革」も，ほぼ同様の経緯をたどっている。成長戦略実現の一環としての生産性向上，そしてその実現に向けた方策として，残業時間管理などが厳格にモニタリングされるようになった。著名企業が違反の疑いで捜索を受けるなど，社会的制裁もセットとなり，どの企業も取り組まざるを得ない認識が形成されている。

　そして第四に，社会認識や規制とは別の理由で流行を形成する大きな要因が，技術革新である。例えば，「ビッグデータ」，「IoT」，「人工知能」などはその例と言えるだろう。特に「人工知能」は，現在が三度目のブームと言われるように従来から存在したキーワードだが，最近の過熱ぶりは著しい。過去 15 年間ではずっと年間数十件程度の記事数で推移していたが，2016 年には平均で月 200 件以上の記事が登場した。2017 年には，8 月末時点で既にこの 2016 年通年よりも多い記事数となっている。これら技術革新に関するキーワードの流行は，単発ではこれまでにも何度も起こってきた。一方で近年の特徴は，その登場頻度とインパクトが加速的に増しており，また個々のキーワードを超えて連動した世界観が形成されることにある。それは，個々の技術論を超えて，「多様な技術が複合して今後の世界を加速度的に大きく変えてしまう」という感覚と不安感である。実際に，このような技術絶対主義，もしくは技術による人間の価値観への影響力増大を，それ自体が新たな制度ロジックと捉える研究者もいる。今後も新たな経営の流行は登場し続けると思われるが，その中で技術革新に関する要素が占める比重が高まる可能性は高い。

第2章 グローバル人事制度と日本企業

グローバル化は,揺り戻しを受けながらも着実に進んでいく。
企業経営も,グローバル経営3.0に進化しなければならない。
世界で勝てるグローバル組織へと,企業は非連続に
変化しなければならない。
ダイバーシティを実現し,グローバル人材マネジメントを
推進しなければならない。
そして個人は,グローバルに通用するグローバル人材に
ならなければならない。

本章では，本書がどのような事例を題材とし，どのようにそれを検討したかを説明する。第1節では，事例の題材であるグローバル人事制度の日本企業への導入に関して，関連する先行研究とその制度的文脈を説明する。第2節では，本書におけるデータ収集およびデータ分析の手法について説明する。

第1節　人事制度普及を論じる意味

「グローバル人事制度の日本企業への普及」という題材は，制度論研究にとって，五つの理由により，制度的複雑性に対する組織反応のデータとして適切かつ重要である。第一に，新たな人事制度の国際普及は，制度的複雑性が顕著に現れる文脈として，人的資源管理および制度理論の先行研究において採用されている。第二に，人事制度の中でも特に，国境を越えて一定の共通化手法を用いる「グローバル人事制度」が，近年新たに多国籍企業の組織フィールドにおいて制度化され多国籍企業が導入すべき経営手法として一種の正当性を帯びている。第三に，グローバル人事制度はその思想や制度設計の細部において旧来型の日本的人事制度と顕著な矛盾をはらむため，制度的複雑性を顕著に観察することができる。そして第四に，同制度は海外展開する日本企業という組織フィールドにおいてまさにこの10年で高い関心を高めつつあり，そのため制度採用を志向する企業が多く最新のデータ収集が可能であった。さらに第五に，グローバル人事制度は，海外展開する日本企業の競争力向上に向けて，その普及と有効活用が官民を挙げての喫緊の課題として議論されている点で，企業実務におけるきわめて重要な課題である。

本節では，本題材の特性を先行研究および近年の企業動向から説明する。まず制度理論を中心に人事制度普及を題材とした先行研究の系譜を概観し，本書の文脈がどのような位置にあるかを特定する。次に，本書の実証研究の素材であるグローバル人事制度の日本企業への普及が，どのような文脈にあり，どのような制度的特性を持つかを論ずる。

（1）法規，社会規範，模倣圧力——制度理論の視角

　企業組織は個々の状況への最適化を目指して自組織の人事制度設計を行うが，一方で労働者の権利保護の視点から労働関連法規制の支配を受け，また外部組織としての労働組合との関係性にも影響を受ける。そのため人事制度には，組織固有の多様性がありながら，同時に外的な制約条件に対応する必要から，社会的に正当性を持ち受容性の高い一定範囲の手法から施策が取捨選択される傾向もある（Paauwe & Boselie, 2005）。その結果，専門領域としての人的資源管理（HRM）が企業組織横断的に確立しており，組織横断的に共通性の高い人事制度施策のひな形が普及しやすい（Tsai, 2010）。そうした新しい人事制度の選択肢は個々の企業の創意工夫から登場するが，それら新施策は企業群にどのように普及していくのか。その過程とメカニズムは人的資源管理（HRM）研究の重要な探究領域の一つであり，そこでは制度理論の観点での説明可能性も注目を集めてきた（Kossek, Dass, & Demarr, 1994）。制度理論の観点とはすなわち，法規制による制度の強制化，組織が持つ社会的正当性の条件としての規範化，組織の不確実性への対応策としての模倣的圧力の三つの経路を経た同型化圧力である（cf. DiMaggio & Powell, 1983）。例えば日本でのワークライフバランス最適化に関する人事施策（例：ノー残業デー，懲戒を含む残業時間管理強化，早朝勤務制等，厚生労働省, 2007）普及を例にとれば，強制化は実績報告義務の設定など行政による残業規制強化，規範化はメディア記事・ランキング化（例：働きやすい企業ランキング）等の普及による社会的価値観の変化，模倣的圧力はそれらを通じた採用企業の増加と企業横断的人事部門ネットワークによる情報共有によって媒介される（cf. Kinnie, Swart, & Purcell, 2005）。

　そして制度理論のレンズを通した人事制度普及の検討の中でも，国際的な人事制度普及は特に強い関心を集めている。Paauwe and Boselie（2005）が主張するように，組織の人事施策は組織の合理的意思と制度的作用の両方が影響しつつ普及するが，国際的環境では複数の制度的要因が介在しやすいためである。人事制度の国際普及に関する先行研究について留意すべき点は，主に三つの異なる文脈と定義の中で，「制度」が検討されていることである。

第一に，国家を単位とし，法規制や雇用慣行の差異に注目し制度経済学的な意味で「制度」を定義する研究群がある (e.g. den Dulk, Peters, & Poutsma, 2012 ; Gooderham, Nordhaug, & Ringdal, 1999)。ここでは，それぞれ固有の制度環境に影響を受ける各国企業群の本社での人事制度に注目し，どのような国にどのような制度が普及するかに注目する。例えば den Dulk, Peters, and Poutsm (2012) は，欧州 19 か国の企業群を題材に，家庭事情を反映した柔軟な勤務制度の企業への普及が，国家単位の制度的環境に作用される度合いを検証している。そして第二に，同様に各国固有の環境として「制度」を定義しつつ，本社ではなく多国籍企業の進出先における海外子会社の人事制度を問題とする研究群がある (e.g. Bjorkman, Fey & Park, 2007 ; Bjorkman, Smale, Sumelius, Suutari & Lu, 2006 ; Gaur, Delios & Singh, 2007 ; Quintanilla, Susaeta & Sanchez-Mangas, 2008)。多国籍企業は，本社・海外子会社間で一組織としての一体性を志向するが，同時に現地固有の事情に合わせた組織設計を行う，二律背反するニーズを充足する必要がある。この研究領域では，その矛盾がどのように施策普及に作用するかを問題とする。例えば Quintanilla, Susaeta and Sanchez-Mangas (2008) は，米国多国籍企業のスペインにおける現地法人四社の事例研究で，現地制度と本国人事制度の差異がコンフリクトを生起させ，折衷的な解決策が志向される組織内プロセスを描写した。また，Lincoln, Hanada and Olson (1981) は日本企業の米国現地法人群を題材に，本国人事制度の海外展開では，現地法人がそれと反する現地ニーズ充足の実務的必要性に制約されるため，結果的に現地ニーズが包摂された形態に変容すると指摘した。そして第三に，一国に所在する企業組織群を組織フィールドとして，同国企業で共有される人事制度の共通項を「制度」として注目する研究群がある (e.g. Della Torre & Solari, 2013 ; Saka, 2004 ; 須田, 2013)。日本に対する海外からの組織制度移入も継続的な現象も，少数だが研究の蓄積がある。この領域では，古くは明治時代における警察・郵便等の西欧式組織制度の導入 (Westney, 1987) から，近年では 2000 年代の外資系製薬企業日本法人におけるグローバル人事制度 (Global Talent Management, GTM) への対応 (須田, 2013) まで，幅広い検討が存在する。本書はこの第三の研究系譜を継承し，日本企業（特にそのうち GTM が関係する海外展開企業）を組織フィールドとした海

外からの GTM 施策普及を題材とするものである。

　さらに，国境を越えて普及する人事制度の中でも，近年は「グローバルタ
レントマネジメント（Global Talent Management, GTM）」と称される一定の手
法群が国境や企業を超えて多国籍企業において共有され，重要な潮流となっ
ている（Tarique & Schuler, 2010）。多国籍企業はグローバル統合とローカル
適合を調整することで多国籍環境に適応した競争優位を構築する必要があり
（Bartlett & Ghoshal, 1989），その実現には組織の意思決定層に多様な文化を理
解する人材を保有する必要がある（Mellahi & Collings, 2010）。さらに，多国
籍企業は国籍を問わず優秀な人材を幹部に登用することで，公正な処遇の提
供者かつホスト国の人材開発に貢献する存在としての正当性を確立する必要
がある（Sambaraya, 1996）。そのため，事業の国際化が進展する中で，各国で
幹部層人材を登用し国を超えてそれを共有し，適材適所を実現することの重
要性が増しており，特に幹部層人材について人事制度を各国単位でなく統合
的な管理に移行することが重視されつつある（Beecher & Woodward, 2009）。
国際人的資源管理（International human resource management, IHRM）の観点で
は，従来から，多国籍企業が国際的な事業活動を展開するにつれ，その本社
と海外現地法人における人事制度がそれぞれ変化する傾向が観察されてき
た。特に Heenan and Perlmutter（1979）は，多国籍化の進展と共に国際人的
資源管理が進化する基準として，本国志向型・現地志向型・地域志向型・世
界志向型の四段階を示した。そこでは企業は進出先に資源と知識を持たず，
当初は人事制度を本国から移管する本国志向から出発し，海外現地法人の成
長に応じて現地人材の登用が進む現地志向，複数拠点の統合化が進む地域志
向，さらには国籍に関係なく人材登用を実現する世界志向に至るとされる。
GTM は統合化を目指す志向性を持って，必要なスキルある人材を必要な数
だけ国を超えて配置し，国境を越えて知識を共有させ，国境を越えた巨大な
人材プールを活用し優秀人材の発掘と育成を目指す取り組みである（Roberts,
Kossek, & Ozeki, 1998）。

　「GTM」が具体的な活動として何を指すかについて，研究・実務の両面で
多様な用法がなされ，必ずしも統一的な定義は存在しない。しかし，一定の
共通理解は存在すると考えられる。まずその位置づけとして，GTM は国際

人的資源管理（IHRM）の一部に位置づけられ（Tarique & Schuller, 2010），1980年代から議論が活発化したIHRM研究において，2000年代以降再び注目を集めている普及現象である（Scullion, Collings, & Gunnigle, 2007）。そしてIHRMとGTMの差異は，後者が従業員と自社組織に注目するのに対し，前者はそれに加えて顧客・投資家・サプライヤー・社会にまでステークホルダーを広く捉える点にある。結果としてGTMが競争力を高めるための人的資源の確保に向けた取り組みを指すのに対し，IHRMは労働組合との関係等も含むより広範囲の人事政策を対象とする（Tarique & Schuller, 2010）。本書ではこの位置づけを踏襲し，主要な先行研究を包括的に整理したTarique and Shuller (2010) に従い，GTMを「変化が激しく，高度に競争的で，グローバル化が進展した環境におかれた多国籍企業の戦略的方向性と合致する形で，人材を惹きつけ育成し維持するために，国際人的資源管理（人事制度および諸活動）を体系的に活用する取り組み」と規定する（Tarique & Schuler, 2010 : 124）。実際に，複数の大手国際人事コンサルティング会社がこの定義に適合した範囲で，多様な変革領域から必要に応じ組み合わせて利用する関連施策とその変革支援をメニュー化し提供している（例えばヘイグループ（www.haygroup.com /jp），マーサー等（www.mecer.co.jp））。本書では，上記の定義に従い，GTMを採用・評価・育成・報酬・異動等一連の人事制度の国境を越えた最適化と統一管理に向けた，施策の選択的導入活動として扱う。本書事例で問題となった具体的な個別の施策とその概要は，事例研究の結果に基づいて第2節で詳述する。

　なお，GTMの多国籍企業組織での展開は，実現にあたっての困難が大きく，欧米企業においても，内部から見れば必ずしも成功しているとみなされない例も多い（Mellahi, & Collings, 2010）。先行研究では，その理由として特にプリンシパル・エージェント問題の影響が指摘されている（e.g. O'Donnell, 2000）。海外現地法人は短期的な自法人の利益を優先し，優秀な人材の他国法人への異動を拒み，また情報を必ずしも積極的に開示しない傾向がある。一方で本社はGTM制度設計の前提となる，各国法人の人事制度および人材実態の詳細情報を通常持っていない。このため，GTMの導入と実践にあたっては，推進を目指す本社が主導的な役割を果たし，本社人事部の役割と各国

人事の連携方法の大幅な変更を含む，組織横断的で大規模な変革に臨む必要が生じる（Farndale, Scullion, & Sparrow, 2010）。

　以上の観点より，本書では国際的に普及しつつあるGTMについて，組織フィールドとしての日本企業（特に海外展開する企業）への普及，そして先行研究でも指摘された全社的な改革としての性格に焦点をあて，そのために主導者である本社における取り組み（組織反応）を題材とする。

（2）日本的人事とグローバル人事――二つの制度の相剋と複雑性

　日本企業の組織と人事制度は，西欧および米国企業と異なる制度的環境の中で，独自の社会的価値観に影響され独特な発展を遂げてきた（Bhappu, 2000）。例えばNakane（1970）は，日本的組織の従業員にとっての組織の社会的位置づけと組織間関係の特異性を指摘している。Nakane（1970）は，その特性を江戸時代以来の「家」の概念に求めた。「家」は単なる血縁関係ではなく，それ自体が社会的な名声や地位を持つ共同体の単位として，経済的かつ倫理的に人々の帰属対象となる。そして本家を中心にその存続と繁栄を分家が衛星として支える同族制度は，現代日本の企業グループに受け継がれているとされる。また他方で，より具体的な人事制度面の特異性に注目した議論として，米国の研究者と経営コンサルタントによる一連の実務的研究がある（e.g. Abegglen, 1958, 1973；Abegglen & Stalk, 1985；Keeley, 2001）。特にAbegglen（1958）は，人口ボーナス期かつ高度成長期にある戦後日本企業の特性として，若く質の高い労働力の継続的供給と経済成長を前提に，それに最適化された人事制度を発展させてきた点を指摘している。そこでは終身雇用・年功給・企業別労働組合（労使協調）が「三種の神器」として提供され，長期的な企業への忠誠心とそのリターンが重視されたとする。さらに大学新卒社員を定期一括採用し，各企業が独自の人材育成に投資し，年功を重視した能力等級制で長期的な人材評価を行うことが，人材の競争力を担保したとされる（Drucker, 1971）。これら日本的人事制度は当然のものとして制度化され，日本企業がそれに反することは社会的評価に悪影響を与え，またそれに従うことが国内の安定的雇用を提供する社会的責任ある企業としての評価をもたらした（Keeley, 2001）。さらに，日本企業の国際的な成功という時代背

景に合わせ，それら独自の人事制度が競争優位性の源泉としても議論されていた（e.g. Abegglen & Stalk, 1985）。一方で，このような同質性が高く暗黙知を共有し忠誠心が高い人材層の構築には文化的背景と長期的な投資が必要であり（Drucker, 1971），日本国外で同様の基盤を短期間で構築することは困難である。そのため海外現地法人においては，経営管理を担う中核人材として日本人を派遣し，現地採用スタッフには一般事務などあくまで補助的な業務を担わせる二重構造が定着していった（石田, 1985）。

　しかし近年は，企業の経営実務において，海外事業のさらなる拡大と，単なる輸出や現地生産を超えた国際的知識連結が競争上必要となり，それに向けた経営手法の改革が重要性を増している。そして改革すべき分野の中で特に注目が集まっている一つの課題が，グローバル競争に対応できる人材の確保である。例えば経済同友会は，従来から海外市場での人材強化を通じた競争力向上の必要を自己提言していた（経済同友会, 2008）。さらに会員企業に対する近年（2012 年）の調査でも，会員企業が挙げた「10 年後にも競争力を保つために日本企業が取り組む必要がある課題」として，上位 5 つのうち3 つに「グローバル化への対応」，「人材の能力向上」，「優れた経営者・リーダー育成（獲得）」が挙げられている（経済産業省, 2015）。さらに，日本政府も経済産業白書において GTM を国家的経済成長の持続に欠かせない要素の一つとして明記する（経済産業省, 2015：279-281）等，GTM はますます公的に目指すべき指針としての性格を濃くしている。さらに，欧米を中心とする先行事例がベストプラクティスとして定型化され，コンサルティング会社がベストプラクティスをパッケージ化し企業に営業展開して普及を図り，同分野に関する一般書籍も増加している。主要なビジネス雑誌でも，リーマンショック後から「グローバル人材」と「グローバル人事制度」に関する記事が多く登場し，一種の流行を形成している。その中で，欧米多国籍企業を模範として，GTM の採用を検討する日本企業は徐々に増加していく傾向にある(Keeley, 2001)。このような産官を挙げての議論の盛り上がりの中で，GTMは規格や法的強制力こそ持たないが，「グローバル化を先進的に進めるうえで導入すべき『正しい』人事制度」として，強制的・規範的・模倣的にその導入を迫る，同型化圧力を持つ側面が生まれている。実際に，多くの企業が

2000 年代半ば以降，中期経営計画および投資家向けコミュニケーションにおいて，GTM を含む経営手法・体制のグローバル化推進を主張し始めた。例えば，本書で事例研究の対象とした 7 社（詳細は後述）は，いずれも GTM の採用以降に中期経営計画の投資家向けプレゼンテーションにおいて，GTM 関連施策とその期待効果を肯定的な材料として情報開示している。そしてこれらの企業は，ダイバーシティ・就職人気等の各種ランキングにおいて高い評価を獲得している。例えば，7 社のうちのある企業は，ダイバーシティ経営企業 100 選（経済産業省），新卒就職人気企業ランキング（楽天株式会社等）等の各種ランキングにおいて同業種企業の上位に継続して位置しており，またそうなるよう意図し，各種ランキングをモニタリングしていることがインタビューで確認された。

　なお，近年，経営環境の変化に対応し GTM 採用とは別の文脈で，大企業における伝統的な日本的人事制度は若干変化してきた(須田, 2015)。例えば，2012 年に労働研究・研修機構が実施した調査によると，従業員 1,000 人以上の企業で過去 5 年に退職勧奨をした企業，整理解雇を行った企業とも 3 割程度の高い比率となっている（労働政策研究・研修機構, 2013）。同様に，成果主義人事と関係が深い人事評価改革の一環であるコンピテンシー・アプローチも 2012 年時点で 3 割程度の普及度となっている(日本生産性本部, 2012)。未だ多くの大企業が長期雇用と人事の年功的側面を重視している傾向は否定できないが，その絶対性が徐々に失われつつある文脈にあることも事実である。

　一方世界規模で概観すると，GTM は具体的な施策の詳細設計レベルでは企業による多様性を残しつつ，欧米多国籍企業を中心とした多国籍企業の組織フィールドにおいて当然の施策として制度化されている。その論理は，世界中に埋もれた多様かつ最適な才能の活用は企業にとって利得があり，かつ国籍・属性にとらわれない機会提供が，多様性と公平性という社会的正義のために必要であるとするものである。しかし，日本企業という組織フィールドで制度化された日本的人事制度は，従業員の長期的な忠誠心の維持と向上が企業にもたらすメリットに注目し，また社会に対しては国内雇用の安定化と一生にわたる従業員のコミュニティとアイデンティティの基盤提供で貢献する。結果として，新たにもたらされた制度が既存の制度と矛盾して併存す

第 2 章　グローバル人事制度と日本企業 | 51

表 2-1　日本的人事制度と GTM の制度としての比較

特性		日本的人事制度	グローバルタレントマネジメント（GTM）
企業にとっての正当性		従業員の長期的な忠誠心の維持と向上	世界中に埋もれた多様かつ最適な才能の活用
社会にとっての正当性		国内雇用の安定化一生にわたるコミュニティとアイデンティティの基盤提供	国籍・属性にとらわれない公正な機会の提供
平等性		結果の平等（同期と遜色ない処遇）	機会の平等
人材選抜		長期にわたり，暗黙の裡に繰り返される行きつ戻りつのプロセス	比較的短期〜中期に，明示的に透明性高く行われる一方向のプロセス
人事制度の個別施策の主眼	報酬	年功重視	成果重視
	職務定義	柔軟性を重視した，概要的かつ実態とは異なる定義	明確に定義された，職務範囲と責任分担
	等級制度	能力制（実質的には年功制）	担当職務制
	国際異動	本国社員のみの，一時的転勤	グローバルでの中核人材の，国籍に関係ない最適異動
	昇進	海外現地法人も本国社員重視現地採用社員の非中核化	グローバル・ローカルでの中核人材の最適登用

る，制度的複雑性(Greenwood et al., 2011)が生じている。表 2-1 に示す通り，両制度は具体的施策に落とし込む際に，多くの点で矛盾した志向性を生む。そのため，日本の多国籍企業は「グローバルに活動する多国籍企業」としてその組織フィールドで既に制度化された GTM を採用する志向と，「日本企業」として日本で制度化され当然視されている慣行を維持する志向との間に置かれている。

　以上の観点から，日本の多国籍企業による GTM 導入は，顕著な制度的複雑性を文脈とし，かつ実務的に重要な組織反応を題材とするものと言える。そのため本書では制度的複雑性における組織反応の多様性を検討するために，同文脈を扱う。本書では，第 1 章で述べた制度変化を組織反応の経時的

変化で捉える価値を考慮し，本制度に対する反応を一定の組織において観察し，その採用（Adoption），実行における実態と形式の乖離（Decoupling），それを経た再実行（Coupling または Recoupling）に至る変化を検討する。データ収集と分析においては，まず 3 つの変化段階それぞれについて個別にそれを特徴づけるメカニズムに関する探索を行い，最後に同じデータを用いて過程全体を通じた組織反応の説明メカニズムを検討する。

第 2 節　データ取得と分析の方法

本書では，理論探求に適した方法としてグラウンデッドセオリーの手法に基づき，事例観察と分析を通じた理論的探索を行った（Glaser & Strauss, 1967 ; Strauss & Corbin, 1998）。本書の主眼は，どのように，なぜ事象が形成されるかの深い洞察にあるため，手法として事例研究を活用した（Miles & Huberman, 1994 ; Yin, 1989）。またパターンを説明する要因や変数を遊離して取り出すのに適した手法として，複数事例の比較を用いた（Eisenhardt, 1989）。具体的には，日本企業の本社がグローバル人事制度（GTM）を導入・実行した過程を題材に，定性的データ分析による比較事例研究を行った。

(1) データ収集

まず，2014 年 11〜12 月に初期インタビューを日本企業五社（後述する，本書の事例 A・B・C・D・F 社）に対して行い，質問と調査の設計を行った。五社は，海外展開する上場日本企業で，アクセスが可能な企業から抽出した。初期インタビューによると，各企業ともまず「グローバル人事制度」に含まれ得る施策を包括的に検討する意思決定を行い，その後の検討を経てどの施策を実際に導入するかを各社各様に決めていた。本書で先行研究における施策の採用（Adoption）を指す「検討着手」とは，この包括的検討への着手を意味する。検討される具体施策のリストは，有力人事コンサルティング会社群のメニュー等が参照され，その後の事例研究対象企業の全てを含め，事例間でほぼ共通していた（表 2-2）。本書では，記憶の古さによるバイアスを抑

表 2-2　本書で題材としたグローバル人事制度（具体施策）の内容

施　策	概　要
グローバル人事ポリシー	本社と海外各拠点の人事制度に関する役割権限分担と，本社管轄部分の原則／判断基準の定義
運営会議体(グローバル人事会議，タレントマネジメント委員会)	本社と海外各拠点の人事部門定期会議の設置と，重要人材の育成管理に関する横断委員会の設置
人材教育プログラム（スタッフ向け，初級管理職向け，部長級（執行役員候補)向け，執行役員向け）	本社と海外各拠点が連携して統一デザインの下に設計した，各階層向け人材育成制度の設置
職務等級（職務評価，ジョブディスクリプション，中核ポスト設定，管理職等級統一化，昇格基準統一化，人材データベース）	本社と海外各拠点での職務等級の読替／統一，職務内容の定義，本社管理を行うポストの定義，等級／昇格基準の統一と重要人材データベース管理
評価制度（コンピテンシー，評価項目統一化，評価基準統一化，360度評価導入）	本社と海外共通での人材要件定義，評価項目／基準統一，360度評価の導入
報酬制度（役員報酬，各国報酬調整）	本社と海外各拠点での役員を含む報酬調整
配置異動（キャリアパス，国際異動規定）	海外拠点における昇進経路の明示，異動を容易にするための本社も含めた国際異動規定の整備改訂
サクセッションプランニング	中核ポストの後継人材把握と育成計画 PDCA 実施

出所：事例研究対象企業インタビュー

え，かつ GTM が欧米を中心に普及した後の時期を対象とするため，2000年以降の取り組みを題材とした。

　事例研究の対象組織の抽出方法は，以下の通りである。まず母集団を，『海外展開を推進する（2014 年度の海外売上比率が一割以上で，中期計画に海外売上の拡大を公表する），中堅規模（同，売上高 3,000 億〜1 兆円）の日系上場企業のうち B2B 企業』とした。中堅企業とした理由は，規模の極端な大小が人事制度整備に影響するバイアスを避けるためである（Beck & Walgenbach,

2005)。売上の数値範囲は，初期インタビューから「グローバル共通人事制度を導入すべきか，大企業として当然必要，もしくは小企業として当然不要，のどちらともいえない，判断に悩む規模」を推定し設定した。B2B事業とした理由は，二つある。第一に，可能な限りB2BやB2Cの混在をはじめとする業種特性の影響（本書の主要研究関心ではない外形要因）を排除することが望ましいためである。そして第二に，データベースによれば海外展開する日本企業ではB2B業種がより多く，かつ過去から海外売上比率が相対的に高いことから，より海外経験を蓄積し今回対象とする制度の影響を受ける蓋然性が高いためである。

　手順として，まずSPEEDAデータベース（2015年1月時点）を使用し，日本の株式上場企業3,617社の内，2014年度実績で数値条件を満たす企業493社を抽出した。そして493社について，各社ウェブサイト情報と同データベース上の産業分類情報に基づき，B2B事業を海外売上の主要構成要素としている企業436社を抽出した。さらに母集団から，事例企業の理論的サンプリングを行った（Eisenhardt, 1989）。条件として，2015年3月までに実際にグローバル人事制度導入の検討に着手した企業を対象に，グローバル人事制度導入の検討着手時期が，「早い」組織（2007年以前着手）と「遅い」組織（2011年以降着手）を比較できるよう，アクセス可能な企業からサンプルを取った。最終的に，対象企業は7社が抽出された（表2-3）。これらは，日本での設立から60年以上が経過した（E社のみ20年弱），資本の過半が国内投資家または日系機関投資家の保有である日本企業である。

　これら7事例は，Adoption・Decoupling・Couplingの三段階の観察有無にそれぞれ若干差異がある（表2-4）。そのため，各章では理論的サンプリングの条件を満たす（当該事象が観察された）事例を分析に使用した。具体的には，Adoption（施策採用）を検討する第3章では，7社全てを対象とした。採用後のDecoupling（形式と実質に分離）に関する第4章では，主として採用経緯の情報のみが取得された2社（事例D・E）を除外し，採用後の経緯に関するデータが十分な5社を対象とした。Decoupling後の実行加速（Coupling）に関する第5章では，当該事象が観察されなかった2社（事例F・G）をさらに除外し，Couplingに関するデータが十分な3社を対象とした（事例A・B・

第 2 章　グローバル人事制度と日本企業 | 55

表 2-3　データ収集対象企業の概要

社名	業種	売上（2014 年度）	営業利益（同）	海外売上（同）	着手年度
A 社	製造業	約 8,000 億円	約 400 億円	41%	2003 年
B 社	製造業	約 4,000 億円	約 300 億円	69%	2006 年
C 社	製造業	約 5,000 億円	約 500 億円	61%	2006 年
D 社	製造業	約 1 兆円	約 700 億円	54%	2007 年
E 社	サービス	約 6,000 億円	約 1,100 億円	16%[1]	2011 年
F 社	製造業	約 7,000 億円	約 700 億円	58%	2014 年
G 社	製造業	約 3,000 億円	約 200 億円	66%	2014 年

表 2-4　データ収集対象企業での観察事象

社名	施策採用（Adoption）	形式と実態の乖離（Decoupling）	実行加速（Coupling）
A 社	○（早期）	○	○
B 社	○（早期）	○	○
C 社	○（早期）	○	○
D 社	○（早期）	―	―
E 社	○（後期）	―	―
F 社	○（後期）	×	―
G 社	○（後期）	×	―

○：その段階にあたるデータを収集し，当該事象が発生した観察あり
×：その段階にあたるデータを収集し，当該事象が発生しなかった観察あり
―：その段階にあたるデータ収集なし

C）。

　各章における取得したデータ内容とデータ取得経緯の詳細は次の通りである。

■第 3 章　施策の採用（Adoption）

　2015 年 1〜5 月にかけて 7 社を訪問し，16 人に対しのべ 22 回，合計約 33 時間のインタビューを行い，IC レコーダーで録音した。これらインタビューの内，一名の A 社推進リーダー（後述する AL2）のみインタビューを電話に

---

1)　非公表のため，取り扱いサービスにおける海外取引比率を使用した。

表 2-5　第 3 章におけるデータ取得方法の概要

社名	面接対象			その他の情報源			
	人数	回数	内訳	IR 情報	新聞雑誌	社内資料	書籍
A 社	4	6	担当執行役員，検討リーダー，前検討リーダー（2 回），検討スタッフ 2 回	○	○	○（経営会議資料等）	―
B 社	3	4	担当執行役員，検討リーダー，前検討リーダー（2 回）	○	○	―	―
C 社	2	3	検討リーダー（2 回），前検討リーダー	○	○	○（経営会議資料，監査役向け説明資料等）	―
D 社	1	1	前検討リーダー	○	○	―	―
E 社	1	1	前検討リーダー	○	○	○（経営メッセージ等）	○
F 社	3	5	専務，経営企画(2 回)，検討リーダー（2 回）	○	○	○（中計検討資料等）	―
G 社	2	2	取締役，人事部長／人事課長	○	○	―	―

注：「○」は該当データを収集使用，「―」は該当無し

より実施したが，他は全て面談形式で実施した。データはインタビューを中心とし，社内外の文献分析で情報を補完した（表 2-5）。文献資料は，各社 IR 資料に加え，最も部数の多い経済系新聞・雑誌として日本経済新聞および日経ビジネスの当該期間中の記事を参照し，また社内資料として A・C・F 社より計 470 頁分の会議資料と，E 社より社内経営メッセージ冊子 3 冊を収集した。インタビューでは実施時に質問表と関連資料を回答者に共有したが，自由度の高い半構造化インタビューを行った。半構造化インタビューにおいては，表 2-6 の質問票を事前に回答者に共有した。ただし，質問内容は回答に応じて柔軟に変更した。

■第 4 章　形式と実態の乖離（Decoupling）

第 4 章では，実行経緯に焦点をあてデータが十分な 5 社のみを対象とした

第 2 章 グローバル人事制度と日本企業 57

表 2-6 インタビュー質問表

大項目	小項目
検討の発端	・いつ頃，どのような情報源から，GTM が認識されていったか ・どのようなきっかけで，社内での推進検討が始まったのか ・その際，どのような理由で必要性がうたわれたのか ・どの部門が，どう発案したのか（トップダウンか，そうでないか）
検討の経緯	・どのような体制（チーム・進捗管理）で制度の検討がなされたのか ・どのような論点につき，どのような手法で検討されたのか ・検討を通じ，反対意見は出てきたか，どのようなものだったか ・その際，どのように対処し合意を形成していったのか ・最終的な制度案の内容と実行推進は，誰がどう意思決定したのか
実行の経緯	・制度を導入してから，社内でどのような反応があったか ・反発は出てきたか，それは誰から／どのようなものだったか ・その際，どのように対応していったのか
社外との 関係性	・上記過程全体で，社外の存在が果たした役割や影響はどのようなものだったか （メディア，書籍，関係が深い有識者，コンサルタント（セミナーや支援）等）

表 2-7 第 4 章におけるデータ収集対象企業の概要

社名	業種	売上（2014 年度）	営業利益（同）	海外売上（同）	着手
A 社	製造業	約 8,000 億円	約 400 億円	41%	2003 年
B 社	製造業	約 4,000 億円	約 300 億円	69%	2006 年
C 社	製造業	約 5,000 億円	約 500 億円	61%	2006 年
F 社	製造業	約 7,000 億円	約 700 億円	58%	2014 年
G 社	製造業	約 3,000 億円	約 200 億円	66%	2014 年

（表 2-7）。データ収集は第 3 章と同時に行われた同じデータ源（2015 年 1～5月の 7 社訪問）によるが，その内の 5 社 14 人に対するのべ 20 回，合計約 30時間のインタビューを使用した（表 2-8）。そのためインタビュー質問は，第3 章と共通である（表 2-6）。

■第 5 章　実行加速（Coupling）

第 5 章は，対象事例として 7 社の内で Coupling が観察された 3 社のみを

表 2-8　第 4 章におけるデータ取得方法の概要

社名	面接対象			その他の情報源			
	人数	回数	内訳	IR 情報	新聞雑誌	社内資料	書籍
A 社	4	6	担当執行役員，検討リーダー，前検討リーダー（2 回），検討スタッフ 2 回	○	○	○（経営会議資料等）	—
B 社	3	4	担当執行役員，検討リーダー，前検討リーダー（2 回）	○	○	—	—
C 社	2	3	検討リーダー（2 回），前検討リーダー	○	○	○（経営会議資料，監査役向け説明資料等）	—
F 社	3	5	専務，経営企画（2 回），検討リーダー（2 回）	○	○	○（中計検討資料等）	—
G 社	2	2	取締役，人事部長／人事課長	○	○	—	—

注：「○」は該当データを収集使用，「—」は該当無し

表 2-9　第 5 章におけるデータ収集対象企業の概要

社名	業種	売上（2014 年度）	営業利益(同)	海外売上(同)	着手
A 社	製造業	約 8,000 億円	約 400 億円	41%	2003 年
B 社	製造業	約 4,000 億円	約 300 億円	69%	2006 年
C 社	製造業	約 5,000 億円	約 500 億円	61%	2006 年

対象とした（表 2-9）。データは第 3 章・4 章でのこれら事例（A・B・C）のものに加え，2016 年 5～6 月に同じインタビュー対象者の中で追加実施した，Coupling 経緯の詳細に関する非構造化インタビュー 7 件（A 社 2 件，B 社 4 件，C 社 1 件）を対象とした。これら追加インタビューは各企業を訪問し面談形式にて行われ，平均時間は 30 分であった。一部が IC レコーダーで録音されたが，一部はインタビュー対象者の意向から録音されていない。結果として，インタビューは合計で 9 名に対し 20 件，約 22 時間実施された（表 2-10）。

表 2-10　第 5 章におけるデータ取得方法の概要

社名	面接対象			その他の情報源			
	人数	回数	内訳	IR 情報	新聞雑誌	社内資料	書籍
A 社	4	8	担当執行役員，検討リーダー，前検討リーダー（3 回），検討スタッフ 3 回	○	○	○（経営会議資料等）	—
B 社	3	8	担当執行役員（2 回），検討リーダー（2 回），前検討リーダー（4 回）	○	○	—	—
C 社	2	4	検討リーダー（3 回），前検討リーダー	○	○	○（経営会議資料，監査役向け説明資料等）	—

注：「○」は該当データを収集使用，「—」は該当無し

■第 6 章　時系列変化全体

　第 6 章では，各段階における変化の分析の後，時系列での変化全体に関する説明メカニズムを探索した。この際，採用から不実行を経た実行加速まで，全段階が揃う事例 ABC の三事例についてデータを使用した。従って，直接使用したデータは，第 3 章・4 章・5 章での事例 ABC と同じものである。他の事例に関しては，まず三事例での分析を行った上で，同様の現象がどのように観察されるかを確認するため，補足的に参照するにとどめた。

(2) データ分析

　ここでは，まず各章のデータ分析手法の概要を簡潔にまとめ，その後各章ごとに手順を詳説する。時系列変化の各段階を扱った第 3 章から 5 章では，各章の注目する段階と個別論点に注目し，以下の共通手順で焦点を絞った分析を行った。まず，録音データを文字データに変換し，文字データに内容を要約したラベルを付し，個別事例の時系列事象整理を行った。そして，ラベルを話題の領域に応じて分類し，領域ごとに論点に関する事例（またはフェーズ）間の比較で差異を抽出し比較表を作成した。比較表から結果への影響が観察された要素を抽出し，文字データでその論理的つながりを確認した。各章ごとに比較の視点は異なる。具体的には，第 3 章（施策採用）は早期採用

と後期採用を分ける要因分析，第4章（形式と実態の乖離）では Decoupling の発生・不発生を分ける要因分析，第5章（実行加速）では Decoupling 発生後の，実行加速の有無を分ける要因分析を行っている。

　一方で，時系列変化全体を扱う第6章では，後述するようにより広く全体の特性を抽出するため，グラウンデッドセオリーで普及する要素抽出に適した分析手法（いわゆる Gioia method, Gioia, Corley & Hamilton, 2013）を用いた。

■第3章　施策採用（Adoption）

　データ分析は，以下の手順で行った。第一に，録音データを文字データに変換した。文字データは合計で日本語約30万字，A4シングルスペースで約260枚の分量となった（この他に一件の英語インタビュー（英語約4,300語，同10枚）が存在する）。第二に，文字データの各所に内容を要約したラベルを付した。ラベルと文字データを参照し，事例ごとの時系列での事象整理を行い，個別事例の把握を行った。第三に，事例間比較分析を容易にするため，データからラベルだけを抽出した。第四に，ラベルを，その対象とする話題領域に応じ九種類の論理カテゴリーの中で該当する一つに分類した。論理カテゴリーは，文字データで反復して登場する話題領域の傾向から帰納的に抽出し，以下を設定した。

　　⑴　A. 組織内における，A1.「誰が」に関する，A11. 推進体制（全体）の要素
　　⑵　A. 組織内における，A1.「誰が」に関する，A12. 個別の主体の要素
　　⑶　A. 組織内における，A2.「何を（施策）」に関する要素
　　⑷　A. 組織内における，A3.「なぜ（理由）」に関する要素
　　⑸　A. 組織内における，A4.「どのように（進め方）」に関する要素
　　⑹　A. 組織内における，A5.「どのような前提の下で（組織特性）」に関する要素
　　⑺　B. 組織外における，B1.「特定の組織／人」に関する要素
　　⑻　B. 組織外における，B2.「不特定多数の組織／人」に関する要素
　　⑼　B. 組織外における，B3.「（組織や人でなく）その他」に関する要素

第2章　グローバル人事制度と日本企業 | 61

表 2-11　早期着手と後期着手のデータ比較表（一部抜粋）

論理カテゴリー	細分類	早期着手事例の観察要素	後期着手事例の観察要素
B1. 特定組織／人	B11. 経営者ネットワークからの模倣的圧力	経営トップ同士のネットワークの中での他社情報の影響	
	B12. 海外他社からの模倣的圧力	海外競合からの感化と模倣プレッシャー	
	B13. コンサルタントからの模倣的圧力	コンサルタントの積極活用	
	B14. 海外 JV パートナーからの模倣的圧力	海外 JV パートナーからの情報の影響	
	B15. 大口顧客からの強制的圧力	顧客からの海外オペレーションに対する要求	
B2. 不特定組織／人	B21. 流行／ブームによる規範的圧力	外部メディアの影響	
	B22. 採用対象者からの評価	（補助要因として）採用対象者からの見られ方への配慮	
	B23. 投資家からの評価	（補助要因として）投資家からの見られ方への配慮	
B3. その他	B31. グローバル化自体が持つ規範的圧力	絶対的正義としてのグローバル化の受容	グローバル化自体に対する懐疑的な見方
	B32. 本社所在地コミュニティに対する規範的圧力		本社所在地コミュニティに対するアイデンティティの強さ

　同じ論理カテゴリーにおけるラベルごとのより詳細な差異は，9 種類の論理カテゴリーの下位の細分類として整理した。第五に，各論理カテゴリーに分けられたラベルを，「早期（2007 年以前）に検討着手した企業」と「後期（2011 年以降）に検討着手した企業」に分別した。第六に，早期着手事例と後期着手事例で各論理カテゴリーのどこでどのようなラベルの差異が生まれているか，重複項目を統合しつつ照合表を作成し機械的に差異を抽出した。第七に，照合表から抽出した機械的な差異を元に，再度文字データに立ち戻り，論理的なつながりが確認できる要素を抽出した。（照合結果の一部を表 2-

11に抜粋した）。制度理論では，制度が提示する正当性の認識形成が同型化圧力をもたらすと考えるため，分析では，グローバル人事制度検討への着手または着手拒否を何が正当化するのかに注目し，組織内で作用した要素を抽出した。差異の多くはインタビュー回答者が自己認識として直接指摘したものではなかったが，回答者が自ら「検討着手に寄与した／障害となった」と直接指摘した要素は，データの他の部分と照合し，傍証があることを確認した（ただしインタビュー回答者が一名であるD社とE社は文献データのみで照合を行った）。そして第八に，照合表の各要素のうち，論理的な共通要素に統合することが可能なものをさらに統合し分析結果の小項目とした。理解を容易にできるよう，記述整理のために，最後にこれら小項目の論理的な位置づけを大項目として付した。

■第4章　形式と実態の乖離（Decoupling）

　第4章は，第3章と同様の手順に従ってデータ分析を行った。ただし，分析では，GTM施策採用の経緯ではなく，採用後の経緯を対象とした。先行研究では，制度の採用は外部のモニタリングが容易であるため外部イベントの影響が大きく，一方採用後の実行は外部モニタリングが困難で介入が少ないため，個別組織内のイベントにより影響されやすいとされる（Chandler, 2014）。そのため，第4章では組織内の実行過程を重視し，まず各事例の時系列の実行過程経過を詳細に整理した。そしてどのような要素が施策の実行を促進または阻害するか，ラベルより観察された要素を抽出し比較表を作成した。第3章と同様に，回答者が自ら指摘した要素は，他データと照合し，傍証があることを確認した。

■第5章　実行加速（Coupling）

　第5章では，事例間の比較だけではなく，各事例の中での実行フェーズの差異にも同時に注目して比較分析した。第5章のデータ分析結果で詳述するように，各事例では例外なく，数年ごとにGTMの推進リーダーが交代し，それに応じて異なる実行フェーズが形成され実行過程が変化していた。そのため，Decouplingの状態が観察されていたフェーズと，その後Couplingの発

第 2 章　グローバル人事制度と日本企業　63

表 2-12　迅速な実行と実行停滞のデータ比較表（一部抜粋）

論理カテゴリー	細分類	実行が迅速なフェーズの観察要素	実行が停滞したフェーズの観察要素
A11. 推進体制（全体）	A11-1. 社長の関与度合い	経営トップの明確な推進方針と積極参加	
	A11-2. 投資方針	投資案件としての注力	投資案件としての優先度低下
	A11-3. 推進リーダーへの社としての支援	経営幹部直轄の専任組織設立 経営幹部直轄の予算確保 リーダーへのポジション提供 検討チームへの人的リソース投入	本来の担当部門である人事部との非連携
	A11-4. 担当部署	国内・一般社員検討との切り出し	
	A11-5. 人と体制づくりの関係	人事のアウトサイダーが主導しつつ，インサイダーとの協力体制 過去に類似経験を持つ人材のリーダーへの登用	
	A11-6. 部門横断プロジェクトチームの組成	全社重要プロジェクト化 部門横断検討チームの組成 ミドル実務層との討議中心の検討	位置づけの不明確なプロジェクト 担当組織に閉じたチーム組成 日本人役員との討議中心の検討
	A11-7. 人事部のキャパシティ		人事部の人材の質／量両面でのキャパシティ制約
	A11-8. 変革に適した人材の欠如	任務に必要な類似経験ある人材の登用	

生が観察されたフェーズとを比較し，フェーズ間の差異に寄与が観察される要因を抽出した。

　具体的には，データ分析は，以下の手順で行った。第一に，録音データを文字データに変換した。第二に，文字データにラベルを付し，事例ごとの時系列での経過を整理した。第三に，比較分析を容易にするため，データからラベルだけを抽出した。第四に，ラベルを話題領域に応じ論理カテゴリーに

分類した。データには Coupling に関して組織外の要因が登場せず，帰納的に設定した論理カテゴリーは，第3章・4章の九つから組織外に関する三つを除外した下記六つとなった。

　　(1) A. 組織内における，A1.「誰が」に関する，A11. 推進体制（全体）の要素
　　(2) A. 組織内における，A1.「誰が」に関する，A12. 個別の主体の要素
　　(3) A. 組織内における，A2.「何を（施策）」に関する要素
　　(4) A. 組織内における，A3.「なぜ（理由）」に関する要素
　　(5) A. 組織内における，A4.「どのように（進め方）」に関する要素
　　(6) A. 組織内における，A5.「どのような前提の下で（組織特性）」に関する要素

　以降，各論理カテゴリーに分けられたラベルを「実行が迅速なフェーズに関連するもの」と「実行が停滞したフェーズに関連するもの」に分別し，それ以外は第3章・4章と同様の過程で分析を実施した（照合結果の一部を表2-12に抜粋した）。

■時系列変化全体（第6章）

　第3章から第5章では，時系列変化の中で特定の段階に注目し，その段階に関する先行研究での特定の研究ギャップを念頭に分析を行った。そこでは関心の焦点が特定の段階と研究ギャップに絞られているため，その焦点に関係する要素を集中的にデータから抽出し，その焦点を中核とした比較分析を行い，その影響の有無とあり方の探索を行った。一方で，これら三段階を横断した時系列変化全体の分析では，より幅広く三段階全体の時間軸を扱い，かつ関心の焦点を段階間の要素の相互関係，および段階を超えて観察される共通要因に置く。そのため，より広範かつ定義が曖昧な領域から要素・概念の探索を行うこととなる。このような曖昧な分析では，探索の創造性を担保しつつ分析者の主観に過剰に依存しないよう，分析手法の厳格性を保つ手順を遵守することが重要となる。そのため，そのような二律背反の問題意識に対応しグラウンデッドセオリーの先行研究において近年広く活用され提唱さ

れる，既定の手順（いわゆる Gioia method）に基づいて分析を行った（e.g. Corley & Gioia, 2004 ; Gioia, Price, Hamilton & Thomas, 2010 ; Harrison & Corley, 2011 ; Nag, Corley & Gioia, 2007 ; Nag & Gioia, 2012）。Gioia method は事実の社会的構成を是とする認識論の下で，データ提供者の認識とデータ分析者の認識を明確に区分することでデータと解釈を弁別し，創造性と厳格性の二重の要請に応え得る点に特長がある（Gioia, Corley & Hamilton, 2013）。

　Gioia method の分析手順には様々なアレンジがあり，先行研究により多少の差異がある（e.g. Gioia, Price, Hamilton & Thomas, 2010）。本書の分析は最も体系的な手法の提唱の一つである Gioia, Corley and Hamilton（2013）に準拠した。具体的には，次の手順で分析を行った。第一に，まず情報提供者の用語と主張する意味に可能な限り忠実なよう，データの各部から意味のカテゴリーを抽出した。これは，Strauss and Corbin（1998）が提唱する「オープンコーディング」に相当する。可能な限り情報提供者の意図した意味に忠実に抽出したカテゴリーは通常非常に多数にわたるため，最初に抽出したものからその後，重複や相互関係性を確認し統合整理を行った。そして第 1 レベルの一連のラベルを得た。次に，情報提供者の意図への理解を維持したうえで，それをより抽象化し文脈固有の要因から離れたラベリングに転換した。これは Strauss and Corbin（1998）が提唱する「アキシャルコーディング」に相当する。この成果物は，第 2 レベルのラベルであり，分析者による解釈の余地をより強めつつ，理論的な思考に活用可能な抽象度を担保する。最後に，これら第 2 ラベルの内いくつかを連携させて検討し浮かび上がる，統合されたテーマのカテゴリーを整理した。統合されたカテゴリーでは，現象とリサーチクエスチョンに対して，文脈を超えて抽象化されたメカニズムに含まれる関連要素の上位概念が示される。各上位概念は，第 2 ラベルの各要素を構成要素として持つ論理構造となる。そしてこれら解釈の流れを，先行研究で一般的な分析構造図として整理した。分析構造図は，データから第 1 ラベル，第 1 ラベルから第 2 ラベル，第 2 ラベルから統合されたカテゴリーまでの論理的つながりを示す。以上の手順により，データから時系列変化の各段階を横断して共通に観察され組織反応との関係が観察される要素と，各段階の要素の間での関係性を示す要因の抽出を行った。

コラム2 日本企業における「グローバル人材」ブーム

　　グローバル人材はこのところずっとブームでしたね。最近は少し落ち着い
　てきましたが。(ある企業の人事マネジャー)

　事業のグローバル展開が進むに従い，それに対応した国際経営手法を確立する
必要性が，日本企業の課題として数十年来議論されている。そして改革すべき対
象の一つとして，人事制度もその焦点の一つとなってきた。欧米の大規模な多国
籍企業を中心に，1990年代以降，グローバルに人材を最適に配置し管理する人
事制度の整備とベストプラクティスの定型化が進んだ。日本ではやや反応が遅れ
ているが，最近15年ほどの状況を見ると，2010年頃が一つの潮目となり，そ
れ以降各社でグローバル人事制度に関する取り組みを見ることが増えた。
　グローバル人事制度に関する取り組みの詳細は，各社各様である。しかし，本
書の研究以外も含め百社近い日本企業と議論をする中で，グローバル人事制度の
進め方に，一定の共通パターンがある印象を持った。具体的には，それは次のよ
うな三つの特徴である。
　第一に，非常に強い関心が人材のスペック論に集まった。その一つが，いわゆ
る「グローバル人材」と呼ばれる，グローバル経営に適する能力を持った経営人
材像の議論である。どのような能力や条件がそれに適するか定義し，または自社
の人材育成体系の中で，その育成のために何が足りないかを検討する視点が，一
時期非常に強まった。当時，リーマンショック前後の経済変動の実感と不透明な
先行きの感覚が強まり，その突破口として人材の力を高める志向があったのかも
しれない。
　では「それさえあれば世界で活躍できる」ような，一義的な資性を定義するこ
とはできるのだろうか。おそらく，絶対的な答えを出すことは難しいだろう。グ
ローバル経営や海外市場と言っても，具体的な姿は企業や事業によって千差万別
であり，時代と共に変わるためである。もちろん，人事の当事者からすれば，そ
のような魔法の杖は無く，結局は自社固有の状況に合わせて人材要件を考えざる
を得ないことは十分分かっている。それでも，一定の「あるべき」人材像やその
スペックを勉強し，日本人人材をそれに近づけることができるよう育成を強化す
る議論は，多くの日本企業で好まれた。海外企業でのグローバル人事制度の議論
の焦点が，多くの場合基本的な人材スペックと育成論ではなく，人材の採用，評
価，流動性促進などの諸制度の改善に移行している状況とは対照的であった。
　第二に，黎明期には，取り組みをリスト化し「やりやすいものから手をつける」

流れが見られた。本書でも詳細を述べたが，やりやすい取り組みとは，特に次の二つである。

　一つには，人材育成プログラムの整備は先行的に進んだ。多くの企業が研修には毎年予算を取っており，その面での予算確保は比較的やりやすい。また人材育成だけであれば，現状に対して研修を足し算するだけにとどめ，仕事のやり方やキャリアの考え方を変えずに進めることも可能である。また，研修が増えること自体は，受け手にとってもメリットである。特に海外拠点スタッフの戦力化と将来的登用を目指す海外での人材育成は，日本人の負担を減らす実務的利益が有り，また本社所属の日本人の人事制度と抵触する度合いも小さい。そのため，人材育成は誰にとっても受け入れやすいオプションとなり，多くの企業でまずこの点から施策を進める方式が好まれた。

　もう一つには，国内外の連絡会議（「グローバル人事会議」「Global HRM Meeting」など）の設定が進んだ。情報交換であれば，双方にとってデメリットは少ない。どこまで深い情報を出すか，どこまでその場で意思決定に同意するかを自らコントロールすれば，誰にとっても損にはならない。そのような理解の下で，買収先などの海外拠点（人事）と本社人事のコンタクト機会を増やす施策も，多くの企業で他の施策に先駆けて進んだ。

　そしてグローバル人事制度の進め方の三つ目の特徴として，ある時期から，取り組みがスムーズに進まない状態にしびれを切らして，外部からミドルリーダーを登用する企業が増えた。本書の事例のように内部からリーダーを登用した例もあるが，特に，外資系企業などで類似の取り組みを経験したミドルを中途採用し，一定の職位を与えて推進させるパターンが登場した。本書の事例に登場する様々なタイプの推進リーダーは，実際に多くの企業でまさしく同じような存在が見られたものである。そして，大胆な人材抜擢は多くの場合，本書の事例と同じように一定の効果を挙げていった。統計に基づく分析はできないが，グローバル人事制度に関して，「鳴り物入りで始めたが，その後実行が停滞し，しかし体制を変えて最近加速した」という経緯をたどった企業は筆者の見る限り本書の事例以外にも意外に多い。

　現在では，グローバル人材ブームはある程度沈静化している。グローバル人事制度についても，導入したい部分までのめどがつき，一定の制度がそろった段階の企業が多いだろう。当初は教科書的な理想のメニューを全部取り入れることを検討した企業にも，完全なメニューを揃えることに意味は無く，選択的に，かつカスタマイズして導入する方が良いと気づきが定着している。加えて，制度がそろわない状況の中でも，若手の海外派遣制度や異動に伴い，若手やミドルがある程度海外の現場で苦闘した経験値を蓄積してきている。全体として，ブームが去った背景には，それが以前ほど対処法も分からない危機的な課題ではなくなった，という前向きな変化もあるだろう。

第3章 制度採用：その遅速の要因

ある組織が，少し風変りだが役に立つ工夫を思いつく。
似た境遇にある他の組織も，それは使えると同じ工夫を取り入れる。
そのうちに，評判や他社を気にしてより多くの組織がそれを取り入れる。
そしてそれはどの組織にも当たり前に溶け込み，もはや問題にもされなくなる。

第1節　組織による制度採用のタイミングは何によって
　　　　決まるのか

　ある組織形態や施策が制度化しそれに対して正当性を認める組織フィールドが形成される。その中で，自らの正当性を確保しそれによって生存確率を高めるために，フィールド内の組織はその組織形態や施策を採用し普及が起こる（Meyer & Rowan, 1977；Tolbert & Zucker, 1983）。しかし現実には，同じ組織フィールドにある組織であっても，全ての組織が同時にある組織形態や施策を採用するわけではない。制度の採用におけるそのような組織反応の個体差のあり方は，制度に関する組織行動の出発点として影響の大きい分岐であるため，制度理論において主要論点の一つとなっている（Greenwood et al., 2008；Scott, 2014）。実務的にも，組織が外部から推奨される組織形態や施策を導入するか否かは，重要な経営判断であることが多い。もし無自覚・無批判にそうした導入が行われる傾向があるとすれば，その背後のメカニズムを知ることは，経営判断に関する批判的省察に貢献する。そして，先述したように，先行研究では主に組織外との関係性や組織が持つ外形要因に注目が集まり，組織内のプロセス要因に関する検討が不足している（Greenwood et al., 2008）。そのため，本章では，制度的圧力への組織対応（制度が支持する組織形態および施策の採用）において，意思決定を中心とする組織内のプロセス要因が，どのように影響を及ぼし組織反応の個体差を生むのかを検討する。

　本章の構成は，以下の通りである。まず第2節では，先行研究をレビューし本章の問題関心の理論的な位置づけを整理する。第3節では，データ分析の結果を提示する。そして第4節で，本書のデータが持つ理論的な示唆と限界を整理する。

第2節　施策採用の説明要因はどう考えられてきたか

　ある組織形態や施策が組織フィールドを形成し制度化する際に，それに対

する組織反応の個体差はどのように生まれるのか。先行研究では，個体差の尺度として採用時期が多くの研究者の関心を集めてきた（Kennedy & Fiss, 2009；Tolbert & Zucker, 1983）。制度的圧力を受け早期に施策を採用する組織と，そうでない組織との差異を説明する要因は何か。先行研究では主に三つの観点が重視されてきた。第一の観点は，組織単体でなく，組織と組織外部との関係性に関する要因である。その論理は，外部との関係性が強い組織であるほど，既に制度を採用した他組織からの情報流入による模倣的圧力が強まり，また外部からの評価にさらされ正当性を提示すべき規範的圧力が強まるため，早期に採用する傾向が強まるとするものである。具体的には，フィールドの構造，フィールドにおける組織の立ち位置（中心か周縁か），社会的地位，他の組織との取引提携関係，制度関係への依存性，学習を含む人的なネットワーク関係等が考慮されてきた（Greenwood et al., 2008）。中でも特に，複数組織を兼任する取締役の存在，経営幹部の大学同窓会を通じた個人的関係等，組織の経営層のネットワークは同型化の媒介として注目され，それに肯定的な実証研究が蓄積した（Davis & Greve, 1997）。例えば Davis（1991）は，米国フォーチュン 500 企業でのポイズンピルの普及を題材に，個別企業にとっての合理的理由よりも採用企業との経営層のネットワークの有無の方が採用に対する影響が大きいと主張した（他に例として，米国の企業買収に関する社外役員の影響を題材とした Haunschild（1993），米国の 230 私立大学におけるカリキュラム改革を題材とした Kraatz（1998），1960 年代米国における事業部制組織の普及を題材とした Palmer, Jennings & Zhou（1993）等）。そして第二の観点は，組織自体が持つ外形的要因の影響である。特に，規模(e.g. Beck & Walgenbach, 2005；Goodstein, 1994)，技術（Beck & Walgenbach, 2005），性別を含む人員構成（Kossek, Dass & Demarr, 1994），組合化，営利性（非営利団体か否か），パフォーマンス，CEO の属人的特性・交代等が議論されてきた(Scott, 2014)。

　最後に第三の観点が，組織の内部要因，特に組織と構成員の行動や認識の特性に関する要因である。組織外から示される変革の必要性に対して，組織はどのような内部の対応メカニズムを持つのか。この観点では，伝統的には組織のモチベーションを説明変数とする研究が一つの系譜を成している。具体的には，組織が制度的施策を採用するモチベーションを独立変数に，制度

第 3 章　制度採用：その遅速の要因 | 73

の採用時期を従属変数とし，実務的利益を追う企業が早期に着手し，制度への配慮を追う企業が後期に着手するという 2-stage model が提唱され（Tolbert & Zucker, 1983），検証が行われてきた。Tolbert and Zucker（1983）のモデルでは，当初は特に正当性を持たない組織形態や施策が，少数の組織で実務的利益に資するという判断で採用され，一定程度の普及が進む。後にある段階からその形態や施策の導入は同種の組織にとって正当かつ必要であり，逆に採用しない組織は正当性を欠く存在であるとする社会的認識が広まる。このような制度化と同時に，「同種の組織」の範囲を画する組織フィールドが認識の中で構成される。この段階に至り，評判の低下とそれに伴う不利益を避け生存確率を高めるために，多くの組織が実務的利益でなく制度的利益を目指して施策を採用するとされる。このモデルが提起されて以降，制度の採用時期を被説明変数として，その説明変数（組織のモチベーションおよびその他の変数）を検証する研究系譜が発展した（Kennedy & Fiss, 2009)[1]。

　これらの観点を軸に，制度の採用における個体差の要因に関する研究は続いている。しかし，先行研究には二つの重要な課題がある。第一の課題は，組織内の具体的な要因とメカニズム，特に採用の意思決定に至るプロセスにおける，要因間の関係性の解明が不十分である点である。既に述べたとおり，先行研究では特定の説明変数を設定し，それらと採用時期の関係に関する定量的検証に関心が集中している。組織内要因に関しては，組織モチベーションをはじめ，自組織のリソース優位性（Clemens & Douglas, 2006），地理的分散（Combs, Michael & Castrogiovanni, 2009），職業意識（Jonsson & Regner, 2009）等の検証が行われている。しかし，これら定量研究はいずれも，あくまで組織が内包する特定要素が組織反応とどの程度相関するかを検証するにとどまる（cf. Stinchcombe, 1997）。組織モチベーションに関する諸研究を例に取れば，なぜある組織モチベーションが形成されるのか，またどのようにそれが制度に対する組織行動に結び付くか，要因を広く探索しそれら要因がどのような

---

1)　さらにこの第三の観点では，制度理論の枠を超え，他の理論領域にまたがる議論がなされてきた。特に，経営における認知論（そもそも外部環境に内在する変革の必要性をどう認識するか，例えば Tripsas & Gavvetti, 2000）や，組織アイデンティティ論（認識した変化の必要性をなぜ受容または拒絶するか，例えば Elsbach & Kramer,1996 ; Fox-Wolfgramm, Boal & Hunt, 1998）が，主要なものとして挙げられる。

因果関係で結果に至るのか，詳細な論理は十分に検討されていない。しかし本来，2-stage model のような明快簡潔な理論に対しては，メカニズムを精緻に検証することで，その説明を拡張し補完する必要がある（Kennedy & Fiss, 2009；Lepoutre & Valente, 2012）。

　そして第二の課題は，先行研究で重視されてきた，組織モチベーションによる説明が抱える限界である。既述したように Tolbert and Zucker（1983）は組織のモチベーションと施策の採用時期の相関性を主張し，多くの先行研究がこのモデルの検証を試行してきた。しかし，その結果は肯定と否定が混在する不明確なものとなっている。モデルを支持する実証研究として，例えば Baron, Dobbin and Jennings（1986），Burns and Wholey（1993），Westphal, Gulati and Shortell（1997）等がある。Baron らは，1926 年から 1950 年にかけての米国企業での官僚組織的人事制度の普及を題材に 2-stage model を検証し，肯定的な結果を得た。そこでは，制度の実務的必要性があると推定される業種（例として離職率の高かった新興業種である自動車やゴム）の大企業が早期に制度を採用し，第二次大戦時の政府による制度化を経て，より古参の業種および中小企業が後期に制度を採用したとされた。Burns and Wholey（1993）は同じく米国の病院について，マトリクス組織の普及を題材に，採用に与える実務的要因（診療科数とリソース）の影響が時と共に減衰するのに対し，制度的要因（評判と周辺の有力病院）の影響が時と共に増大する検証結果を主張した。Westphal, Gulati and Shortell（1997）は，同じく米国の病院への TQM 普及を題材に，早期採用病院に施策の強いカスタマイズが観察され実務的理由が推察されるのに対し，後期採用病院はひな形をそのまま採用し制度的理由から採用した傾向が観察されるとした。また Leblebici et al.（1991）による米国ラジオ業界を題材とした検証でも，モデルに直接言及していないが，実務的利益を目指してフィールドの周縁部にいる弱小企業が早期採用した形態が，有力企業により模倣的に後期採用されていったと主張される。このように，幅広い時代と文脈でモデルと整合したとする観察が一定数報告されている。一方で，これを否定する実証研究も数多く報告されている（e.g. Ingram & Simons, 1995；Kraatz & Zajac, 1996；Lounsbury, 2007；Palmer, Jennings & Zhou, 1993；Sherer & Lee, 2002）。例えば Kraatz and Zajac（1996）

は，1971 年から 1986 年にかけての米国私立カレッジ 631 校でのプロフェッ
ショナル・キャリア志向カリキュラムの普及を題材に，早期採用でも後期採
用でも，制度的理由でなく実務的理由が存在しそれが採用を説明可能である
と主張した。Sherer and Lee（2002）も同様に，米国の大手法律事務所におけ
る人材確保策の普及を題材に，採用時期に関係なく，実務的利益が採用のモ
チベーションとして存在したと主張している。

　なぜモデルの検証結果にこのような矛盾が現れるのか。一つの要因が，こ
れらの研究で採用の説明変数として用いられた組織モチベーションに関す
る，構成概念妥当性の問題である（Kennedy & Fiss, 2009）。そもそも Tolbert
and Zucker（1983）がモデル提唱の元とした定量研究において，組織モチベー
ションは組織の古さ・規模・地位から類推されており，直接何らかの手法で
測定したものではない。同様に，モデルを肯定した既述の諸検証も，人事制
度採用にあたっての離職率（Baron, Dobbin & Jennings, 1986），マトリクス組
織採用にあたっての業務多様性およびネットワーク要因（Burns & Wholey,
1993），施策のカスタマイズの度合い（Westphal, Gulati & Shortell, 1997）等，
雑多な変数を用いてモチベーションを間接的に推定している。これに対して
モデルに否定的結果を提示した先行研究では，例えば施策が対処する問題に
関係した外形指標で実務的利益のモチベーションを推定する一方，制度的モ
チベーションを組織の名声（Kraatz & Zajac, 1996 ; Sherer & Lee, 2002）で推
定している。このためこれらの先行研究では，モチベーションの推定方法の
差異が因子として混入している。この問題に対しては，モチベーションに関
するより直接的な観察と変数化を行うことが必要である（Kennedy & Fiss,
2009）。

　そしてもう一つの要因が，実務的関心と制度的関心が本来的に不可分であ
り融合した性質を持つことである（Lounsbury, 2007）。例えば Palmer, Jennings
and Zhou（1993）は，1960 年代の米国企業での事業部組織制普及を題材に，
新組織形態から実務的利益を得易い性質を持つ組織も後期採用していたデー
タを得た。Palmer らはこの検証結果から 2-stage model を否定し，組織変化
に関する経済的理由と制度的理由は相互補完的であると主張した（p. 125）。
Lounsbury（2007）は，米国ミューチャルファンド組織での二地域での施策普

及の実証研究を題材に，その示唆を発展させた。Lounsbury が発見したのは，所在するコミュニティに応じて重視する実務的視点に差異があること，つまり何が実務的利益であるかの認識自体が組織の置かれた制度的影響を受けるため，両者は不可分であるという点である。そして同時に，組織は制度の影響にさらされながら，実務的利益への関心も同時に持ち続ける。Lounsbury（2007）はそれ故に，モチベーションの二項対立では組織反応を十分に説明できず，二種のモチベーションを超越した説明要因（同研究の場合，制度ロジック）を援用することが有効と主張した（p. 302）。Lounsbury の主張は，2種類の相互排他的なモチベーションを説明要因とする単純なモデルの限界を提示した点に価値がある。この課題に対応するためには，2種のモチベーションの混在的性質を前提とした上で，さらに上位の説明変数（例えば，なぜそのような2種のモチベーションのバランスとなるか）を提示する必要がある。さらに，組織モチベーション論が抱えるもう一つの問題に，その多面性がある。組織の内部には多様な構成員が存在し，実務的利益および制度的環境に対する理解は人それぞれ雑多であるため，制度的圧力の下では構成員間にコンフリクトが発生する（Crilly, Zollo & Hansen, 2012）。そのため例えば組織内の階層や所属部門に応じて，同じ制度的圧力に対し異なる種類のモチベーションが発生し得る。そのどれを持って組織としてのモチベーションと称することができるかは，一義的には決まらない。そのため，組織内で相反するモチベーションが存在し得ることを前提に，どのような組織構成員セグメントのモチベーションであるかを具体的に弁別した上で，検討を行う必要がある。

　以上のように先行研究では，同じ制度的圧力に対して組織間でなぜ採用時に反応の差が生まれるのか，詳細な組織内要因，特に意思決定プロセスの観点での検討が不足している。そして，組織内要因で重視されてきたモチベーションに関して，先行研究が限界を示してきた三つの課題が存在する。それは，直接的な観察と具体的な変数化，モチベーションの二重混合性を考慮しその上位の変数も視野に入れた検討，組織内構成員セグメントによる差異の考慮である。本章は，これらの研究ギャップに留意した上で，制度的圧力に対する組織反応（採用）の個体差を説明する具体的なプロセス要因とそれら

の関係を，幅広く探索し解き明かすものである。

第3節　制度採用の事例をデータ分析する

（1）制度採用の遅速の要因

　第2章に述べた既定の手順で分析を行った結果，データから帰納的に17の要素が観察された。17要素について理解を容易にできるよう，記述整理のためこれらの論理的な位置づけとして最後に四つの大項目を付した（表3-1）。以下，17要素に関する観察内容を順番に記述する。

■実務的利益
　第一に，合理的に事業への経済的な利得があると見込む認識が，結論を正当化する要素として観察された。以降，当該要素が観察された事例の記号を記載し，観察されていない事例は記号を記載しない。

（1）事業にとっての必要性の認識
　自社の海外事業の成功にグローバル人事制度が必要かつ有益，という論理が，人事部門に加え事業部門に明確に認識されることが，着手を促進した（E社，F社，G社）。この認識には，現在に加え将来必要となる可能性も含む。事業部門自身が必要と判断すると，彼らは人事部門に積極的に制度導入を要請し協力する。またそのニーズを認知した人事部門も，自部門の責務として緊急に取り組む必要性が高いと認識した。ただし，早期着手の事例では例外なく，着手時点では事業への必要性が認識されておらず，別の要因（特に外部規範との合致）が検討開始に強い影響を持った。逆に，後期着手の事例では，全サンプルで，当初は認識されていなかった事業にとっての必要性の認識が，その後事業部門にまで浸透したことが検討着手の最大の要因となった。

表3-1　各事例における、グローバル人事制度着手の促進／阻害要因

大項目	小項目	関連要因		各事例における観察結果						
		影響度	影響	早期着手セグメント				後期着手セグメント		
				A社	B	C	D	E	F	G
A. 実務的利益	(1) 事業にとっての必要性の認識	大	促進	×	×	×	×	○	○	○
	(2) 買収先海外グループ企業に関する必要性の認識	小（少数）	促進	○	×	×	○	○	×	×
	(3) 経営トップの推進意思	大	促進	○	○	○	○	○	○	○
	(4) 経営トップの絶対的権威（創業家出身）	大	（阻害）	×	×	×	×	○	○	○
	(5) 担当役員の推進意思	大	促進	○	○	○	○	○	○	○
B. 内部規範	(6) 担当部門（人事部）の社内における権威	小（軽微）	促進	△	×	×	△	×	×	×
	(7) 目指す姿と制度内容の乖離	小（少数）	（阻害）	×	×	×	×	×	○	×
	(8) 全社統一的な手法への嫌忌	小（少数）	（阻害）	×	×	×	×	×	○	×
	(9) ローカル帰属意識の強さ	小（軽微）	（阻害）	△	×	×	×	×	×	△
C. 外部規範	(10) 外部からの評価	大	促進	○	○	○	○	×	×	×
	(11) 他社事例が持つ正当性	大	促進	○	○	○	○	×	×	×
	(12) 普遍的な正当性と原理原則	大	促進	○	×	○	○	○	×	×
	(13) 外部ネットワークとの紐帯の強さ	大	促進	×	○	×	×	×	△	○
	(14) 有力な取引先との関係性	小（少数）	（阻害）	×	○	×	○	×	×	○
	(15) 事業特性による外部規範の影響の強さ	小（軽微）	促進／阻害	△	△	△	×	×	△	×
D. 構造要因（正当性と直接関係な い影響要因）	(16) 適任者へのポスト付与の必要性	小（軽微）	促進	△	×	△	×	×	×	×
	(17) グループ会社・各部門への分権委任体制	小（少数）	（阻害）	×	×	×	×	×	○	×

〔○〕：比較表を作成した結果。当該事例で小項目の要因が観察され、文字データ・文献データで着手データ・文字データ・文献データとの着手時期との論理的なつながりが強いつながりが観察されるもの
〔△〕：比較表を作成した結果。当該事例で小項目の要因が観察されたが、文字データ・文献データで着手データ・文字データ・文献データとの着手時期との論理的なつながりが微弱であるもの
〔×〕：比較表を作成した結果。当該事例では小項目の要因が観察されなかったもの

（2）買収先海外グループ企業に関する必要性の認識

（1）の一形態として，買収による海外企業のグループ参画により，海外企業との経営統合の実務で問題が発生し，その解決策としてグローバル人事制度が正当性を高めた例が複数観察された。具体的には，制度が未熟な海外子会社が日本本社に先進的制度の導入を要望し対応を迫られる場合（D社，E社）と，海外買収先が先進的な制度を持ち，それに比肩する制度の必要性を日本本社が認識する場合（A社）とがあった。

■内部規範

第二に，「組織内部の何に基づく意思決定が正当か」に関する規範に合うことが，結論を正当化する要素として観察された。

（3）経営トップの推進意思

経営トップ（今回サンプルではいずれも「社長」）が推進意思を社内に明示的に発信することが，全サンプルで従うべき指示として正当性を持ち，検討着手の前提条件となった。早期着手の全ての例で，経営トップによる着手指示が端緒となり具体化の検討が始まった。一方，後期着手の事例では，最終的にはトップの推進意思が示され検討着手に到ったものの，長期にわたり経営トップが直接言及しない（E社，G社），または大枠の方向性のみを示し，時間軸や内容が曖昧なままの状態が続いた（F社）。より具体的には，経営トップの推進意思のあり方は，三つの形を取った。第一に，社の海外事業中期目標の達成手段として，「事業にとっての必要性（要素（1））」に関連付けられた（A社）。経営トップが公式発信することで，（1）の正当性がより高いと認識された。第二に，C社以外の全事例で，別の経営目的の暗黙の達成手段としての正当化が観察された。具体的には，旧式化し時代に合わない既存国内人事制度の課題解決，または海外で人材や経営実態が把握できないガバナンス不全の状態を解決することが，理由となる例が観察された。そして第三に，事業部門と比較した人事部門の国際化の相対的な遅れの解消を理由とする例があった（A社，B社，C社，D社，G社）。ここでは，実務の課題とは無関係に，部門間で差があること自体が解決すべき問題とされた。

（4）経営トップ（創業家出身）の絶対的権威

　経営トップが創業者一族である全ての事例で，創業者一族であることそのものが高い正当性を持つと認識される現象が観察された（E社，F社，G社）。後期着手の事例は全て経営トップが創業者一族出身であり，逆に早期着手では全て経営トップが非創業者一族出身だった。経営トップが創業家である場合，その推進意思の有無と強さが着手に大きな影響を持った。

（5）担当役員の推進意思

　人事機能の担当役員が明確な推進意思を示すことも，正当性を高め着手を促進した。全サンプルで，経営トップと担当役員の推進意思が揃うことが検討着手の前提となった。ほぼ全ての例で担当役員は経営トップの指示に従属し推進意思を示したが，後期着手の一例のみ（F社），社歴が社長より長い担当役員が必要性に疑問を呈し推進に反対し続けたことが，着手を阻害した例が見られた。

　この他に，少数の事例において，もしくは複数の事例だが検討着手時期との論理的なつながりは必ずしも強くない，以下の要因も観察された。

（6）担当部門（人事部）の社内における権威

　人事部門に対する社内評価が高く，その提言や見識が社員に評価される傾向が強い組織では，その検討推進が正当性を持ちやすいという認識が観察された（A社，D社）。逆に，人事部門への事業部門からの関心が低い組織では，グローバル人事制度に関する検討自体にも関心が低いという認識が聞かれた（C社，ただし検討着手への具体的な影響は観察されない）。

（7）目指す姿と制度内容の乖離

　グローバル人事制度は，その内容上，海外人材の幹部登用を促進する。しかし最終的に目指す姿として，日本人のみによる経営幹部層の維持を強く念頭に置く組織では，制度検討が目指す姿との乖離を招く。このような組織では，グローバル人事制度の検討推進に対する抵抗感と時期の遅延が観察され

た（F社）。

（8）全社統一的な手法への嫌忌

　経営手法を中央集権的にグループ全社で統一することを嫌忌する一事例（F社）があり，そこでは制度内容の是非とは関係なく，本社主導の手法を嫌うがゆえに検討着手が遅延する状況が観察された。当該組織では，上層部が口を出さずグループ会社や小組織ごとに可能な限り委任することが，人材育成につながる生命線であると認識された。また三現主義の観点から，現場に遠い本社の一律施策が妥当性を担保することは難しい，という理由付けも強く根付いていた。

（9）ローカル帰属意識の強さ

　後期着手の一事例に，本社所在地の都道府県を代表する企業としての自意識が強い組織が含まれた（G社）。同組織はグローバル企業よりも「県の代表」としての自己認識が強く，「県」とあまりに位相が異なるグローバル人事制度の必要性に対して，心理的な距離感が従来から大きかったとする認識が観察された。

■外部規範

　第三に，組織外の要因をどこまで，どのように考慮するべきか，意思決定における組織外要因への配慮に関する規範が影響を与えた。

（10）外部からの評価

　社外からの肯定的評価につながると期待されることが，正当性を高め検討着手を促進する現象が観察された。早期着手事例の大多数（A社，B社，D社）で，先進的制度を持つこと，またグローバル化に対応し多様な人材の活用を他社に先んじて行うことが，メディア（新聞雑誌記事，企業ランキング），格付機関（銘柄指定），投資家等からの高評価につながり，そのこと自体が目指すべき状態として正当性を持つとされ，検討着手を促進した。ここでは，直接的な経済的リターンよりも，外部評価（とそれを自社が目指すべきとする

価値観）自体が持つ望ましさが重視された。これらいずれの例でも，外部からの評価獲得が目的となり，それが（2）経営トップの推進意思を促進する帰結が観察された。一方で，後期着手の事例ではこの要因は観察されなかった。

（11）他社事例が持つ正当性

先進他社（グローバル展開している同業の欧米トップ企業）が行っている取り組みであれば，そのことが自社も導入すべき根拠として正当性を持つ事例も観察された。同業欧米トップ企業のベンチマークは全サンプルで取り組まれていたが，早期着手事例の多く（A社，B社，C社）では，他社事例の理解が自社もそれに追随し導入検討すべきとする根拠となった。一方で，後期着手事例では，他社事例は主として検討着手後の施策具体設計に活用され，検討着手すべきかを判断する材料としては活用されなかった。

（12）普遍的な正当性と原理原則

経済と企業組織のグローバル化を普遍的なトレンドと捉え，これに対する適応は絶対的正義であるとする価値観が，早期着手事例を中心に観察された（A社，C社，D社，E社）。このような価値観の下では，グローバル人事制度は不可避な流れに対応する処方として位置づけられ，当然検討すべき正当なものと見なされた。後期着手事例の多く（F社，G社）では，この要因は観察されなかった。

（13）外部ネットワークとの紐帯の強さ

要因（10）（11）（12）を促進する要因として，外部との人的ネットワークとそこからの情報収集が盛んにあることが，検討着手を促進する現象がいずれの例でも観察された。観察された外部ネットワークには大きく三つの種類がある。第一に，経営者が社外の経営者と交流し，積極的に意見交換を行い参考となるアイデアを得て社内にぶつける傾向が見られた（A社，B社，E社，G社）。第二に，コンサルタント（特に人事コンサルティング会社）が媒介となり，人事部門の課長級程度の担当者に海外企業のベストプラクティス情報

を継続的に提供することで，それを積極的に受ける企業であればあるほど検討着手が促進されやすい傾向が観察された（A社，B社，C社，D社）。第三に，国内同業他社との人事部門担当者間の定期情報交換も広く観察されたが，これは正当性や意思決定には大きな影響を与えなかった（A社，B社，C社，D社，E社，F社）。

　この他に，少数の事例で，または複数の事例だが結果との論理的なつながりがやや弱い，以下の要因も観察された。

（14）有力な取引先との関係性

　少数事例だが，売上依存度が高い有力取引先を持つ場合，検討着手が嫌忌される傾向が見られた（G社）。これは，従来から先行海外展開していた有力取引先の指導を受けて海外の人事制度を導入しており，自ら独自に新しい施策を取り入れることを長年にわたり意図してこなかったためである。

（15）事業特性に応じた外部規範の影響の強さ

　一方で，インパクトは小さいが，事業特性の影響があるとの見解も聞かれた（A社，B社，F社）。具体的には，公共団体を顧客とした入札事業を持つ場合，入札要件に適応する必要性から外部規範を強く意識する傾向があり，また設備投資のリードタイムが長い業種では，短期的な自社意向よりも長期的な市場動向を意識せざるを得ず，その分外部規範に配慮が向きやすい，との見方であった。

■構造要因（正当性と直接関係ない影響要因）

　第四に，正当性とは直接関係しないが，早期着手事例と後期着手事例で差が見られ，かつ意思決定に一定の影響を与えた要素として以下が観察された。

（16）適任者へのポスト付与の必要性

　事業部門で海外駐在経験が長く，実績を評価された日本人駐在が日本に帰任するにあたり，その問題意識と海外知見を活用するため，その処遇としてグローバル人事制度の導入検討リーダーポストを作り，その人材に検討を任

せる事例が複数観察された（A社，B社，C社）。これらの例では，他の要因も正当化に大きく寄与し検討着手を推進したが，検討開始の具体的な時期については，該当者の帰任時期が影響したと認識された。

(17) グループ会社・各部門への分権委任体制

　少数だが，グループ会社に権限を分散させる分権的統治指針を持つ場合，その方針が理由で本社が統轄したグローバル人事制度検討に着手しない傾向が観察された（F社）。

　上記の個別要素を俯瞰すると，早期着手セグメントと後期着手セグメントで明確な差異が観察された。早期着手事例では，いずれも「(1) 事業にとっての必要性の認識」が無く，「C. 外部規範」が検討着手を正当化した。一方で後期着手事例では，いずれも「C. 外部規範」の影響が極めて小さく，「(1) 事業にとっての必要性の認識」が検討着手を正当化した。この差異は，自組織への合理的な必要性が無くても，外部規範の正当性を高く評価するが故に自ら進んで同型化した，言わば組織が持つ「外的正当性への感度の高さ」が大きく影響したことを示す。つまり，組織が持つ意思決定プロセスの流れと性質そのものが，「感度」が高いか低いかどちらのタイプであるかによって，同型化を促進または阻害したことが観察された。

(2) 個別事例の経緯

　代表的な事例として，最もデータ量が豊富で詳細記述する価値が高く，かつ同じ製造業で売上規模も同程度となるため他の事例比較よりも外形要因の影響が少ないと考えられる，早期着手事例のA社と後期着手事例のF社を取り上げ，制度検討に到る要素のつながりを整理すると，以下の通りである。

【早期着手の例：A社】

　A社は創業から100年近い歴史ある化学関連メーカーである。経営体制が大きく変遷してきたため創業家は残っていない。1990年代以降に著名な経営者の下，急速に海外展開を本格化した。当時から同経営者はダイバシティやグローバリゼーション等，他社に先駆けて社会のために普遍的な価値を追

求することを是とし，その薫陶は現在まで残ると認識されている（要素(12)）。その流れの中で，特にダイバシティに関しては2000年代前半から女性と外国人の登用に数値目標を設定し，外部企業ランキングの向上をモニタリングしつつ推進を継続している（要素(10)）。グローバル人事制度に関しては，2000年代初頭に当時の経営トップが米国の買収先で整備された先進的制度に感銘を受け，グループ全体への展開に関心を持ったことが端緒とされる（要素(2)）。同時に，経営者のネットワークの中で，グローバル化への取り組みの一つとして，人事制度が当時話題となっていたことも一定の影響があると考えられている（要素(13)）。これら情報源から，経営トップはグローバル人事制度の導入検討が必要との仮説を持ち（要素(3)），担当役員に下問した。人事部門の中で人事コンサルティング会社の情報提供も受けていたこともあり（要素(13)），彼らが紹介する欧米企業における先進事例が模範とすべきものであると考えられた（要素(11)）。また，海外事業駐在からの帰任者で有能な人材がおり，当時その適切な処遇（ポスト提供）が必要だった（要素(16)）。これら状況を考慮し，人事部門の担当役員も推進を経営トップに提言し（要素(5)），承認を受けて2003年度に人事部内に新チームを作り同検討が開始された。なお背景として，検討着手と直接の強い相関はないが，担当部門（人事部）が社内で一定の発言権を従来から持ち，新規な施策提言にも踏み込む慣習があったこと（要素(6)）と，業種特性から設備投資に長期間が必要なため，将来の必要性を見た時間軸の長い計画が受け入れられやすかったこと（要素(15)）も軽微に影響したと認識されている。

【後期着手の例：F社】

F社は創業約70年の輸送機器関連メーカーである。町工場から出発し，顧客である日系自動車メーカーの海外生産展開に合わせて海外展開を本格的に進めた。現在の経営トップは創業者一族であり，初代ほどではないが社内において特別な存在と認識され，その実行命令は何をおいても実行すべきとする規範が組織に浸透している（要素(4)）。同社は初期から自動車業界ならではの三現主義（要素(15)）に基づくOJT（オンザジョブトレーニング）を哲学とし，何事も現場に権限委譲し観察に基づいて試行錯誤で各部門が問題

解決を行い，それを通じて人材育成することを是としてきた。そのため，明確な権限規定で役割分担し，必要性があればグループ企業，各部門，各現場がそれぞれ個別の解を導入すべきと考え，少数の例外を除いて本社が主導して制度導入することを嫌忌してきた（要素（8）（17））。人事部門については2000年代を通じて，社歴が現経営トップと同程度かそれ以上に長いシニア役員が管理部門担当として統括していた。当該役員は外部コンサルタントの利用に反対し，またOJT哲学を重視して，本社主導でのグローバル共通人事制度導入がその手法と相容れないと主張した（要素（5））。他の日本企業や合弁企業と人事制度も含めた情報交換は行っていたが，あくまでも参考情報として扱い，それに基づく判断を行うことは無かった（要素（13））。これらの要因が影響し，グループ共通のグローバル人事制度は長い間検討されず，各部門，各グループ会社単位で人材育成プログラムの運営等必要な手当てを行っていた。その間，経営トップはグローバル経営整備のメッセージを3年ごとの中期計画で徐々に強化して発していたが，人事制度に関して具体的内容を定義せず詳細は各組織に委任する手法をとったため，決定的な影響は持たなかった（要素（3））。また経営層が最終的に目指す組織の姿は現在でも，海外拠点での海外人材登用は認めるが，本社経営層は日本人による体制を維持するものである（要素（7））。その後2014年に管理担当役員は引退し，海外展開もさらに進展した中で，グローバル人事制度が持つ事業にとっての必要性が，事業部門から，またボトムアップのいわゆる「ワイガヤ会議」で現場から提起されていた（要素（1））。これらを受け，またその方向性自体は経営トップが打ち出してきたグローバル経営整備の方向性に沿うものでもあったため（要素（3）），新任の人事担当役員が推進し，2014年に経営の承認の下で部門横断検討に着手した（要素（5））。

第4節　組織の意思決定プロセスの特性が施策採用に
　　　　どう影響するか

ここまでの議論から，外的正当性に対する感度の強さ弱さが，同型化圧力

への反応を左右する要素として存在し得ることが浮かびあがってきた。ここで言う外的正当性に対する感度とは，個々の組織が持つ組織特性であり，内部の意思決定プロセスの動き方の特徴である。感度が強ければ，組織は制度に由来する正当性を意思決定の重要な要素とみなし，制度の探索と情報収集を積極的に行い，また制度的圧力への抵抗を弱めそれを受容する意思決定を促進する。これまでの研究では，これにやや近い概念として，「モチベーション（制度採用にあたり制度的関心と実務的利益のどちらが目的か）」が扱われてきた。しかし，これは組織の一時点の状態を指す概念であり，対象となる制度と組織文脈に応じて，同じ組織でも意思決定の度に毎回動機は変わり得る。一方で，外的正当性に対する感度は，個々の意思決定を超えて，組織が持つ意思決定プロセスの特性が都度の動機にも反映し，正当性の重視度の強さに一定の傾向があることを問題とする。このような〈感度〉は，それが高ければ制度の採用時期が早く，低ければ採用時期が遅くなる，という条件で操作化される。

　新制度学派の制度理論では，組織フィールドにおける正当性の認識共有が組織の経済合理性に基づく判断を超えて，同型化に到る行動を促すとする（Scott, 2014）。本章での観察は，この過程で，早期着手の組織が意に染まないながら反発しつつ服従するのでなく，むしろ意思決定の根拠として実務的利益よりも外部規範こそを重要と見なして先取り察知し，ある意味で喜んで「正しい」とされる方向性に乗り，検討着手を是としていたことを示す。極端に言えば，他社事例や先進概念が持つ正当性に対し，その普遍的な正しさを盲信し，また外部から評価されることを目指し，同型化を望んだのである。一方で後期着手事例ではこのような外部規範への配慮はほぼ観察されず，検討着手理由は最初から最後まであくまでも自社の実務的利益であった。ここで扱った事例では全てが最終的に同型化に向かったとはいえ，着手時期には最大 11 年の差がある（例えば A 社と F 社）。対象期間において，両社の売上規模と海外売上比率は共に増加したが，相対的な数値水準は大きく変化していない。同じ組織行動のタイミングに 10 年以上の差異という大きな影響を与え得る要素として，外的正当性に対する感度の可能性を提示することは，制度理論に対する新たな視点を開く。

ただし，外的正当性に対する感度が具体的にどのような変数で形成される
かは，この段階ではいまだ不明確な部分も多い。観察結果に基づく一つの仮
説としては，当該組織が内部に持つ正当性の源の強さ，特にリーダーシップ
のあり方が，外的正当性に対する感度に影響を与えることが考えられる。本
章で示した早期着手セグメントは，経営トップが例外なく非創業家出身で，
意思決定の有り方はボトムアップと認識されていた。このような組織では，
絶対的な正当性を持つリーダーがおらず，誰もが自分の権威だけで正当性を
確立できない中，合議で説得を通じ結論を出す必要がある。そのため，必要
に応じてやるべきことの方向付けや理由付けに，外部から正当性を借用する
傾向が見られた。そこでは，外部評価や他社事例は正当性を確立し効果的に
説得する根拠として，また提案者個人の独断と偏見として批判を受けるリス
クへの防波堤として，有効かつ便利な手段と見なされる。目指すべき方向や
あるべき施策の提案にも，外部評価や他社事例は着想に便利な根拠として使
われやすく，使われるうちにそれに対する依存が常態化する。例えば，以下
は早期着手事例での典型的な発言である。

> "グローバル化はブームのようなものです。一応曲がりなりにも海外に事業がある，
> もしくは海外に拠点を持っている，それ自体は一応グローバルであるので，「その状
> 態でグローバル人事が整っていないのはまずいのではないか，みんな他社はグロー
> バル人事と言っているよ」というのが，10年前のトップから話が出た状態だと思い
> ます。"
>
> （A社人事担当役員，AD4）

　一方で，後期着手セグメントは例外なく創業家出身で絶対的権威を持つ経
営トップが存在し，トップの推進意思が正当性を大きく決める傾向が見られ
た。ここでのサンプルでは経営トップはいずれも実務的利益を強く重視し，
それにつながる検討を経営トップの承認の下で素早く進めさせた。意思決定
に際して，自らが最高権威である経営トップが外部規範を借用したり，また
提案を外部規範があるが故に積極的に受容しそれに依存する行動は観察され
ていない。同セグメントでは，あくまでもトップの権威と，そのトップを説
得するだけのリターンの合理的な説明が意思決定で重要となる。例えば，以

第 3 章　制度採用：その遅速の要因　89

下は後期着手事例での典型的な発言である。

> "社長に企画書を持っていって NG になってしまう典型的なパターンがあります。それは，「他社もこうやっています」と言うもので，それはだいたい NG になってしまいます。だから，あまり他社事例はアテにしていません。ただ，他社の事例を勉強してどこがうまくいっていてどこがうまくいっていないか，という点は自分の中に読み取ろうとします。"　　　　　　　　　　　　　　　（E 社元推進リーダー）

　このような差異は，内部に強い正当性の源を持たないが故に外部に由来する正当性に依拠し，流されて意思決定を行う傾向ある組織と，内部にある強い正当性に依拠して，相対的に外部規範に左右されず自らの規範で判断を行う傾向ある組織との差異とも考え得る。特に制度的圧力の下では，検討する対象が外部規範と結び付きやすく，そのためその差が明らかになりやすい可能性がある。ここから生まれる仮説として，組織が自ら信じる核となる，正当性の根源をどの程度内部に持つかに応じて，外部規範の重視度（またはそれへの依存度）が異なり，それが同型化に影響を与える可能性があると考えられる。正当性の根源となり得る要素は，後期着手事例の観察に基づけば，創業者一族経営者の他，明確に内部共有された企業理念と，明確に内部共有された業務哲学または手法である。例えば，早期採用事例である事例 C では，統一的な思想や手法を持たない組織であることが，内部で強く意識されていた。下記は，同社の内部者が示した自組織の特徴に関する自己認識である。

> "思想はすごく自由です。昔から。自社の人間はこうあるべきだと言った，人材要件のようなものは全くありません。学生が入社して社会人になって，普通は考え方が変わるものですが，そうしたところがあまりない会社です。私だけかもしれませんが，学生から入ってそのまま考え方を変える必要がないと感じます。型にはめるのを嫌う感じです。個人の自由を結構認めます。"　　　　　（C 社推進リーダー，CL3）

　本章では広範な要因抽出を主眼としたため，この要因に関するこれ以上の

詳細なデータに欠ける。しかし，制度的圧力に対する組織反応において，モチベーション（Tolbert & Zucker, 1983）やフレーミング（Kennedy & Fiss, 2009）等の一時的要因のみならず，その背後にある組織の意思決定プロセスの特性が恒常的要因として重要となる点に光を当てたことは，一つの貢献である。そして，ここでの分析はそのプロセスの中でも，正当性の根源（内的なものか外的なものか）が重要な要素となる仮説を暗示しており，組織内の意思決定における正当性の具体的な根源の探索は，今後の関連研究として重要性を持ち得る。

　もう一つ，この研究の意義として挙げることができるのは，制度を採用する組織のモチベーションに関して，伝統的モデルとは逆の事象の存在を示したことにある。Tolbert and Zucker（1983）以来のいわゆる 2-stage model は，実務的利益が早期着手に，制度的関心が後期着手に結び付くと予測する。同モデルは，実務的利益があると判断する組織がまず制度を採用し，そうした組織がフィールドに増加する結果，採用しないことが特殊と見なされ組織の正当性を損なうようになり，その懸念のために多数の組織が遅れて採用することを含意する。そこでは，制度的関心による採用は，あくまで受動的かつ防衛的な後期採用に観察されるものとして扱われてきた。そして近年同モデルは再検討される傾向が強いが，これまでの反証は，実務的利益と制度的関心の一体性を強調し，後期採用組織も実務的利益をモチベーションとして持つことに焦点をあててきた（例えば Kennedy & Fiss, 2009）。しかし本章でのデータは，実務的利益でなく制度的関心を重視するゆえに他組織に先んじて制度採用を試みるという，実務的利益の観点からは不合理な，これまで十分報告されない行動が複数組織で起こったことを示す。

　ここでの発見と先行研究のこの矛盾は，どのような意味を持つか。一つには，組織の意思決定プロセスの特性（本書では外的正当性に対する感度と称する）の影響を考慮することで，新しい組織行動のメカニズムが明らかになると考えられる。例えば，一部の早期着手事例（A 社と B 社）では，制度的理由による早期採用という一見奇妙な行動が，GTM 以外にダイバシティや CSR の諸プログラムに関し既に反復して発生してきたとする構成員の認識が観察されている。これに対して，個々の施策に関する組織認識と判断が偶

然にも毎回似通ったものとなったのではなく，組織に固着した意思決定プロセスのあり方が持続的に影響を与えていたとする仮説は説得的であり，検討に値する。

　もう一つには，制度化と採用に関して従来軽視されてきた二種類の異なる文脈と，それによる組織行動の違いを本データが示唆する可能性がある。本章が題材とした文脈には特徴がある。それは，グローバル人事制度が当該組織フィールド（海外展開を志向する中堅規模の上場日本企業）の中で自然発生したものではなく，欧米の多国籍企業という隣接する組織フィールドで既に制度化されていた点である。制度理論の元来の主張では，施策はフィールド内で当初は正当性を持たない状態から始まり，採用が広まると共に社会的認識が変化して正当性を持っていく。そのため，当初は施策を採用しても社会的評価に影響が無いはずであり，「制度的理由による早期採用」はあり得ないことになる。しかし本章の事例のように，ある組織フィールドの組織群が他の類似した組織フィールドから評価の確立した手法を援用して採用する場合は，状況が異なる。他分野で社会的評価が確立した手法を自分野に新たに適用する取り組みは，それ自体が先進的であり，かつ従来自分野では十分に配慮されてこなかった価値を実現する可能性を持つ。これは，制度的利益の期待に結び付く。先行研究で数多く検討されてきた，病院組織に対する TQM の導入も，これと同様の構図と考えられる（詳細は第6章で再度検討する）。本章の発見と示唆は，隣接分野から評価の確立された施策を参照・援用する文脈に特徴的なものであり，自らの組織フィールドでゼロから制度が発生する文脈（既存研究の多くが対象としてきた領域）においては適用できない可能性がある。

　さらに本書と先行研究の矛盾に関するもう一つの意味として，実務的利益と制度的関心の融合のあり方に対する新しい見方が存在し得る。先行研究では，2-stage model の限界として，そもそも実務的利益の考慮自体が，制度的関心の影響を受けることが指摘されてきた（Lounsbury, 2007）。先行研究のこの視点は，あくまで（制度にその評価が影響された）実務的利益が意思決定の理由となる点に注目する。そのため，そのままでは施策の実務的利益が意思決定で重視されていない，本章の早期採用企業のようなデータには適合しな

い。しかし,「実務的利益」は,本章のデータをふまえると旧来議論されてきた生産性向上をはじめとする施策自体の便益だけに限られない。例えば,本章の早期事例では,制度的関心から早期採用を迅速に意思決定することで,正当性に関する対立的議論が省略され,組織調和が実現し,必ずしもトップダウンの指針が明確でない組織が円滑に運営されている。「実務的利益」がこのような組織運営上のメリットまでを含むと捉えれば,こうした事例も実務的利益(調和の実現)を見出したが故に施策が早期採用されたと捉えることもできる。これは,施策採用に関する組織反応において,施策自体の良否だけでなく,採否の決め方がもたらす影響の重要性を暗示する。

　なお,本章と制度理論の先行研究との関係性については,他に二つ留意点がある。先行研究では,組織外との関係性と組織の外形要因が同型化の説明変数として検討されてきた。第一に,本章では,組織外との関係性が,経営者同士の交流会,外部コンサルタントと担当役員・人事担当者の情報交換,人事担当者の同業他社勉強会,の3つの形で観察された。これらは,模倣すべきモデルに関する情報量を増し,また不確実な将来に向け自社も同化すべき必要性の認識を高めた。全事例でこの関係が見られ,観察はこの点で先行研究を支持した。

　第二に,組織の外形要因について,本章では国籍,売上規模,海外志向,業種を一定程度固定してサンプルを取った結果,着手時期に強い論理的なつながりを見出せる要因は観察されなかった。売上規模については,規定範囲(2014年度売上高3,000億から1兆円)の中で,比較的大きい企業(売上高6,000億から1兆円,A・D・E・F社)と小さい企業(売上高3,000億から5,000億円,B・C・G社)を含めたが,両者に規模を理由とする有意な差は観察されなかった。例外として,事業特性が持つ影響の可能性は観察されたが,少数例にとどまり,かつ結果への論理的なつながりは弱いものだった。またその他の潜在的要因として,組織の業績と経営層の交代の面でも,影響は観察されなかった。本章での分析から見る限り,組織の外形要因について,何らかの有意な観察結果を得たとは言えない。

　また,本書と他の理論領域との関係性においては,二点が重要である。第一に,本書のような施策着手に関する組織間差異を説明する議論としては,

経営における認知論も関連し得る。ポラロイド社を題材に同分野の代表的な事例研究を行った Tripsas and Gavetti（2000）は，環境変化等戦略や組織の変革が必要となる萌芽とその深刻さを，構成員がどう認知するかが，組織の生存に帰結すると論ずる。同分野では組織構成要員の認識をモデル化し，戦略転換や組織変革の起動を説明する実証研究が行われてきた。そこでは，モデルに組み込む説明変数として検討過程（Kiesler & Sproull, 1982），経営幹部の心理学的認知と属性要因（Hambrick & Mason, 1984），経営幹部のメンタルモデルの変化（Barr, Simpert & Huff, 1992）等がテストされてきた。これらはいずれも，ある変化への対応に実務的利益があるか否かに関する，是非判断を問題としている。一方で，制度理論の観点に基づく本書の研究では，実務的利益に必ずしも合致しない選択があえてどのようになされるかを問題とする点で，焦点が異なる。ただし本章においても，実務的利益それ自体が（特に後期着手事例で）重要な正当化要因となることは観察されており，双方が一つの現象の異なる部分にそれぞれ光を当てているとも言える。実務的利益の認識に関するメカニズムと，（利益にならないことも含む）正当化要因の統合的な説明の構築には，今後探索の余地が残されている。

　第二に，本章で挙げた全事例で「外部ネットワークとの紐帯の強さ」が，一事例で「有力な取引先との関係性」が要因として観察されたことは，資源依存理論を示唆する。Pfeffer and Salancik（1978）は，組織は資源調達を組織外部に依存して存在し，依存関係を通じて組織外の資源提供元が，またそのパイプを持つ結節点を握る内部者が，組織内部に影響力を持つと主張した。本章における観察でも，特に外部コンサルティング会社から，取り組むべき解決策の知識がもたらされた。また，売上の多くを占め経営知識も提供する主要顧客が，創業家一族経営者の正当性を越えた影響力を持つ状況が観察された。しかし，既に述べたように，グローバル人事制度の導入には資源調達の最適化だけでなく，正当性をどう捉えるかという規範も大きく影響する。そのような実利と規範の二面性を持つ意思決定の説明には，制度理論および外的正当性の感度の概念が貢献する余地が大きい。

　最後に，ここでの研究にはいくつかの限界がある。第一に構成概念妥当性について，データ取得対象期間が 15 年前から現在までの長期にわたるため，

インタビューに全ての当事者を網羅できず，またその主観のバイアスが影響する可能性がある。誤りを防ぐため複数当事者へのインタビューと社内文書等資料による確認を可能な範囲で行ったが，検証には限界がある。第二に内的妥当性について，ここでは操作していないが影響の大きい，未検証の要因変数が存在する可能性がある。特に，業種特性と創業者一族経営者の有無はサンプルの操作が不十分となったため，今後の検証ではこの点も含めた比較がなされることが望ましい。

第4章 実行停滞：意図せざる不実行の発生要因

強権に頼らず改革を進めるには，関係者の協力を得る必要がある。
協力を得るには，相手を納得させる必要がある。
納得を得るには，大義を示しその価値を認めてもらう必要がある。
しかし，大義を認めたとしても，人は自らの利益に反することには協力しない。

第1節　採用した制度が不実行に終わるのはなぜか

　制度理論では，制度的圧力の中で組織が組織形態や施策を採用しても，実行段階で組織の実質的な構造と形式的な構造の乖離（Decoupling）が発生するとされる（Meyer & Rowan, 1977）。その理由は，組織がその技術的中核を守るために，中核から新施策を分離し，形式的に施策を実行した姿勢だけを外部に示すことで制度的利益を確保しようとするためと説明される。このような採用後の不実行は，どのような組織でどのような要因により発生するのか（cf. Bromley & Powell, 2012）。また全ての組織が施策の形式的な実行にとどまるのでなく，個体差があるとすれば，それは何が説明要因なのか（cf. Gondo & Amis, 2013）。制度理論では，制度に対する組織反応を説明するメカニズムの根幹概念の一つとして，形式と実態の乖離（Decoupling）をこれらの関心で検討することを重視してきた。本章でも，制度的圧力がもたらす組織反応の経時的変化の内，施策の実行段階について，Decoupling に焦点をあて，組織反応の個体差の説明要因を探索する。既述の通り，本章では一つの制度と組織における経緯を観察し非関連因子の影響を最小化するため，第3章と同じ事例データ（内当該データが十分ある5社）を用いて，Decoupling の発生事例と非発生事例の比較分析による発生要因探索を目指す。

　本章の構成は，次の通りである。まず第2節で，先行研究をレビューし本章の問題関心について解明されている事項と未解明の事項を整理し，本章の意義を位置づける。第3節では，第2章で述べた手法によるデータ分析の結果を提示する。そして第4節で，データが持つ理論的な示唆と限界を整理する。

第2節　不実行の説明要因はどう考えられてきたか

　制度理論が登場する背景には，当時の支配的な組織観としての官僚制組織に対する問題意識があった。官僚制組織の組織観では，組織は決定事項を合

目的にかつ合理的に実行するとされる。そのような組織では，その構造が組織の目的達成に必要な実質的活動と密接に連動していることが前提となっていた（Weber, 1930）。しかし1970年代より，組織の諸部門は相互に緩やかに連結し個々が一定の独立性を保つ状態（Loose coupling）にあるため，必ずしもある部門が認識する組織目的と組織内の実質的活動が合致しないことが議論されていく（Glassman, 1973）。特にWeick（1976）は，教育機関を題材に，組織の各部門は相互に反応し合うが，一方でそれぞれ固有の自己同一性と分離状態を保持していると主張した（p. 3）。その前提は，組織全体の目標認識と個々の部門が直面する多様な文脈に一定の乖離があることである。そのため，組織内には各部門の個別文脈に応じた逸脱的行動が常に発生し，組織は矛盾した志向の行動が混在する統合体（Loosely coupled systems）として存在するとされる。そして行動の多様性を確保しておくことは，頻繁な目標変更とそれに伴う過度な変化と統制のコストを抑え，実験を可能とし，また多様な局所的文脈への適応を実現することで組織の生存に資するとされた（pp. 6-8）。

　Meyer and Rowan（1977）は，新制度学派の制度理論の嚆矢となる理論的提起において，このLoose couplingの概念を援用し教育機関に限定せず拡張して展開した。そもそもMeyer and Rowan（1977）の主張は，Berger and Luckmann（1967）の説に依拠し，現代組織を合理的な存在というよりも社会的信念の発現形態と定義することに主眼を置いていた。そこでは，組織形態は広く共有される社会的信念に組織が適合した結果と見なされる。組織は外的環境が形成する「神話」としてのあるべき姿の認識に影響を受け，それに対する同型化圧力を受ける。組織が社会的期待に反し正当性を失えば，資源確保や対外協力の面で不利益を受け，その生存が危機にさらされる。Meyer and Rowan（1977）は，そのため組織は同型化圧力に従い，それが組織固有の文脈や実務的利益と乖離していても，環境から期待される組織形態を導入しそれが組織フィールドにおける制度普及につながると論じた。しかし結果として，制度に従った組織形態や施策は個々の組織が直面する現実に適合しておらず，多くの場合，生産性の低下や障害の発生といった実務的利益の犠牲を生む。そのため，組織は公式の組織形態や施策と実質的な活動との連結を緩

やかな状態にとどめ（Loosely coupled），ルールを定めても守らず，採用を決定しても実行せず，また実行しても結果測定を曖昧なものとする（p. 343）。Meyer and Rowan（1977）は，このような組織の公式形態と実行中の活動の乖離を Decoupling（p. 341）と定義した。そして組織は Decoupling によって，技術的中核を守り組織運営の支障と社内コンフリクトを避ける一方で，外部では高い評価と広範な支援を獲得する利得を享受するとされた。これらの理論提起を受け，制度的圧力を受ける度合いが高いと考えられた公共組織を中心に 1980 年代にかけて実証研究が行われ，裁判所（Hagan, Hewitt & Alwin, 1979），病院（Covaleski & Dirsmith, 1983），刑務所（Thomas, 1984）等で Decoupling の発生が報告された。

　制度的圧力の影響下での施策採用では，企業組織においても実行の度合いに個別差が発生する（Weaver, Trevino & Cochran, 1999）。Decoupling に関する研究はその後企業組織にも対象を広げ，それがどのような場合に発生するのか，発生要因のメカニズムに関する研究が蓄積した。Decoupling の発生要因の探究は，どのレベルに説明変数を求めるかにより，大きく三つの系譜が存在する。第一の系譜は，対象となる組織フィールドや制度の性質等の環境要因に Decoupling の発生理由を求めるものである。ここでは，組織外部で社会的に構成された組織に期待される正当性（Suchman, 1995）と，組織内部の実務的利益の追求志向が相反することが，Decoupling の要因となることが注目される（Meyer & Rowan, 1977）。特に，組織への社会的期待が何によって構成されるかについて，対象組織フィールドが信念や価値観に影響される度合い（Scott & Meyer, 1983），外部ステークホルダーの相対的な力関係（Basu, Dirsmith & Gupta, 1999），法的要請（Edelman, 1992）等が議論された。また他方では，制度自体の質に注目し，それに従った結果が不確実であるような制度的圧力である場合に，失敗を避けるために Decoupling が発生するとする議論もある（George, Chattopadhyay, Sitkin & Barden, 2006）。これらはいずれも Meyer and Rowan（1977）が提示した元来の定義の構成要素を部分的に具体化しているが，基本的にその主張を踏襲するものである。そして制度的環境だけに説明要因を求めれば，同じ組織フィールドで類似した制度的環境にある組織間の個体差を説明することはできない点に限界がある。

第二の系譜は，組織と制度の適合性に説明要因を求めるものである（Dobbin & Kelly, 2007）。Ansari, Fiss and Zajac（2010）は，当該制度の実行の容易さ（理解の容易さ・分割可能性・複雑性）と組織との適合性（技術的・文化的・政治的適合性）が説明変数となり，施策の採用時期と実行の質（徹底度合い・忠実さ）が決まると主張した。Gondo and Amis（2013）は，同様に組織と制度の関係性に注目し，組織が当該制度の性質を受容する度合いと，実行時の意識的な内省の度合いに応じて，Decoupling の発生有無が決まるモデルを提唱した。この系譜の特徴は，制度的環境が組織にもたらす影響を，全組織に一律のものでなく個別組織にとっての意味合いで変化するものとして相対化した点にあり，第一の系譜の欠点を克服し個体差の説明可能性を包摂する点で優れている。ただし，個別組織にとって制度の意味合いがなぜそのように変化するかを説明できない点に限界がある。

　そして第三の系譜が，組織内要因による説明である。この視点は，制度的環境を一定程度捨象する限界はあるが，制度の実行段階で個別組織に作用するメカニズムを精緻に検討できる。先行研究で特に注目された組織内の固有要因には，二つの側面がある。一つには，構成員の社会的関係性（ネットワーク）がもたらす，組織の施策実行の真剣度への影響である。Fiss and Zajac（2004）は，ドイツの大手上場企業 100 社以上での複数の株主保護施策の導入を題材に，企業が施策を選択的に実行する中での，選択結果と組織固有要因の関係を分析した。そして，株主構成・CEO の年齢と学歴が施策の選択結果と相関し，株式の保有関係および CEO の年齢・学歴の親近性がある企業間で選択結果に共通性が高いことを示した。彼らはこれを元に，組織間および人的ネットワークが制度的影響下にある施策実行に反映すると主張している。さらにもう一つの側面として，組織全体としての実務的利益を目指した印象管理戦略の影響がある。Elsbach and Sutton（1992）は，社会運動組織を題材に，外的な評価を高める施策を導入しながら実際には実務に影響を与えないためにその実行を回避することで，Decoupling が印象操作の戦略として経営幹部に意図的に活用される場合を強調した。これを受けて，組織内権力者（経営者）による利得保護のための権力の行使，または意図的政策・利得追求としての Decoupling が注目され，実証研究が蓄積し肯定的な結果が

第 4 章　実行停滞：意図せざる不実行の発生要因　101

多数提示された。例えば，Westphal and Zajac（1994, 1998）は米国大企業での CEO 長期報酬制度を題材に，企業が制度採用を喧伝することで，実態として実行が回避されていても株価に好影響を与え，かつ他の関連改革施策も遅延させ，CEO にとっての金銭的利益維持につながる印象操作が成功していた傾向を示した。同じく米国大企業に関して，自己株式取得プログラムも同様に実証研究が行われ，経営者が取締役会に支配力を持ち，経験から実行回避が可能と知っている場合に Decoupling が起こり（Westphal & Zajac, 2001），また実行を回避しても採用の喧伝だけで市場の評価は高まる傾向が示された（Zajac & Westphal, 2004）。これと同様の印象管理戦略（対株主コミュニケーションにおけるフレーミング）と，実行回避にもかかわらず市場評価が上昇する事例は，ドイツの大手上場企業の株主保護施策の導入においても報告されている（Fiss & Zajac, 2006）。ただし，このような Decoupling は必ずしも実務的利益につながるわけではなく，経営陣が意図したものであっても名目と実態が過剰に乖離した結果，事業上の不利益をもたらす事例も報告されている（MacLean & Behnam, 2010）。それでも，この系譜の先行研究はその多数が，組織内権力者（特に CEO）による，意図的な利得確保を目的とした名目的採用と実行実態の乖離を強調してきた点に特徴がある。

　しかし，Decoupling の説明要因として組織内要因に注目するとしても，これら先行研究のように有力者による利得追求を過剰に重視することには，二つの問題がある。第一の問題は，組織反応には経営幹部による作用のみならず，より下層にいる組織構成員の制度に対する反応もやはり影響する点である。例えば Sauder and Espeland（2009）は，ロースクールにおける外部ランキングへの対応を題材に，経営幹部のみならず下部の構成員が制度をどう理解し内部化するかが Decoupling に影響を与える過程を示した。また Pitsakis, Biniari and Kuin（2012）が示すように，組織上層部が Decoupling を決定したとしても，構成員が制度にどう反応するかによって，具体的な対応の内容は変わり得る。有力者の影響を重視する先行研究では，文脈によっては経営幹部と同等かそれ以上に結果に影響を与える意味で重要な，より下層の組織内構成員の制度に対する多元的反応の影響に対する考慮が不足している。これは，Meyer and Rowan（1977）が元来主張していた Decoupling 像の原点に戻

ることの重要性を意味する。つまり，組織の常態として Loose coupling が存在し，それに伴う組織各部による意図的反応の結果として Decoupling が起こるのであれば，その各部の反応の精緻な検討こそが Decoupling の発生・不発生の理解に必要なのである。

　そして第二に，近年の先行研究では多くが組織または経営トップによる意図的な反応としての Decoupling を検討してきたが，一部に報告されている「意図せざる不実行」（Unintended decoupling, Crilly, Zollo & Hansen, 2012）に対する検証が不足している。Crilly, Zollo and Hansen（2012）は，その先駆的な研究で，多国籍企業 17 社における CSR 施策の実行を題材に，組織内外の多様なステークホルダーの相互作用とその結果を分析した。そこでは，実行過程の態様として，積極的意図の有無と実行の有無の二軸に応じた四種類の組織反応が報告されている。4 種類の組織反応とは，次の通りである。まず Strategic implementation は，制度的圧力の内容が実務的利益に合致すると認識されるために，積極的意図をもって施策を実行する。Routine implementation は，実務的利益の認識は無いが，正当性のために施策を実行する（そのように外部からの期待があることを理由に内部で意思統一する）。そして Evasive decoupling は，組織として意図して，実行を外部にアピールし制度的利益を確保しつつ組織内で不実行の状態を作る。なおこの態様でも，形式上の推進を担当するマネジャーは推進に向けて努力するが，リソース不足と実務的利益の不在故の周囲の非協力で任務を遂行できない状況の発生が報告される。最後に Emergent decoupling が，経営として意図せざる Decoupling である。この状態では，組織内部と外部の各ステークホルダーの間で，施策実行の是非に対する見解の相違がありコンセンサスが無い。組織内部でも部門間で方針が一致しておらず，実行を意図した経営層でも施策の強制が難しいため，実行態様の詳細は個々の組織任せとなり，個々が個別の解決策を探索する。結果として，経営層としては実行する意図はあるが，制度が期待するようには実行されない状態が生起するとされる。ただし，実行に抵抗する個々の構成員にとっては意図的な不実行であり，これはあくまで経営層にとっての意図せざる結果である（pp. 1443-1445）。近年の有力者主導の組織反応に関する先行研究が報告してきた Decoupling は，これらの内 Evasive decoupling と同

趣旨の形態であり、発生要因についてもこれまで述べてきたように一定の理論的蓄積がある。一方で Emergent decoupling のような経営の意図せざる不実行は、それに対する影響要因としてステークホルダー間のコンフリクトの存在が指摘されるが（Crilly et al. 2012）、そもそもなぜそのような解決不能のコンフリクトがどのように発生するか、十分な実証研究が不足している。

　なお、Meyer and Rowan（1977）は、組織の各部分が直面する状況の違いから異なる実務的必要性を持ち、それが各部分の間のコンフリクトを生み、それが各部分による意図的な Decoupling につながるという説明を提起していた。その意味では全ての Decoupling は組織のいずれかの部分にとって意図的であり、またそこにコンフリクトが存在するのも当然とも言える。これに対して、ここであえてこれら基本的な定義に関わる要素を、あらためて精緻に探求する問題意識は 2 つある。第一に、Decoupling には必ず組織の何らかの部分の意図が関わるとしても、実務的にも先行研究上も、重要な関係者（例えば経営者）の意図は特に影響が大きく、その視点の「意図せざる不実行」を精査する意義は大きい。そして第二に、あらゆる組織でコンフリクトが存在するとすれば、コンフリクトの有無だけでは Decoupling が発生する組織とそうでない組織の違いの理由を説明できず、コンフリクトの態様やそれを促す要因にも検討の目を向ける必要があることである。

　以上のように近年の研究では、組織反応の個体差説明の観点で重視すべき Decoupling の組織内要因について、強力なリーダーによる利得確保のための意図的反応という、偏った像が強調されてきた。しかし、組織内の多元性と経営の意図せざる反応としての発現も考慮した説明を改めて検討する必要がある。特に意図せざる Decoupling の発現要因については、発生要因に加え詳細な経緯の説明が不足している。本章は、これらの研究ギャップに留意した上で Decoupling、特に経営として意図せざるものの発生を説明する具体的要因を幅広く探索し解き明かすものである。

第 3 節　制度採用後の実行過程をデータ分析する

　第 2 章で述べた既定の手順で対象とする 5 社について分析を行った結果、

グローバル人事制度（GTM）の導入実行の迅速さに関して，事例による大きな差異が観察された。データでは五社中三社の早期採用事例において，「意図せざる形式と実態の乖離（Unintended Decoupling, cf. Crilly, Zollo & Hansen, 2012)」の状態が観察された。具体的には，それらの事例では，公式のGTM推進組織が発足し担当実務リーダーと人員が配属され，また外部に対しGTMの推進が公表される形式が整い，経営トップ・担当役員と推進組織は実行促進を意図していた状況が観察された。しかしそれにもかかわらず，検討の俎上に乗った改革施策が実行される速度は相対的に遅く，また実行が遅々として進まず改革が停滞した自己認識を推進組織の人員と担当役員が共有していた。一方で2社の後期採用事例においては，そのような停滞は組織構成員の認識にも，実行の経緯にも観察されなかった。

　本節では，どのように「意図せざる形式と実態の乖離」が発生したか，何がそれを誘発したのかについて，発生事例と非発生事例との差異に留意してデータ分析の結果を提示する。本節は三つの部分から成る。第1項では，まず本章が比較分析の対象とする5事例でのGTM採用後の施策実行プロセスの全体像を提示する。第2項では，各事例の観点で，それぞれどのようなプロセスを経てその結果に至ったか，どのような要因と論理的なつながりが観察されたかに注目し，個別事例の時系列経過を提示する。第3項では，「意図せざる形式と実態の乖離」の発生事例と非発生事例を比較し，相違点として抽出される要因を整理する。

（1）実行プロセスの概要

　まず，本章が対象とした5事例における実行の段階と推進体制を示す（表4-1）。データからは，事例共通で例外なく，実行プロセスについて三つの特徴が観察された。第一に，各社ともGTM採用を決定後，施策推進をミッションとする一定の公式担当組織を設置し，それを所管する担当役員と担当組織長（推進リーダー，基本的に部長級）を任命し，必要に応じ人事異動で専任もしくは兼任の担当人員を組織に配置し推進体制を整備していた。第二に，人事慣行に従い推進リーダーは2〜5年で交代しており，異なる推進リーダーに率いられた性質の異なる複数の段階（フェーズ）によって実行が進む経緯

第 4 章　実行停滞：意図せざる不実行の発生要因 | 105

表 4-1　各事例での GTM 実行フェーズ構成と推進体制

事例	フェーズ	推進組織（担当役員）	マネジメント			スタッフ（FTE）	
			代表取締役社長またはCEO	担当役員	推進リーダー（職位）	専任	兼任
A	1（2004-08 年度）	新設専任組織（人事）	AC1/2	AD1	AL1（部長）	0	2
	2（2009-11 年度）		AC2	AD2/3	AL2ᵃ（部長）	2	8
	3（FY2012-14 年度 第一四半期）		AC2/3	AD3/4ᵃ	AL3ᵃ（部長）	1	N/Aᵇ
	4（FY2014 年度 第二四半期から）		AC3	AD4ᵃ	AL2ᵃ（理事）	2	N/Aᵇ
B	1（2006-09 年度）	新設専任組織（人財）	BC1/2	BD1/2	BL1（部長）	4	5
	2（2010-12 年度）		BC2	BD2	BL2ᵃ（部長）	1	2
	3（2013 年度から）		BC2/3	BD2/3ᵃ	BL3ᵃ（部長）	4	5
C	1（2006-08 年度）	新設専任組織（管理）	CC1/2	CD1/2/3	CL1（執行役員）	1-2	1-2
	2（2009-12 年度）		CC2	CD3/4	CL2ᵃ（部長）	0	3-4
	3（2013 年度から）	新設専任組織（人事）	CC2/3	CD5	CL3ᵃ（グループ長）	2	N/Aᵇ
F	1（2014 年度 第二四半期から）	新設専任組織（業務）	FC	FD	FLᵃ（部長）	2	13
G	1（2014 年度から）	既存人事組織（総務）	GC	GD	GLᵃ（部長・課長）	3	N/Aᵇ

凡例：AC, AD, AL は，それぞれ事例 A の CEO，担当役員（Division leader），推進リーダーを指し，数字はデータ収集期間中に交代があった事例について何人目の当該担当かを指す。
　　　スラッシュ（/）は，同フェーズ内で交代があったことを示す。各フェーズは，検討推進プロセスに対し他の管理者交代と同等かそれ以上に強い影響が観察された要素である，推進リーダーの交代で区切っている。
　　a　インタビュー対象者。
　　b　当該事例でグループ企業・各組織の GTM 実行への参画が進み，必要に応じ必要な時点で柔軟に検討に参加（または参加中断）する体制となっているため，固定された人数は存在しない。

が観察された。そして第三に，5事例では施策実行に当たっていずれも，GTM関連施策を全て一度に多数実行するのでなく，施策候補群から選択的に優先する実行施策を決定し，段階的な施策実行を行っていた。

　第一の共通項である検討体制の確立に関しては，以下の詳細が観察された。まず担当組織について，名称は事例により異なるが，A・B・Fの3事例では本社人事部門内に担当組織を新設した。Cは人事部門でなく，本社管理部門担当下に海外事業推進部を独立組織として新設した。Gは既存の人事担当組織をそのままGTMの兼務担当組織とした。担当組織を決定した結果，実行推進担当者が明確になると共に，少数ながら専任者が置かれることでGTMの学習と実行手法確立が役割として期待されたとする趣旨のインタビューコメントがいずれの事例でも観察された。

　担当の人選については，GTMの最終的な監督者である代表取締役またはCEO，および担当役員は従来からの管掌者が担当し，推進リーダーは社内で適任者を選任し担当役員が任命した。推進リーダーとして，早期採用事例（A・B・C）はいずれも，人事部門出身か否かにこだわらず海外駐在経験が豊富な人材（駐在帰任者）を任命した。後期採用事例（F・G）でも海外駐在経験者が任命されたが，特に事例Fでは非人事出身の事業部所属で類似改革プロジェクト経験を持つ海外駐在中の人材を登用した。スタッフは国内人事業務知識を持つ国内人事部門の現職スタッフから任命されたが，当該業務の所管が非人事の管理部門とされた事例Cのみ，人事以外の管理部門スタッフから任命された。

　第二の共通項である推進リーダーの交代については，以下の詳細が観察された。まず前提として，各社のGTM採用時期は，第3章で早期採用事例と分類したA社が2004年度，B社とC社が2006年度であり，後期採用事例と分類したF社とG社が2014年度であった。推進リーダー交代を節目に採用後の実行フェーズを区分すると，実行期間が長期にわたる早期採用事例（A・B・C）では各社に3から4フェーズ（平均3.33フェーズ）が，データに含まれる実行期間が短い後期採用事例（F・G）では各社1フェーズのみが存在した。各フェーズの期間は，早期採用事例（A・B・C）で1から5年間（平均2.78年，ただし2015年度第一四半期までの観察期間中でフェーズが未終了の最

終フェーズも含む），後期採用事例（F・G）で1から1.25年間（平均1.13年，ただし観察期間中ではフェーズは未終了）であった。

第三の共通項である選択的導入については，各事例について表4-2に示す詳細が観察された。まず，事例企業はGTM採用を決定し組織を立ち上げた後，具体的施策の候補を抽出してどのような優先順位でどれを実行すべきかを早期に全体設計していた。全体計画の策定後は，そのプランを参照しつつ何に取り組むかの実行計画を毎年更新し，段階的に一部ずつ施策の導入実行に注力していく選択的導入の志向が観察された。

一方で，各事例の差異が明確に観察されたのは，結果としての実行速度である。表4-3は，各事例の各フェーズで担当組織により実行が検討された施策数，そのうち実行された施策数，そして実行された施策数を一年あたりの施策数に変換したものである。早期採用事例である事例A・B・Cでは，いずれも一年あたりの実行施策数が最後のフェーズと比較して低水準にあり，推進組織の構成員および担当役員では，当時施策実行が期待よりも停滞していた認識が例外なく共有されていた。実行を検討した施策数と実行された施策数には事例A・B・Cとも大きな乖離があるが，これは実行意図がありながら，結果として実行した施策が少なかったことを示す。ただし，事例F・Gを含め最終フェーズのみは，データ取得期間がフェーズ途中で終了した未完了の短いフェーズであり，表4-2の下段に示す通り，データ取得期間後に同フェーズで実行施策数が大きく増大する見通しが持たれていたことが観察された。詳細は後述するが，社長，担当役員および推進組織の構成員が実行を遅滞させる意図を持っていた証拠は観察されず，むしろ実行加速を期待する発言と努力を見せていた。一方で，後期採用事例（事例F・G）では，採用からデータ取得期間の末尾までの期間が短いため実行に関する長期履歴は観察できないが，相対的に実行当初から速く実行が行われた傾向は観察される。具体的には，事例Gにおける一年あたりの実行施策数は事例A・B・Cのフェーズ1（および事例B・Cのフェーズ2）を大きく上回っている。またF社についても，2015年度第一四半期終了時点（データ取得終了時点）で，表4-2の通り推進組織が16施策の実行を今後数年以内に完了する強い確信と見通しを示していたが，これは他事例に比べ1年あたり施策実行数が非常に

表 4-2　各事例における施策実行ヒストリー

年度	事例（早期採用）		
	A	B	C
2004	GTM 採用決定・組織立ち上げ		
	〈Phase 1〉		
2005	全体設計		
2006	●グローバル共通化を想定した職務等級評価	GTM 採用決定・組織立ち上げ	GTM 採用決定・組織立ち上げ
		〈Phase 1〉	〈Phase 1〉
		●グローバル HR ミーティング運営開始（年一回）	
2007	●グローバル HR ミーティング運営開始（年二回）	全体設計	●グローバル共通部長向け研修プログラム
			●グローバル共通課長以下向け研修プログラム
2008			
2009	〈Phase 2〉		〈Phase 2〉
	全体設計（改訂）		
2010	●グローバル共通の新人管理職研修プログラム運営開始	〈Phase 2〉	
	●グローバル共通化を想定したジョブディスクリプション定義（執行役員以上）		
	●グローバル国際異動規定制定		
2011		●本社新人管理職研修プログラム運営開始	全体設計
		●本社若手研修プログラム運営開始	
2012	〈Phase 3〉		●人材データベース導入（パイロットスタディ）
2013	●グローバル共通化を想定したコンピテンシー定義導入（本社管理職以上対象）	〈Phase 3〉	〈Phase 3〉
		全体設計	全体設計
			●グローバル HR ミーティング運営開始（年一回）
	●グローバル共通化を想定した 360 度評価導入（本		●グローバル国際異動規定制定

年度			
	社管理職以上対象）		
2014	（グローバル等級制度の改定） 〈Phase 4〉	●グローバル HR ミーティングの格上げ再立ち上げ ●グローバル共通化を想定した 360 度評価導入 ●グローバル中核ポジションの設定とタレントアセスメント ●グローバル共通のコンピテンシー定義導入 ●グローバル国際異動規定制定	
2015	●人材データベース導入 ●グローバル HR ポリシー制定 その他 11 施策が検討中で，いずれも 1 年以内の導入実行を想定	●グローバル共通の経営幹部層の役割定義 その他 6 施策が検討中で，いずれも 1 年以内の導入実行を想定	その他 10 施策が検討中で，1-3 年以内の導入実行を想定

年度	事例（後期採用）	
	F	G
2014	GTM 採用決定・組織立ち上げ 〈Phase 1〉 全体設計	GTM 採用決定・組織立ち上げ 〈Phase 1〉 全体設計 ●海外現地法人向け研修プログラム運営開始
2015	全体設計の内 16 施策が検討中で，いずれも 1-3 年以内の導入実行を想定	その他 5 施策が検討中で，いずれも 1-3 年以内の導入実行を想定

注：太字下線は当該年度に公式制度となり実行された施策を指す。

大きく予測されていることを示す。

（2）個別事例の経緯

　個別事例において，施策の実行はどのように推移したのか。ここでは，各事例について，「意図せざる不実行」または速やかな実行が発生した経緯を示す。具体的には，「意図せざる不実行」が観察された例として事例 A のフェーズ 1，事例 B のフェーズ 1・2，事例 C のフェーズ 1・2 を，速やかな実行が観察された例として事例 F のフェーズ 1，事例 G のフェーズ 1 の経

表 4-3　施策の実行結果

事例とフェーズ	GTM 個別施策の検討と実行結果		
	実行を検討した施策数	左記の内，実行された施策数	一年あたりの実行施策数
事例 A			
Phase 1（2004–2008 年度）	13	2	0.40
Phase 2（2009–2011 年度）	12	3	1.00
Phase 3（2012–2014年度第一四半期）	11	2	0.89
Phase 4（2014 年度第二四半期から）	13	2	2.00
事例 B			
Phase 1（2006–2009 年度）	12	1	0.25
Phase 2（2010–2012 年度）	4	2	0.67
Phase 3（2013 年度から）	12	6	2.67
事例 C			
Phase 1（2006–2008 年度）	2	2	0.67
Phase 2（2009–2012 年度）	6	1	0.25
Phase 3（2013 年度から）	12	2	0.89
事例 F			
Phase 1（2014 年度第二四半期から）	16	0	0
事例 G			
Phase 1（2014 年度から）	6	1	0.80

注：データ収集の対象期間(2015 年度第一四半期まで)の制約により，各事例の最終フェーズは 2015
　　年度第一四半期までの情報を記載している。

緯を述べる。早期採用事例（事例 A・B・C）について，これらフェーズを選
択した理由は二つある。第一に，当該フェーズにおいて施策実行が組織内で
何らかの障害に直面し，推進者の意図に反し実行が停滞していた認識がイン
タビューデータより観察された。そして第二に，当該フェーズにおいて表4
–3 に示す通り，1 年あたりの実行施策数の低迷が観察されたためである。

【A 社】

　同社は 2003 年に GTM への着手を経営層が決定し担当人選を行ったが，

実質的に担当組織が稼働を開始したのは2004年度からとなった。担当組織は人事部所属のグローバル人事グループと命名された。米国駐在から帰任した執行役員（AD1）が2003年度より2008年度までの担当役員となり，その管理下にグループ長として人事部出身の部長（2008年度まで，AL1），その下に1名の人事部員，後に2005年2月よりもう1名の課長級人事部員（後のAL3）が海外駐在先から帰任命令を受けて参画した。これら2名のスタッフは他の人事業務との兼務で所属した。

2004年度は，外部の勉強会・書籍・コンサルタントとの討議等を通じた情報収集を行い，その情報を活用した全体の目標設定と施策の設計が行われた。その主眼は，A社として何を目指してGTMに取り組むのか，およびGTMの一般的な施策メニューの中からA社としてどれをいつ頃実行していくか，であった。グループ横断で適材適所を目指すという目標設定の下，「Global HR Action Plan」の素案が策定され，「グローバルマネジメントコミッティ」（グローバル経営の実現を目指す特別会議体）で議論された。その内容は，処遇・配置育成・評価・教育・採用の各観点で推進すべき施策を定義するものであった。このうち「教育」については，2002年度より既に運用していた役員候補育成プログラムが存在したため，それを活用しつつ並列でコースを増やすことが想定された。

2005年度は複数の他日本企業ヒアリングを通じた全体計画の更新と具体的な施策実行への準備に費やされた。同時に，グローバル人事部は全体計画の項目の中から優先順位が高い施策として，職務等級評価（職務等級設定の前提として必要となる，各国法人の職務難易度の相対評価）に取り組んだ。外部コンサルタントを活用し，これまで買収した海外企業の管理職層までを対象に，多数の海外拠点ヒアリング等で実態調査し，2006年度までかけて実行を完了した。この施策を通じ，海外の主要ポジションについて，日本との相対的関係も含めて把握する素地が構築された。しかし，整理された職務等級を何にどの程度使用するかについては，事業部門と人事部門との合意形成が難航した。事業部門が提起した問題は，「国を超えて職務を共通で評価し，それを元に適材適所の人材配置を目指すにも，当社には異動させるほど十分な人材が質・量共におらず運用できない」というものであった。最終的に，

A社ではある規模以上の海外グループ会社は日本で報酬を決めていたため、毎年の報酬会議で海外幹部の報酬水準の妥当性を検証する補助材料として、この職務等級が同年度以降使用されるようになった。グローバル人事部では、続いて各職務にふさわしい人材がどこにいるかを検討すべきと考え、そのため新たにグローバル共通でのコンピテンシー（人材評価の物差し）を導入すべきと提起した。しかし事業部門は「コンピテンシーなどで人は測れない」と強く懐疑的な姿勢を示し、具体的な人材評価やその指標づくりに着手することはできなかった。

　2007年度からは、AD1の発案で、グローバル人事部が欧州と米国を訪問し、主要会社の人事マネジメント層を参加者としたグローバル人事会議を開催することとした。ここでは、本社・海外法人それぞれの人事が考える方向性と各社の課題を討議した。2007年度と2008年度にこれを年2回実施し、結果として本社と海外現地法人の人事主要メンバーが初めて面識を持ち、相互の人となりと利害関心の理解が一定程度進んだと認識された。しかし具体的な施策実行は進まなかった。2008年度には、各地域の人事責任者を任命した。例えば欧州では、最大の海外子会社だったグループ会社の人事トップに欧州人事責任者を兼務させた。本社の意図は、人事関連の指揮命令系統に地域軸を導入することで、GTMの具体的な施策実行を加速することであった。ただし、地域人事責任者に各現地法人への命令権限は付与せず、あくまで情報リエゾンとしての役割を提示した。結果として、人事担当役員と欧州人事責任者が年に3回直接面談する等、接触の頻度は増加した。グローバル人事部と海外現地法人の人事との議論では、総論は賛成として毎回の会議自体は平穏に終わりつつ、具体的な制度設計の話題については進展を得られなかった。特に、日本側から海外に人事関連のデータを要求した際に、海外側がデータを提出せず逆に理由と必要性を質し議論となって時間が経過し、また日本だけ制度が違う部分について、日本側の人事制度の変更有無をめぐって海外側から質問への回答と議論が求められ、検討が停滞する事態が発生した。例えば、あるグローバル人事部スタッフは、海外現地法人の人事部門との調整について、下記のように述懐している。

第 4 章　実行停滞：意図せざる不実行の発生要因　113

　　"毎年同じことを書いて取り組み続けている状態でした。やりたい，こうすればい
　　いだろうというところまで話をしているが，実際に制度を変えようとか，人事デー
　　タベースを作ってしまおうとか，人を異動させようとか，シェアードサービスセン
　　ターにしようとか，実地に踏み切ることがありませんでした。それはなぜかといえ
　　ば，現地との調整がうまくいかなかったのだと思います。相手側が警戒するという
　　ことも含めて。会議では「そうだね，やろう」となるのだと思いますが，「いつまで
　　にこれを出せ」と言うと出てこない，「こういう理由で出せない」ということが続く
　　状態です。"
　　　　　　　　　　　　　　　　　　　　　　　　　（A 社推進チームスタッフ，AS）

　2008 年には，推進チームが多数の外部企業のセミナーに参加する中で，
ある企業において GTM に関するメニューの先進的な実践例の提示を受け
た。紹介されたソリューションの中で，彼らは同じコンテンツを多言語でグ
ローバル共通に組織内展開できるインフラに関心を持った。当時彼らは経営
から GTM 推進加速を要求され，一方で事業部門および海外現地法人人事と
の合意形成の困難さに直面し，突破口となる施策を外部に探索していた。彼
らは当該企業を外部コンサルタントとして招聘し，オンライン教育も活用し
た人材育成プログラムの拡充をグローバル人事部内で検討し始めた。
　しかし各部門との合意が形成されない中，グローバル人事会議の立ち上げ
以降 2008 年度までに新しい施策は一つも実行されなかった。グローバル人
事部のメンバーは，国内の事業部門幹部および海外現地法人の人事部門への
説得が成功しない中，推進を指示する経営トップとの間で板挟みの状態に
陥った。下記に示すように，当時の推進スタッフが精神的に圧迫を受け強い
負担感を持っていた状況が観察された。

　　"…そんなことを長く担当していて，精神的に非常に辛い時期がありました。海外
　　の現場で火の粉を浴びているというか，目の前の課題に一生懸命対応している方が
　　良いと言うか。なかなか手応えがない時代が長く続きました。"
　　　　　　　　　　　　　　　　　　　　　　　　　（A 社元推進リーダー，AL3）
　　"…ひとりでよく心配になって愚痴っていました。AL3 にも「こんな状況で大丈夫
　　なのでしょうか」とよく言っていました。海外のメンバーは私が下っ端なので平気
　　で文句を言うのだと思いますが，「そんなことができるか，何を考えているんだ」と

いったことを時々言われていました。"　　　　　　　　　　（A社推進チームスタッフ，AS）

【B社】

　同社は2006年度にGTMへの着手を当時の会長を中心とする経営陣が決定した。担当組織として，人財本部所属のグローバル人事部が新設された。担当役員（BD1，2009年度よりBD2に交代）の下に，米国駐在から帰任した海外事業経験豊富な人材（BL1）が部長として推進リーダーとなり，その下に専任四名のスタッフが配属され，他に兼任で5名のスタッフが任命された。

　2006年度に，まずBL1はグローバル人事ミーティングを設置した。ミーティングは施策実行を直接の目的としておらず，それまで不足していた本社と海外現地法人の人事に関する情報共有を目的としていた。具体的には，拠点ごとの話題や取り組み，本社側の考え方や今後のGTM取り組み意向等，狭義のGTM検討に限らず現状を話し合う機会とされた。同時に2007年度にかけて社としてどのような施策にどこまで取り組むか，全体計画が策定された。全体計画にはその後フェーズ3（2013年度以降）で検討実行に進むこととなる多数の施策を含んでいた。

　2008年度までには「コアタレントマネジメント」，「報酬」，「スキルマネジメント」等五つのタスクフォースが組成され，全体計画に定義されたGTMの個別施策の実行推進が委嘱されていた。当時B社は最高業績を更新中で，2005年に策定した2010年度を目指す中期経営計画の中で，売上・営業利益について従来にない高い目標が公表されていた。GTMは，その実現に向けた手段と規定され，グローバル共通で人材を処遇し育成する制度を現実よりも先行して構築するよう，会長を中心とする経営陣からの指示が下りていた。しかし，結果として2009年度までGTMに関して具体的な施策は一つも実行されなかった。個別施策の提案はプランとして詳細に練り上げられ，グローバル人事部およびタスクフォースから経営に複数回上程されていたが，最終的に採用され実行が意思決定された提案は一つも無く，全て課題が指摘され却下された。理由として，2006年の組織発足当初から，BL1を筆頭とする提案側が準備した提案資料内容が，当時意思決定に多大な影響を持っていた経営陣の有力者に受容されないものであったことが影響したと認識されてい

た。具体的には，文言の選び方やロジックについて細かい要求を掲げる経営陣の期待する内容と提案が合致せず，また課題指摘を受けるとそれを提案側で昇華させず安易に提案資料に反映し独自性の不足が問題視される等，コミュニケーションに障害が発生していた状況が観察された。事業部門等，幹部層からは GTM 推進への反対意見は登場しなかった。後に推進チームを引き継いだ推進リーダーは，当時の状況について下記のような理解を示した。

> "提案しても通らずつき返されつき返され，そのうち担当者が疲弊し，そのうち人事のトップも変わって，人が変わり組織が変わり…。経営会議にも提案していますが，立ち消えており，「この結果どうなったのか」がなかったようなものでした。…鶴の一声状態でした。"
>
> （B 社元推進リーダー，BL2)

　経営陣が提案を却下し再提案を受ける過程を繰り返す中で，2008 年秋にはリーマンショックを契機とする景気後退が発生した。B 社の事業にも，2009 年度には前年比で売上が 16%減少し，営業利益が 45%減少するなど大きな負の影響を与えた。このため社としての優先順位が変更され，五つのタスクフォースは 2009 年に解散となった。これは社内でもリーマンショックの影響と認識された。BL1 は人事異動で米国の事業部門に異動し，他のグローバル人事部メンバーも他の部署に異動となり，グローバル人事部は一度実質的に解散した。

　その後，米国駐在で事業経験がある BL2 が推進リーダーとして 2010 年度より着任した（フェーズ 2)。従来は五つのタスクフォースで幅広く GTM 関連メニューを網羅した検討が行われていたが，BL2 は「コアタレントマネジメント」の検討のみを任務として受任した。本フェーズでは前フェーズからのメンバー 2 名（他の人事業務兼務）と海外現地法人から来た女性スタッフ 1 名（専任）の 3 名でチームを組んだ。着任後，BL2 は各部門の意見に基づき，人事制度の整備よりも本社の日本人人材育成がより事業部門のニーズの強い領域であると認識した。そこで BL2 は方針変換し，タレントマネジメントは後に取り組む方針として，事業部門のニーズへの適合を意図して，海外で貢献できる若年層人材を育てるプログラムの立案に取り組んだ。

検討と準備の結果 2011 年度に，グローバル人事部は本社人材向けの育成プログラムである Global Talent Development Program（GTDP）を開始した。GTDP の名の下で，新人管理職を対象とした研修コースと，若手社員に海外経験を付与する目的での新人海外実習が同時に開始された。これらの育成プログラムは，スキルや論理的思考などテクニカルな部分と，リベラルアーツ・価値観の共有といったソフトな要素から構成されていた。

GTDP と並行して，グローバル共通での国際異動制度をはじめとした諸施策が検討されていたが，結果的に 2013 年度に推進リーダーが交代するまでに実行された施策は一つも無かった。2010 年にはある海外現地法人が国際事業本社として設定され，日本を除く海外拠点（米国・欧州・中国・東南アジア・中東）が全てその管轄下に移管された。そこでは現地人トップを中心に，多様なグローバル本社機能が構築されていった。その情勢を受けて，推進リーダーである BL2 自身が，海外主導による GTM 推進への移行，特に海外拠点への人事の本社機能移転を予測していた。そのような背景も影響し，BL2 自身が進め方に明確な指針を持てず何をどう進めるべきか迷いを抱えていた。フェーズ 2 を通じて，何をいつまでに推進すべき明確な方針は打ち出されず，また事業部門と推進チームの衝突を招くような積極的な実行推進も行われなかった。

【C 社】

C 社は 2006 年度より GTM への着手を当時の経営陣が決定した。担当組織として，人事部とは全く別に，管理部門の管轄で海外事業推進室が新設された。人事部門は GTM に関する知識が無く不適任であり，かつ先例に捉われない検討が必要であるという理由で，検討から除外された。担当役員（CD1）の下に，長期間海外駐在していた執行役員（CL1）が室長として推進リーダーとなり，その下に専任 2 名（フェーズ 1 を通じ変動し，時により一名）のスタッフが配属され，他に兼任で 2 名（同じく時により 1 名）のスタッフが任命された。

2006 年度に，海外事業推進室はまず自組織が何をすべきかを検討し，グローバル人材育成プログラムの発足に着手することを決定した。その理由は，

第4章　実行停滞：意図せざる不実行の発生要因　117

人事制度を国境を越えて共通化するのは難易度が高く，かつそれが必要な段階にはまだ至っておらず，また人材育成であれば共通化しやすく事業部門も受容しやすいという判断であった。海外事業推進室は2006年度内に同プログラムの検討を開始し，社内で各部署に説明しながら，経営の了解を得て予算を確保し，2007年度から実行に移した。このプログラムは，国内海外両方の人材を各拠点から選抜して共通のトレーニングを行うもので，従来からあった国内人材向け海外トレーニー制度を補完する形で，部長級向けと課長級向けの二つのコースを新設した。その内容は，外部の教育研修会社に外国人のファシリテーター派遣を受け，三ヶ月に一度程度持ち回りで日本・欧州・米国等の各国拠点に一回数十人で集まり，一週間集合研修を受けるセットを半年から一年繰り返すものであった。初期段階では海外展開が進んだ事業部の事業部長に推進チームは頻繁に意見を聞き，1回目の育成プログラムはその事業部を中心に人材選抜した。当該事業部長は育成プログラムが事業部の運営に資すると判断して，選抜と人材派遣に協力した。

　当時の中期経営計画には，グローバル人材育成プログラムが推進項目として記載されている。しかし，プログラムは中期経営計画で提唱されるより前に実行されていた。当時財務部長であった後の推進リーダー（CL2）は，財務部長として海外事業推進室からプログラムの説明を聞いたが，財務部としては必要性を感じていなかったため同プログラムや同組織の意義に疑問を認識した。しかし積極的に反対する理由も無いため特に反対意見を呈することはしなかった。社内では，施策が必要な積極的理由は感じないが，特に反対する理由も無いという反応を社内各部門が共有していた，と認識されていた。

　2007年度からプログラムを展開すると，外部講師は参加者の高評価を受け，研修参加者の意識と行動が研修後良い方向に変化したと認識される事例が蓄積していった。具体的には，海外人材も自国の問題のみならず日本本社の視点も考慮するようになり，また逆に日本人も海外現地法人に対してより効果的なマネジメントができるとする意見が海外事業推進室に寄せられた。2008年度からは，プログラムが良質で効果があるという認識が社内に広まり，参加希望者が増加した。

　2009年度から人事異動に伴い推進リーダーがCL2に交代し，以降2012年

度まで CL2 が海外事業推進部長となった。体制として，CL2 の下にスタッフが 3〜4 名いたがいずれもテロ対応等の海外関連他業務を兼務しており，人材育成プログラム運営以外の GTM 企画推進業務は CL2 がほぼ 1 名で行った。2007 年度と 2008 年度とで人材育成プログラムが軌道に乗っていたため，CL2 は赴任後早期にプログラムの成果と今後の方向性を整理し経営会議に報告した。詳細部分の質問はあっても，反対意見やプログラムの必要性に関する疑義は一切提起されなかった。経営陣からプログラムが必要なもので継続すべきとの承認を得て，CL2 はプログラムの継続運営と改善に注力した。2010 年度には，参加者と周囲を含めた社内アンケートを行い，回答上一定の改善成果が観察される旨を経営会議に報告した。

2011 年度には，2012 年度から 2014 年度の中期経営計画を策定した。これに合わせ，海外事業推進室は人材育成以外も含めて，GTM 全体として取り組むべき施策を包括的に検討した。CL2 はコンサルティング会社を複数使い，関連ベンダー多数の話を聞いた。その際，事業部門のニーズではなく，ソリューションの選択肢を学習することから優先順位が検討された。CL2 は当時考慮すべき要素を下記のように認識していた。

> "事業部から入るというアプローチもあったと思いますが，それは複数拠点にまたがるのでやりづらいし，ニーズを確認していくとその事業部だけのものに偏ってしまいます。そのため事業部アプローチは取りませんでした。
> …うちは育成から入りましたが，「次どこに行こうかな」と言う選択を，「何もやらないわけにはいかないよね」という問題意識で，次にやることを探していました。"
>
> (C 社元推進リーダー，CL2)

CL2 は，将来の海外事業拡大に伴い人材の国際流動化が不可欠となった場合に備えた，GTM の諸制度整備を経営会議に提案した。その中核にはシンガポールに国際人事本部を移転する案を据え，駐在員の海外勤務規定，出張旅費規定等もコンサルティング会社を活用し具体的な制度案設計を行っていた。しかし，大胆な提案にもかかわらず事前に関係者の同意を得ておらず，議論は活性化せず提案が採択されることはなかった。また CL2 は海外拠点

を複数巡回し，同プランと新しい駐在員規定等の詳細案を説明した。しかしCL2 は海外現地法人の人事担当と個人的な面識を持っておらず，また提案説明に際して単身で海外拠点に赴き，事前の折衝なく現地法人の関係者を集めて素案をその場で説明し提案するアプローチを取った。結果として，現地法人の賛同を得ることはできず全体計画上の施策が実行に移されることは無かった。当時社内では，CL2 の検討推進手法に対して懐疑的な認識も存在していた。

> "（駐在員規定の変更の際，）私はそのとき駐在員だったのですが，「こういう風にしたいと思っています」と一人で説明に来ました。そうしたら，給料を下げる話だったので反対意見でボコボコにされてしまいました。そうしたやり方をして止まってしまいました。"
> （C 社推進リーダー，CL3）

　2012 年度には，CL2 はあらためて人材の可視化が必要と考えそれを優先的に検討した。外部ベンダーから情報収集して IT ツールを学習し，クラウド型で安価なツール導入を検討した。大規模な導入には多額の投資と事業部門の本格的な賛同が必要となると考え，CL2 はまず小規模拠点でテスト導入し経営に成果を見せることに注力した。具体的には，CL2 はツール機能を活用したコスト削減の可能性を訴求してアジア 2 拠点の各拠点長に了解を得，また担当役員の口頭決裁を得て，テスト稼働を実現した。

【F 社】

　F 社では間接部門機能を司る業務本部が GTM 導入とそのための新組織設置を提案し，創業者一族である会長を中心とした経営陣が意思決定し，2014年度第二四半期より本格的に着手した。同社では，提案を主導した担当役員（FD1）の下で人事部長が補佐役となり，FD1 が就任した 2013 年度から翌 2014年度にかけて，業務本部として各部門に現状の課題認識に関してヒアリングを行っていた。その中で，事業横断での人事異動の不在の課題，および機能ごとに分断した教育部門の統合整理と質の向上の必要性が事業部門および機能部門より提起されていた。FD1 と人事部長は専任組織による管轄が妥当

とする共通意見が社内に存在すると認識した。

これらの情報を踏まえ，担当専任組織として業務本部の管轄で新組織を2015年4月に新設することが提案され会長以下経営陣が了承した。海外駐在経験と技術部門でのグローバル教育企画経験があり海外に駐在していた理事補（FL1）が推進リーダーに任命され，2014年10月に赴任先から帰任した。FL1の下には2名の専任スタッフが配属された。FL1とチームは全組織長にヒアリングを行い，改革実行を周知し協力を要請すると共に，推進チーム内で取り組むべきGTM関連施策の項目と時間軸を整理した。2014年12月には，グローバル統合での教育ニーズをヒアリングより抽出し，ものづくり会議で全社課題として発表し承認を得た。そしてFL1を検討リーダーとし，全機能から代表を抽出した13名の部門横断タスクフォースチームが設置された。タスクフォースは2015年2月にキックオフを行った。

部門横断タスクフォースを公式の委員会組織とする選択肢もあったが，FL1は稟議や予算承認による遅延を避ける意図でより柔軟性の高い検討体制を選択した。各部門のタスクフォースメンバーは全て兼任で，課長級（一部部長を含む）の実務に精通した人材を選任した。検討期間を2015年2月から2015年度の上半期までの半年間に設定し，月1回3時間の会議で，メンバーには各回に事前の材料提出を依頼し，事務局が集計と仕組みの仮案作成を行い，討議の場でその是非を討議する形式とした。タスクフォース検討では，秘匿性が低く既存取り組みが各部門で一定程度個々に進捗している人材育成プログラムを対象とした。

検討にあたって，FL1と推進チームは以下の点に留意した。第一に，各部門で既に稼働しているプログラムを最大限に活用するため，それを横比較し全体像を可視化して，一定のひな形を準備することとした。第二に，研修コンテンツを一度作りこんだ後も，カスタマイズや継続的な更新は各部門がその後自主継続的に行う前提で，専任組織は情報共有と不足点の補完のみを長期的な任務とする形式とした。第三に，そうした手法で課長級向け研修までは対応可能だが，要望された執行役員級までの上級プログラムにはノウハウや前例が無く対応できないため，これらは外部大学と共同でプログラム開発を新規に行うこととした。FL1は人材育成プログラムを取り出して先行し部

第4章　実行停滞：意図せざる不実行の発生要因　121

門横断で検討する形態を選択したが，その背景には，過去の技術部門での部分的なグローバル人事制度構築の経験から，反対意見が少ない分野での成功例を早期に提示することで，組織内の潜在的な反対を抑制する意図が存在した。海外現地法人の人事からも検討の詳細に関する情報提供の要望が寄せられたが，半年間の検討後に内容説明を含め展開するスケジュールとした。

　一方で，国際異動・等級制度・人材データベース・処遇方針等の多様な施策も全体計画に含まれていた。FL1 はこれらについては人事部門中心に別の検討チームを組成し，経営幹部層と共に社内一般には秘匿された形式で順次検討することとした。個別施策に関して不足する専門知見については，人事制度に精通した外部コンサルタントの活用で補完する方針となった。育成プログラムの設計は 2015 年上半期中に，その他の施策は個々に具体的な起源の設定は無いが 1 年から 3 年以内に実行を終了するよう，経営陣から要望が推進チームに与えられた。以上の過程を通じて，事業部門および各機能部門から，推進反対意見や情報提供・検討メンバー供出への抵抗に推進チームが直面する事態は発生しなかった。FL1 は，今後育成プログラム以外の領域に検討が進みその成果が実行に移される段階に至れば，各部門からの詳細に対する要望や反対意見が増加すると予期している。しかし，経営陣と合意した方針として，展開対象を展開が比較的容易な事業部門と関連グループ企業に限定し，有力事業部門は推進チームと並行で自らに最適な制度案設計を委任され，最終的に推進チームの制度案を採用するかは一部を除きその自主性に任される形式としたため，FL1 はほぼ間違いなく 3 年以内に全ての施策の実行が完了すると認識している。

【G 社】

　G 社では創業者一族である会長の強い推進意思の下で，2014 年度から 2016 年度の中期経営計画において，本社人材のグローバルでの活躍拡大と，グローバル全体で現地採用社員が活躍できる環境作りが目標として設定された。中期経営計画を受け，人事総務部において人事部長（人事プロパー）と人事課長（元海外駐在で，その 2 年前から人事に異動）が推進リーダーとなる形で，部門の定常業務としてスタッフとして部員 2 名を活用し，中期経営計画の実

現を推進するために 2014 年度より GTM に取り組むこととなった。進捗は
予算実績と共に部門の年度計画のレビューの一部として経営会議で半期ごと
に，実績と次期見通し等を報告し確認を取る形式となった。

　推進チームは，まず外部セミナーに積極的に参加し，外部コンサルタント
等からの情報収集を踏まえて全体計画を立案した。挙げられた多様な施策の
中でまず人材育成が優先検討項目とされ，同分野が先行検討対象となった。
会長から推進チームに対し，これまで国内中心だった人材育成をグローバル
共通化するため，現状整理と 2015 年度からの育成プログラム実行計画を作
成するよう指示が出た。その計画を作る段階で，推進チームは海外各拠点か
ら教育関連ニーズをヒアリングした。各拠点での教育は拠点単位で個々に実
施していたが，本社の支援を受けた，より大規模で統合的な現地人材向け教
育訓練ニーズがヒアリングで提起された。この要望を反映し，2014 年 10 月
に推進チームは海外現地法人向け人材育成プログラムを計画した。同社の海
外では 1 月からが会計期間であり，これに合わせ 2015 年 1 月から同プログ
ラムの展開をまず数拠点で開始した。

　背景として，G 社では海外現地法人における人材不足の深刻化が認識され
ていた。同社では日本から派遣する海外駐在員は年々増加し 200 名を超え，
出張も年間 1,400 件を超えていた。設備担当等はほぼ常時日本にいない状況
で，国内オペレーションにも支障をきたす中で，海外現地法人において駐在
員と代替可能な現地人材の確保が，事業部門および機能部門からの緊急要望
として人事総務部に寄せられていた。

　推進チームでは，事業部門において海外現地法人に所在する現地人材の能
力や適性を把握できていないことを，次に取り組むべき課題として認識した。
会長からは，2015 年度内に海外現地人材の実態把握を完了するよう指示が
出た。推進チームはこれと並行し等級制度のグローバル統一化を実行する意
図で，その両方の検討を進めている。ただし等級制度の完全な共通化はグルー
プ企業個別事情の反映が難しくなるため，一定の共通枠組みの範囲であれば
詳細は個別設定を許容する設計を企画している。同時に，海外現地法人社員
の現地幹部候補としての育成の一環として，彼らを本社に一定期間派遣し育
成を図る「逆駐在」制度の導入に向け，詳細を検討している。検討において

は，個々に必要に応じて組織横断で非公式で部門横断のタスクフォース組織を設け，各部門ニーズの聞き取り，推進チームが用意する素案の微調整等を行っている。さらに，推進チームは育成プログラムの上層幹部向けの拡張等五つの検討項目を推進中で，これらの多くが2016年度内，一部は3年以内程度で実行が完了すると認識している。

これらのGTM関連の施策に対して，事業部門および機能部門からの反対意見は推進チームに対して一切寄せられていない。各部門に対しヒアリングを行う中で，推進チームはむしろ例外なく検討実行を加速するよう要請を受けていた。ただし推進チームでは，今後育成プログラムや等級制度の共通化を進めていく過程で，海外現地法人の日本人幹部から，自主独立性が阻害されたと感じ抵抗が発生する可能性があると認識していた。

(3) 制度の実行・不実行の要因

データから，GTMの採用後の実行推進が当初から障害に直面せず円滑かつ迅速に進んだ事例（事例F・G）と，停滞した事例（事例A・B・C）のそれぞれについて，実行速度と論理的なつながりがある要素として，帰納的に15要素が観察された。15要素について，記述整理のためこれらに当該要素が関連する主体に応じて六つの大項目を付した（表4-4）。以下，15要素に関する観察内容を順番に記述する。各項目は関連事象が観察された事例を全て網羅しかつそれについてのみ詳細を記載し，記載が無い事例については当該要素が観察されなかったことを示す。

■経営トップ

第一に，経営トップの意思や行動に関して，GTM実行の促進阻害との論理的つながりが観察される以下要素が存在した。

(1) 経営トップの推進意思

全ての事例で，経営トップを含む会議体が担当組織に対して実行推進を指示し，定期的に進捗を報告させるプロセスを取っていた。いずれの事例でも，経営トップによる進捗管理と追認は，施策実行推進を組織内で正当化し，推

表 4-4　各事例における GTM 採用後の、施策実行における推進と非推進（Decoupling）への影響要因

| 関連要因 | | 影響 | | 各事例における観察結果 | | | | |
| 大項目 | 小項目 | 影響度 | 影響 | 早期着手セグメント（意図せざる不実行有り） | | | 後期着手セグメント（意図せざる不実行無し） | |
				A	B	C	F	G
A. 経営トップ（社長）	(1) 経営トップの推進意思	大	促進	○	○	○	○	○
	(2) 経営トップの検討への直接指示	大	阻害／促進	×	○（阻害）	×	×	○（促進）
	(3) 経営トップの絶対的権限（創業家出身）	小・軽微	促進	×	×	×	△	△
B. (経営トップの影響下にある) 企業全体	(4) 中期経営計画における GTM 推進の明記	大	促進	×	△	×	○	○
	(5) 担当組織への大規模な人員投入	大	促進	×	△	×	○	○
	(6) 公式な部門横断検討体制	大	促進	×	×	×	○	○
	(7) 現状の人材・人事制度の軽害の認識	大	促進	×	△	△	△	△
	(8) GTM と関連する企業ビジョンの提示	小・軽微	促進	△	△	×	△	△
	(9) 実験的手法を許容する慣行	小(少数)	促進	×	×	×	○	×
C. 担当役員	(10) 担当役員の推進意思	大	促進	○	○	○	○	○
D. 推進リーダー	(11) 推進リーダーの推進意思	大	促進	○	○	○	○	○
	(12) 推進リーダーの推進手法における工夫	大	促進／阻害	×	○（阻害）	○（阻害）	○（促進）	×
E. 事業部門	(13) 事業部門の検討推進手法ニーズ把握とその反映	大	促進	×	×	×	○	○
	(14) 現場における関連推進課題の改善ニーズの存在	大	促進	×	×	×	○	○
F. その他	(15) 事業を毀損する外部緊急事態の発生（景気悪化）	大	阻害	○	○	○	×	×

「○」：比較表を作成した結果、当該事例で小項目の要素が観察され、文字データ・文献データで実行速度との論理的な強いつながりが観察されるもの
「△」：比較表を作成した結果、当該事例で小項目の要素が観察されたが、文字データ・文献データで実行速度との論理的なつながりが微弱であるもの
「×」：比較表を作成した結果、当該事例では小項目の要素が観察されなかったもの

第 4 章　実行停滞：意図せざる不実行の発生要因　125

進チームが実行推進を継続する前提として認識されていた。

（2）経営トップの検討への直接指示

　事例 B では，推進チームの施策内容提案に対する経営トップの否定が連続したことが，実行推進を阻害した経緯が観察された。提案の会議体では，他役員が経営トップの意向を強く尊重し，個々に意見を述べずその意向を追認していた。提案の却下理由は明確に記録が残されていないが，提案内容の文言選定やロジックの質に関する完成度の不十分さ，および提案側の真剣度に対する疑義が呈された場面の存在から，提案内容と提案姿勢に関する双方の期待に齟齬があったことが背景として推定される。

　また事例 G では，創業者一族である会長が実行の優先順位に関して，期限と取り組むべき施策を指示していた。具体的には，2014 年度上半期中に海外現地法人の人材育成プログラムの実行計画を策定する，2015 年度中に等級制度を導入する，等の指示が推進チームに下った。経営トップによるこのような指定は，推進チームの責任を明確にし経営幹部に周知することで，実行を促進したと認識された。

（3）経営トップの絶対的権威（創業家出身）

　後期採用事例である事例 F・G において，経営トップが創業家でありその意見が組織内の意思決定において強い正当性と影響力を持つことが，それ自体では影響は軽微であるが，経営トップの推進意思（要素（1））の影響力に一定程度貢献していたと認識された。

■（経営トップの影響下にある）企業全体

　第二に，経営トップ個人の要素ではないが，組織全体で共有される共通認識や全社戦略方針・組織・制度に関連する，以下要素が観察された。

（4）中期経営計画における GTM 推進の明記

　後期採用事例である事例 F では，2014 年度から 2016 年度にかけての中期経営計画において，グローバル人事制度の整備推進が全社目標として明記さ

れ，それが全社協力と実行推進の名目として機能したと認識された。同社ではそれ以前に 2011 年度から 2013 年度の中期経営計画においても，経営企画が同様の項目を注力事項として企画し，外部大学とコンサルタントを活用した GTM 推進を提案していたが，当時の業務本部長に反対され立ち消えとなった経緯があった。当時の提案に対して事業部門および機能部門にも賛成意見は多数あったため，再提案が明文化されることで，会長以下経営陣の承認が GTM の早期実行を促すと期待する意見が各部に存在した。

　同様に後期採用事例である事例 G でも，2014 年度から 2016 年度の中期経営計画において GTM 推進が人事総務部の達成すべき業務として明示的に設定された。中期経営計画に組み込まれることで，GTM 施策実行が定常の年次予算計画および年次予算進捗の定期レビューにおける討議対象となり，人事総務部が GTM 進捗を経営に報告し確実に進捗させる義務を負ったとする認識が社内に浸透した。予算確保と責任の明確化は，他部門の協力確保を促進し GTM 推進の前提として機能した。

(5) 担当組織への大規模な人員投入

　後期採用事例である事例 F・G では，中期経営計画で正式に業務目標として GTM 実行が採用されたこととも連動し，事例 F で専任 3 名（推進リーダー含む）・他部門兼任 13 名，事例 G で専任 3 名（推進リーダー含む）・人事を含む他部門兼任多数（都度の協力）と，表 4-1 の記載の通り相対的に多数の人員が投入された。多数の人的リソース投入はタスク処理を迅速化し実行加速に貢献したと認識された。

　一方で，早期採用事例である事例 B においても専任 5 名（推進リーダー含む）・他業務兼任 5 名と多数の人員が推進チームおよびタスクフォースに投入された。これは GTM 全体設計および個別施策の提案準備を加速したと認識されているが，要素（2）で述べた経営トップによる提案の連続的却下に阻害され，結果としての GTM 施策実行の加速が同時に観察される状況は存在しなかった。

第4章　実行停滞：意図せざる不実行の発生要因 | 127

(6) 公式な部門横断検討体制

　後期採用事例である事例Fにおいては，各主要部門を代表する課長級程度の実務に精通した人材を集め，着手後半年後に部門横断のタスクフォースを設置した。経営陣が承認した公式会議体であり，期限（半年間）と成果物（既存コンテンツを活用した管理職以下向け人材育成プログラムの設計）も明確に設定し，各部門が参画して詳細決定する体制を構築したことで，反対意見の吸収が容易となり実行が促進されたと認識された。

　同様に後期採用事例であるGでも，非公式ではあるが施策ごとに部門横断のタスクフォースを設置し，各部門ニーズの聞き取りと推進チームが用意する素案の微調整等を行っている。GTM実行の中期経営計画における明文化（要素（4））は，各部門がこれに協力すべき正当性の認識を強化する意味で，このような連携の実現に資すると推進チームは認識した。タスクフォースは，要望の反映・反対意見の吸収・施策の質向上に貢献する点で，GTM実行の加速に貢献していると推進チームは認識した。

(7) 現状の人材・人事制度の弊害の認識

　後期採用事例であるFでは，その解決策がGTMであるか否かとは関係なく，現状の人材および人事制度に対する問題意識があり，事業部門および機能部門の中で強く共有されていた。具体的には，日本からの出向者が海外現地法人で現地を指導しながら問題に対処し事業を拡大する従来の手法では，出向人員が不足しかつ現地人材の育成速度が遅すぎるためオペレーションに支障が発生しつつあるとの認識が2010年前後から強まっていた。さらに，海外現地法人の組織能力向上に伴い，現地での開発活動を高度化しマネジメントする人材が不足しているとする問題が認識されていた。このような問題認識は，GTM着手前の中期経営計画（2011年度から2013年度）策定時にも，現場スタッフ社員全員を巻き込んだワイガヤ活動で多数意見として登場していた。それは，GTM実行開始が事業部門および機能部門にとっての問題解決というメリットをもたらす認識に連動し，GTM実行への各部門の協力姿勢と期待が醸成された。

　同様に後期採用事例であるGでも，海外現地法人における人材不足の深

刻化が認識されていた。同社では日本から派遣する海外駐在員が限界近くまで増加し，出張による海外現地法人での課題解決の多発が国内オペレーションにも支障をもたらす状況となり，現地人材を育成し有能層による現地管理を可能とする体制支援が，事業部門および機能部門から要望として挙げられていた。このような要望の存在を背景に，GTM 実行において各部門は検討に対し情報提供およびニーズの提示を通じ積極的に協力した。

(8) GTM と関連する企業ビジョンの提示

　全ての事例において例外なく，グローバルな事業展開とそれを可能とする人材活用の推進が，企業の長期ビジョンの一要素として記載されていた。特に事例 G では，2011 年度に創業家一族である会長が，新たな経営ビジョンを提示する中で事業のグローバル化とグローバルでの人材最適活用を明記したことが，大きな変化と組織内で認識されていた。いずれの事例でも，企業ビジョンでの GTM と合致する抽象的項目の記載は，間接的に GTM 実行の正当性を提示する機能を持っていたと認識されていたが，同時に企業ビジョン自体は抽象的な方向性を示す存在であり，具体的な検討活動における拘束力を有しているとは認識されていなかった。

(9) 実験的手法を許容する慣行

　後期採用事例である F においては，主要事業部でそれぞれグループ企業を構成し，各グループで異なる人材育成・等級制度等を許容していた。その背景には，各事業は独立性を持って個別に最適解を模索し，相互模倣も含め最終的に最も適したものをそれぞれが選択するべきとする経営思想があった。中央集権的な一律手法の押しつけの忌避から，複数手法を意図的に実験させることが容認され，GTM についても会長以下経営陣はあえて主要な一事業部門についてのみ措置を施し，もう一つの主要事業部は別個の制度設計を許容した。このような並行実験手法の中で，自主性を与えられた事業部門は中央主導の GTM 実行に関与せず，むしろ観察し学習する姿勢を取り，変革への抵抗が発生しなかった。

第 4 章　実行停滞：意図せざる不実行の発生要因 129

■担当役員

第三に，いずれの事例でも GTM 推進の担当役員が任命されたが，当該役員に関する要素も一部 GTM 施策実行の促進に影響を与えた。

（10）担当役員の推進意思

全ての事例において，担当役員が GTM 実行推進意思を堅持し，それが施策の実行推進に貢献していたと認識された。

■推進リーダー

第四に，推進リーダーに関して，GTM 施策実行と関連する以下要素が観察された。

（11）推進リーダーの推進意思

全ての事例において，推進リーダーが GTM の実行推進を達成すべき自らの職務責任として認識し，考え得る限り実行を加速する方法を工夫する努力を継続していた。一部の早期採用事例（事例 A の AL2，事例 B の BL2）においては，推進リーダーが実行推進への抵抗と困難さによるストレスを受け，推進を指示する経営と推進に反対する他部門との板挟みの状態に自らがあると認識し，精神的苦痛を受けていると自ら認識していた期間も存在する。しかし，いずれの事例も推進リーダーは組織における自らの業務責任を重視し，苦痛を認識しても GTM 実行推進の努力を継続していた。

（12）推進リーダーの推進手法における工夫

早期採用事例である B・C において，推進リーダーが選択した推進手法が実行推進の阻害要因となっていたとする認識が，推進リーダー本人以外の当事者の間に観察された。事例 B のフェーズ 1（2006 年度から 2009 年度）では，BL1 による経営トップへの GTM 推進提案内容とそのコミュニケーションの質が，特に文言の選択やロジックに関して会長に問題視される状況が継続し，当時の経営陣からの承認を得られずに進捗が停滞した。事例 C のフェーズ 2（2009 年度から 2012 年度）では，CL2 による経営陣および海外現地法人への

施策提案において，事前の周知徹底・検討への事業部門の巻き込み・有力者同席による支援確保等の説得手法が欠如していたことが，経営陣および事業部門からの提案に対する不賛同に影響したと認識された。一方で，事例Fでは，推進リーダーであるFL1が過去の自部門における類似改革経験に依拠し，予想される組織内の反対と対処方法を事前に精緻に検討していた。FL1に関して，部門の意見吸収と巻き込みを意図した部門横断公式タスクフォースの組成，早期の明確な成果提示による協力の拡大，反対を招きやすい施策の秘匿検討化等，推進の阻害要因を回避する方策を重視する認識と行動が観察された。

■事業部門

　第五に，事業部門に関係する要素として，意図せざる不実行が発生した事例とそうでない事例との間の以下の差異が観察された。

（13）事業部門の検討推進ニーズ把握とその反映

　後期採用事例であるF・Gでは，推進チームが検討の初期段階で制度の受益者である事業部門のニーズ把握をヒアリング実施を通じて行い，その要望を検討し基本的にそれに依拠する形で推進施策の内容詳細化と優先順位づけを行った。ヒアリングを通じ各部門の実情に関する情報が提供され，実行前に施策案の実用性を確認し微修正する討議が可能となり，また要望を反映するプロセスを通じ各部門が検討に参画した実績が組織内で共有された。

（14）現場における関連課題の改善ニーズの存在

　後期採用事例であるF・Gでは，推進チームの検討にかかわらず，事業部門および機能部門において，海外現地法人のオペレーションおよびそれを管理する本社側人材の運用に関して，早期に改善を要する問題が発生している認識が存在した。いずれも海外現地法人の高度化と重要度上昇に伴い，日本人社員による駐在と出張に依存した手法ではマネジメントがいきわたらず，現地人材も登用し活用した体制の構築が不可欠と認識され，具体的な課題エピソードが事業部門および人事部門で共有されていた。その中で，GTMは

これに対する本社主導の組織的な解決策として受益者に認識された。

■その他

　第六に，組織内部に関係する要因でなく，組織外の発生事項で GTM 実行推進に関連が観察された事象として，以下が存在した。

（15）事業を毀損する外部緊急事態の発生（景気悪化）

　2008 年 9 月のリーマンショックに端を発する世界的な景気後退は，多くの企業の業績およびその将来見通しに大きな影響を与えた。早期採用事例である事例 A・B において，2008 年度および 2009 年度は検討のフェーズ 1 からフェーズ 2 の移行期にあたり，かつ当時の決算業績に大きな負の影響を与えた。両事例では，景気後退に対応した投資抑制の必要性が強く経営陣に認識され，GTM 検討への多数の人員投下および経費計上を忌避すべきとする，優先順位の変更が 2009 年に経営陣により決定された。両事例とも GTM 検討の完全な停止には至っていないが，事例 A ではリーダーが AL2 に交代しつつ推進チームは維持されたが，2009 年度は経費をほぼゼロに，それ以降も数年間経費が抑制された。事例 B では当時の検討チームが一時解散し，メンバーが一部を除き他部門に異動となり，リーダーを BL2 に交代してより小規模のチームが組成された。フェーズ 2 では検討対象が大きく絞り込まれ（フェーズ 1 の 12 施策に対し 4 施策），経費が抑制された。これらの人員および経費の変更は，GTM の実行推進にあたり可能な活動の選択肢を狭め，大きく負の影響を与えたと推進チームに認識された。

　なお，事例 C も GTM 実行推進中に景気後退を経験したが，特殊なセグメントにおける事業展開も寄与し，自社決算業績に対する悪影響が相対的に小さく抑えられた。データ中に同景気後退の影響を示唆する要素は観察されない。後期採用事例である F・G は，景気後退の影響を受け事例 A・B と同様に決算業績が悪化したが，いずれも GTM 採用が 2014 年度からであるため，GTM 実行推進に対する景気後退の影響は観察されない。

第4節　何が経営陣の意図する改革実行を妨げるのか

　本章では，日本企業本社での GTM の組織内実行過程を題材に比較事例研究を行った。検討の焦点として，採用決定後，速やかに施策実行を推進する組織と，実行が遅延し施策採用済であるはずの名目と実態が乖離する状態（Decupling）を呈する組織とが，何によって異なる反応を示すのか，影響要素を探索した。

　分析の結果，実行過程で事例間に差異が生じた点を整理すると，比較を通じ二つの事象が観察された。第一に，早期採用事例の 3 事例について，例外なく「意図せざる不実行（Unintended decoupling, Crilly et al., 2012）」の状態が観察された。本観察における「意図せざる不実行」とは，経営陣と推進チームは実行推進を意図するが，結果として施策実行が相対的に遅延し，かつ推進上の障害と停滞が推進者に明確に認識された状態である。後期採用事例ではそのような状態は発生せず，より速やかに実行が実現していた。そして第二に，実行の遅速を分ける要因として，15 の要因が観察された。

　これらの結果は何を示唆するか。先行研究で議論された理論上の論点と関連して，本章で示した事例には三つの示唆と理論的貢献があると考えられる。第一に，データ分析結果は，制度採用時の採用理由，特に実務的利益と制度的利益の二つのモチベーションのあり方とそれに基づく採用決定経緯が，実行の質に影響することを暗示している。具体的には，表 4-4 の結果表において，意図せざる不実行が存在した事例（早期採用事例 A・B・C）と，存在しなかった事例（後期採用事例 F・G）の間で，明確な差異が二つ観察されている。一つは，事業部門における施策へのニーズ有無である（小項目（13）事業部門の検討推進ニーズ把握とその反映，（14）現場における関連課題の改善ニーズの存在）。推進が迅速だった事例 F・G はいずれも事業部門がその現場で明確な業務改善ニーズを持ち，GTM がその解決策として認識され，それを推進チームと共有していた。しかし意図せざる不実行が観察された事例 A・B・C では，事業部門に対して施策推進の明確な理由とメリットを推進チームが提示できず，事業部門および海外現地法人人事からの協力を得ることができ

第 4 章　実行停滞：意図せざる不実行の発生要因 | 133

ない状況が発生した。典型的な例として，事例 A において推進チームはニーズとメリットの不在が事業部説得の失敗に影響した状況を以下のように述べている。

　　　"事業会社を越えたローテーションなどは，彼ら（事業部門）にとって全くニーズがなく，それを前提とした人事情報の開示等は全く興味を持てず意味もないものです。かつ処遇を合わせるといっても，事業本部ごとに収益状況も違い，個社や事業本部に対して事業の結果を求めて来るのに，処遇を合わせてどうするのか，と収益状況の苦しい会社は言ってきます。これはニーズがないですよね。"

（A 社人事担当役員，AD4）

　　　"（事業部門からは）「余計なことをしてくれるな」という感じもありましたし，理想論を云ってもそんな人間がいるのかといった反応もありました。"

（A 社元推進リーダー，AL3）

　さらに，事例間の二つ目の明確な差異として，全社としての GTM の実務的利益認識に基づく，施策推進の組織的後援の強弱が存在する（小項目（4）中期経営計画における GTM 推進の明記，（5）担当組織への大規模な人員投入，（6）公式な部門横断検討体制，（7）現状の人材・人事制度の弊害の認識）。事例 D・Eではいずれも事業部門の実務的ニーズが認識された上で，それを反映する形で GTM 推進が中期経営計画において達成目標として明記され，推進チームに相対的に多人数が投入され，部門横断検討体制が公式化されていた。一方で，意図せざる不実行が観察された事例 A・B・C では，これらの要素がいずれも観察されず，これらの点での推進チームへの組織的支援は欠落していた。組織的支援を公式化させるためには，それを組織内で正当化させる理由が必要となる。しかし，事例 A・B・C では推進チーム自身が説得力ある正当化理由を持っていなかった。典型的な例として，事例 A において推進チーム自身が施策を推進すべき説得力ある実務的理由を見出していなかった状況が，以下のように述べられていた。

　　　"（GTM）をどう使うか，何のために使うか，ここが弱い状態でした。事業とのコミュニケーションもあるでしょうし，そうした目的意識は必要だったのですが。…

（GTM が必要な理由は）急に抽象的になってしまっていました。適材適所とか，人材競争力を強化する，といったレベルです。事業が世界に打って出る事業計画を作っているので，それに対して人事としてきちんと答えていく，「経営戦略ありきでそれに対してパートナーとしてサポートしていく中で，それを支える仕組み，継続的にグローバルな経営を戦略的に実行して行くような人材を確保できるような人事としての仕組み」ではないか，というような抽象論の世界でした。"

（A 社元推進リーダー，AL3）

　事例 A・B・C いずれにおいても，データ中で GTM を何のために推進するかが不明確な認識は，採用後実行の当初から継続していた。そして第 3 章で詳述した通り，これら事例における採用時の経営層のモチベーションには，制度的理由が強く観察され，実務的利益に対する考量は相対的に微弱であった。一方で事例 F・G では，実務的必要性の観点での推進理由が実行当初から明確に組織内で共有され，またこれは採用時のモチベーションである実務的利益の考量を受け継いだ同内容のものであった。これらの観察は，採用時のモチベーションと連動した実務的利益の有無に関する認識が，時間軸の中でその後に直接連結する実行初期段階でも，組織内で大きな変化なく引き継がれていたことを示す。そして実務的利益の不在の認識と共に，実行過程における受益部門の非協力および抵抗が観察された。これは，先行研究がその可能性を指摘したように，採用の経緯と実行の質に相関関係が存在することを示唆する（Kennedy & Fiss, 2009）。データからは，早期採用事例において，採用を促進した制度的関心の優越（実務的利益の不在の無視）が，実行段階で結果的に阻害要因となった関係性が推察される。先行研究では，制度の受容・採用における説得の対話は外部から借用した抽象的な理論立てが有効であるが，実行段階では具体的で実行に即した必要があり，交わされるディスコースの目的と性質は背反するとする（Gondo & Amis, 2013）。本データは，採用を促進する意味認識が実行を阻害するという，Gondo and Amis（2013）が提示したパラドックスを実証的に支持するものと考えられる。

　そして，本章の示唆と理論的貢献の第二点として，意図せざる不実行（Unintended decoupling または Emergent decoupling）の発生メカニズムに関する，先行研究の拡張が挙げられる。先行研究では，Crilly, Zollo and Hansen （2012）

が多国籍企業における CSR 実行を題材に，意思決定層が推進を意図しても，事業部門等の各部署が実行を忌避し，結果として採用した形式と実態が乖離する Decoupling が発生することを示した。同研究では，各部署におけるローカル文脈の偏重と，雛型を忠実に実行する組織能力の各部署での不在とが意図せざる不実行に関係する要素として挙げられた。本章での検討結果も，経営層主導の方針に対する各事業の個別事情の偏重という点では先行研究と同じ内容を実証したが，同時に，採用時の実務的利益に対する認識有無が組織内コンフリクトの有無に影響する過程を提示した点で，新たな要素を付加する。組織変化の実行の質が実行段階のみならず，それ以前の採用過程に影響を受ける過程を示したことで，本章での結果は組織変革の説明における，変革の開始時点まで視野に入れた経時的変化検討の重要性を示唆している。

　第三に，推進リーダーが主導する実行の展開手法も結果に一定の影響を与えることが示唆される。表 4-4 の結果表において，事例 B・C における推進リーダーの実行手法について，一定の手法の欠如および不成功が実行の停滞と連動し，また事例 F について推進リーダーによる一定の手法の必要性の明確な認識と実行が，迅速な実行に連動した関係性が観察されている（小項目（12）推進リーダーの推進手法における工夫）。制度的圧力を受けた施策採用の後の実行推進の可否には，組織内の政治的な権力関係とその調整結果が影響を及ぼす（Bromley & Powell, 2012；Fiss & Zajac, 2004；Tilcsik, 2010）。組織内権力関係に関する先行研究では，組織内のアクターが他のアクターに影響力を及ぼすために，圧迫的な外見を隠し，正当性を打ち立て，支援を得るために政治的戦術を活用するとされる（Pfeffer, 1981）。本データでは，Pfeffer（1981）が提示する五つの政治的戦術の内，提起するアジェンダの意図的選択，支援者とのアライアンスの形成，潜在的抵抗勢力との共同検討の三つの具体的戦術的について，事例 B・C（Decoupling 有り）ではそれらが観察されず，事例 F（Decoupling 無し）ではそれらが観察される差異が存在した。この点で，政治的調整の成功が Decoupling の回避と相関したとする見方に立てば，本データは先行研究の理論を肯定する結果を示している。

　本章では組織内の意思決定プロセスに注目し，その中で事象への影響要因の観察有無を検討したが，組織内外を含む他の要因が結果に影響した可能性

が論理的には存在する。この内的妥当性について，先行研究で議論された要素を中心に確認を行ったが，既述した示唆に対する深刻な脅威は発見されていない。施策実行への主要な潜在的影響要因に対する検証・評価は，具体的には以下の通りである。

　第一に，組織外要因として，景気動向の変化および経営危機の台頭が，資源配分および組織内活動の優先順位に影響を与える論理的可能性がある。本データの分析結果においても，事例A・Bにおいて検討推進の阻害要因として景気悪化が観察された（小項目（15）事業を毀損する外部緊急事態の発生（景気悪化））。2008年度に発生したリーマンショックは景気悪化を招き，経営陣にとっての事業再生の優先度を上昇させ，当該事項と関連が薄いGTMは投入資源（予算・人員）が減少し，それが推進の阻害要因となった論理的必然性と当事者のそのような認識は事例A・Bで観察された。その点で景気動向の変化および経営危機の台頭は，制度的圧力の下で導入された施策実行推進に対し一定の阻害要因となることが示唆される。ただし，同事例においては2008年度以前から数年間にわたり既にその後と類似した実行停滞が発生しその認識が存在していたことから，本データにおける結果を景気動向のみで説明することは不可能である。

　第二に，景気動向と同様に，個別の企業業績が資源配分と組織内活動の優先順位に影響する論理的可能性がある。本データの事例における，実行過程前後での企業業績では，各事例で2008年度から数年間にわたり業績が低下している。しかし，景気悪化と同様に，この影響を受ける以前から実行停滞と実行の迅速な事例が分化しており，業績（とそれに連動し増減すると推定されるスラックリソースもしくは経営判断上の優先順位の変更）が単独で本観察結果を説明することはできない。

　第三に，組織外との関係性の潜在的要因として，資源依存理論では，組織がその生存に必要な資源を依存する外部ステークホルダーの意向や行動が組織行動に影響する点を問題とする（Pfeffer & Salancik, 1978）。本章の事例で検討したGTM施策推進においても，主要取引先や主要株主が施策実行に強い関心を持てば，実行推進過程がそれに影響される可能性が資源依存理論から示唆される。しかし，本データからは，実行推進に関係してこれら外部ステー

クホルダーに関する要素は観察されていない。これは，制度的圧力に応じた採用では外部ステークホルダーが大きく影響するが，採用後の施策実行においてはそれよりも組織内要因が影響するとする先行研究の観察と合致する（Chandler, 2014）。

第四に，推進に利用可能なリソースに影響する関連変数として，企業規模が実行の遅速に影響した可能性が論理的に存在する（cf. Beck & Welgenbach, 2005）。しかし，表4-4が示す通り，本事例の対象となる企業規模群において，早期採用時期の中で相対的に売上規模が大きい事例Aと小さい事例B・Cを比較した際に，実行の遅速やその発生に関する要因に有意な差は観察されない。同様に，後期採用時期においても相対的に売上規模が大きい事例Fと小さい事例Gの間に有意な差は観察されない。従って本データからは，企業規模の大きさがより潤沢な施策実行のリソースと相関し，施策実行を促進した可能性の証拠は観察されない。

第五に，推進方針に影響する関連変数として，経営トップの方針変化が実行の遅速に影響した可能性が存在する（cf. Fiss & Zajac, 2004；2006）。経営トップ自身がDecouplingを志向し意図的にそのように組織を誘導する可能性もあり（Fiss & Zajac, 2006），また経営トップ個人の制度への感受性と執着の違いは制度への組織反応に影響する（Almandoz, 2014）ため，経営トップが交代することで推進方針が転換し優先順位が変化する可能性もある。しかし本データからは，いずれの事例においても任期中に経営トップが施策実行に関する指針を転換した事象は明示的には観察されていない。唯一事例Bにおいて，経営トップ自身が推進の具体策提案を否決し続けた経緯はあるが，その理由は提案の質に対する否定的反応であった。さらに，それぞれの事例において経営トップ交代が契機で形式と実態の乖離が始まった時間的連続性は観察されていない。表4-4が示す通り，全事例で経営トップの実行推進支持が実行推進の前提として存在しており，その意味において経営トップの方針は実行推進に影響を持つが，結果が異なる事例間の差異の説明要因としての証拠はこれらのデータには存在しない。

そして第六に，本章で示したデータにおいては，観察期間の長短による解釈の余地が存在する可能性がある。具体的には，迅速な実行が観察された事

例は二つ共に後期採用事例（事例F・G）であり，データに含まれる実行期間がそれぞれ1年と1.25年と短期間である。一方で停滞が観察された事例は三つとも早期採用事例（事例A・B・C）であり，「意図せざる不実行」が観察されたフェーズまでを対象として区切っても，それぞれ5.0年・7.0年・7.0年と観察期間が相対的に長期にわたる。そのため，迅速な実行が観察された事例は着手当初の組）織内対立が顕在化する以前の状態で，今後意図せざる不実行が観察された事例と同様に実行が停滞する論理的可能性は存在する。実際に，事例F・Gで観察期間中に着手・実行された施策は，事例A・B・Cも含め事業部門の賛同を得易く実行が比較的容易と認識されていた人材育成である。インタビューでも，推進リーダー自身が今後組織内のコンフリクトがより強まる可能性を想定していることが示される。データ期間の制約から，事例F・Gの今後の推移を完全に予見することは不可能であり，本章の分析結果はこの留保を付して受容する必要がある。ただし，データの範囲でも，事例F・Gでは事例A・B・Cでは観察されていない，推進実行を論理的には促進する要素が観察されている。具体的には，事例F・Gでは表4-4に示される組織横断での公式協力体制が存在し，事業部門の抵抗も存在しない。これらの点で，事例F・Gが実行開始当初から事例A・B・Cと異なるプロセスを見せている点は今後の経緯に影響を与える可能性がある。

　最後に，本章での分析には手法に関していくつかの限界があることも示しておかねばならない。第一に，構成概念妥当性について，第3章と同じく過去10年以上を遡って振り返ったインタビューを使用していることから，記憶のバイアスが存在し得る。第二に，本章が検討対象とした施策実行過程については，第3章の対象であった採用検討過程と比較して，事業部門および海外現地法人の人事部門がより緊密に検討に参画し，また客観的視点と専門知識の導入のために外部コンサルタントがより長期間検討の多様な場面で活用された。これら別の視点からのデータ収集と検証を行うことが，実行推進側の主観バイアスのさらなる抑制につながったと考えられる。

コラム3 「とりあえず」の改革と改革の塩漬け

　　公式には（施策を）やっていることになっていますが，実際はほとんど動
　いていません。
　　考えてみれば，うちの会社はそういうことが結構ありますね。
　　　　　　　　　　　　　　　　　　　　　　　（ある企業の人事マネジャー）

　改革を始めてみたものの，なかなか社内で実行が進まない。スタートする際は
強い反対もなかったが，やっていく内に徐々に総論賛成・各論反対の声が明らかに
なる。そのうちに，「何のためにこんな改革を実行するのか」という，そもそ
も論が問題になる。改革を進める側も，一見もっともな理由を説明するが，それ
ほど具体的な必要性もなく，渋る相手を説得できない。そして実は自分自身も，
「そう言われてみれば何のためなのか」を密かに悩む。悩みながら元をたどれば，
そもそもそのような改革は世間的に必要そうだから「とりあえず」始められたも
のだったりする。
　このような，理由が腹落ちしていないのに「とりあえず」始められた改革とい
う認識は，本書のインタビューでいくつも聞かれた。改革の旗振り役であるはず
の推進リーダーが，理由をはっきり説明できない。そして，推進リーダー自身が，
本当のところでは新しい改革が望ましいと確信しているわけでもない。このよう
な状況は，皮肉なものである。
　なぜこうなってしまうのか。一つの理由は，その推進役の立場が，必ずしも自
ら手を挙げたものでなく，ある日急に人事異動で与えられたものだからでもある。
リーダーに選ばれるほどの人材は，過去に与えられた役割に誠実に努力して成果
を上げてきている。だから今回も，役割を全うしようと一生懸命努力する。しか
し説得力ある理由に乏しく，また本人もそのテーマに人生を賭けるほどの思い入
れはない。そのようにして，「とりあえず」の改革をめぐって，誰も悪意がない
中で組織として「やったふり」をしているかのような，奇妙な袋小路が生まれて
しまう。
　「とりあえず」の改革は，公式には推進中とされるが，そのうちに大きな動き
がなくなり停滞してしまう。とはいえお題目としては世間的にも「正しい」こと
なので，正面から否定してやめさせる人もいない。本書の事例では，教育研修や
会議設定など，社内で異論が出にくい領域ではいくつかの施策が実現していった。
しかし，人材管理のあり方を実質的に変える影響がある領域は，手つかずのまま
残ってしまった。

そしてそのような有名無実化した取り組みは，実はグローバル人事制度に限らず，程度の差はあれ他にもあることがインタビューでは聞かれた。こうした中途半端な状態のプロジェクトは，多くの場合何となくそのまま続けられる。そしていつかその優先度が上がった時に，再び活発に議論されることもある。そうした仕掛かりのままの取り組みはいわば塩漬けのような状態にある。

　ビジネス書では，「合理的なゴールを設定し，その実現に向け非合理な抵抗勢力を説得していく」という変革マネジメント観が多く見られる。しかし，何が合理的かは人によって異なる相対的なものともいえる。また現実の組織では，何が正解かは意見がまとまらない中で「とりあえず」手をつけておこうと始まったままの取り組みも数多くある。このような見方に従えば，組織は合理的な変革プロジェクトを一直線に解決していく存在ではない。むしろ，本当にやるべきなのか議論が分かれる，中途半端な状態の取り組みを多数ぶら下げた状態で，企業組織の営みは続いている。

　本書ではこうした改革の典型的な例を扱っているが，このような状況は企業にとって「良い」ものだろうか，それとも「悪い」ものだろうか。多くの人は，これを「悪い」ものと考えるだろう。経営の意図が実現していないし，大きな成果を生まないまま検討に人員・予算・時間が無駄に費やされているからだ。しかしこのような状況は自然なもので，見方によっては「良い」面もあるとする見方もある（cf. Bromley & Powell, 2012）。なぜなら，「とりあえず」を許容することは，組織による積極的な探索を可能にするからである。本格的な実行と投資に踏み切る前に，「やるべきことをやっている」という社会的評価は確保しつつ，様子を見ることができる。「とりあえず」の多くは形だけに終わるかもしれないが，いつかは状況が変わりそれが実務的な利益になるかもしれない。このような考え方に立つなら，「とりあえず」の採用後に何が起きるかを予測した上で，実験推進のためにあえて「とりあえず」を一定の範囲で取り入れることが，優れた経営ということになる。

　一方で，こうした取り組みの停滞は，単なるコストの無駄を超えて，従業員のモラルや組織文化に負の影響を与えることも無視できない。従業員からすれば，「うちの会社は，本気でやる気もないのに改革の旗だけ揚げている」という，本音と建て前の乖離に見えてしまうからである。組織の合理的な側面だけでなく，非合理な側面も清濁併せのむ経営には，こうした点で微妙なバランスを取ることも求められる。

第5章

実行加速：改革を再加速させる変革リーダーとは

停滞していた改革が，ある時急に加速する瞬間がある。

そこには様々な要因がある。

外部環境が急激に変わり，切迫感が一気に増す。

経営トップが変わり，方針が刷新される。

しかしどんな場合も無視できないのが，改革を推進する

ミドルリーダーの役割である。

第1節　推進リーダーの制度的属性は変革にどう影響を及ぼすか

　制度理論では，制度的圧力を受けた組織が制度を採用した際も，採用した組織形態や施策を組織の技術的中核から分離し（Decoupling），実質的な影響や変更を回避する現象を検討してきた（Fiss & Zajac, 2004 ; Gondo & Amis, 2013 ; Ingram & Simons, 1995 ; Meyer & Rowan, 1977 ; Westphal & Zajac, 1994, 2001）。しかし，Decoupling は必ずしも永続せず，時間の経過と共に組織内の制度的環境は変化する（Boxembaum & Jonsson, 2008）。そしてその結果分離状態が変化し，技術的中核にも影響を与える真摯な施策実行が実現する現象が報告されている（Coupling（Tilcsik, 2010）または Recoupling（Espeland, 1998 ; Hallet, 2010））。このような Coupling がなぜどのように発生するのか，そのメカニズムの解明は二つの側面で重要性を持つ。第一に，Coupling は制度採用から Decoupling への一連の過程の帰結にあたる特異な段階であり，そのメカニズムの解明は，制度の時間軸による変化を把握しその全体像を解析する上で不可欠である。第二に，経営に実行意図がありながら，「意図せざる不実行」（Crilly, Zollo & Hansen, 2012）の状態で人員と予算が投入され，成果なしに検討を継続することは組織における資源の浪費であり，その解消方法への示唆は実務的な重要性を持つ。一方で，Coupling に関する先行研究は限られ，従来の研究では特に組織内個人間の権力関係の変化が説明要因として提示されてきた（e.g. Tilcsik, 2010）が，より包括的な要因検討が不足している。そのため本章では，Decoupling 後に実行が加速した Coupling の文脈を題材に，組織内，特に個人レベルの要因に注目して，その発生の関連要因を探索する。

　具体的には，以下二つの研究ギャップ解消への貢献を目指す。第一のギャップは，変革リーダーの制度的属性の違いが組織変化の結果に及ぼす影響である。制度理論では，制度的圧力に対して組織反応がどう定まるかを主要な問いの一つとする（Greenwood et al., 2008）。その問いに対し，近年は新制度学派が一時軽視したエージェントの役割，特に組織フィールドや組織レベルに加え，個人レベルの要因解析に関心が高まっている（Lawrence, Suddaby & Leca,

2009）。そこでは，個人が制度に埋め込まれ制約を受けつつ，変革の担い手としてどう機能するかに注目が集まる。そして変革リーダーにとっての重要な制約の一つが，自らの制度的属性（組織内でどの制度ロジックを体現した存在となるか）である。既存研究は，変革リーダーを「新制度の体現者」と単純に想定してきた（e.g. Almandoz, 2012）が，現実には多くの組織で，旧制度で育った者や中間的属性の者も変革の推進役を担わされる。こうした多様な属性が結果に及ぼす影響は，従来精緻に検証されていない。

　そして第二のギャップは，制度的属性が社会的に構成され結果に関与するメカニズムの具体化である。従来，制度的属性は本人の経験と主観で決まる要因として一義的に処理されてきた（e. g. Almandoz, 2014）。しかし本来，制度に関する認識は社会的相互作用の中で構成されるものであり（Meyer & Rowan, 1977），「他者（組織内の他の構成員）が当該個人を制度の観点からどう評価するか」も組織内で制度ロジックがどう体現されるかに影響を与え得る。先行研究では，制度的属性を自己評価と他者認識の2側面から捉えた，詳細なメカニズム検討が欠落している。そこで，本章では上記二つの視点を包含し，「変革リーダーの制度的属性は何によってどう形成されるのか」を検討した上で，変革リーダーのその「制度的属性が組織変革にどう影響するか」のメカニズムを探索する。具体的には，日本企業3社のグローバル人事制度（GTM）の停滞後の実行を題材に，変革リーダーとしてのミドル層（GTM推進組織長）が関与する組織過程に主に注目し，比較事例研究を行う。

　本章の構成は，以下の通りである。まず第2節で，先行研究をレビューし本章の問題関心について解明されている事項と未解明の事項を整理し，本書の貢献を位置づける。第3節では，第2章で述べた手法によるデータ分析の結果を提示する。そして第4節で，本書のデータが持つ理論的な示唆と限界を整理する。

第2節　停滞した改革が再加速する要因はどう考えられてきたか

　Decoupling に関し近年注視されるのが，Decoupling を経た後でも，制度変

第 5 章　実行加速：改革を再加速させる変革リーダーとは | 145

化が加速する現象の存在（Coupling（Tilcsik, 2010）または Recoupling（Espeland, 1998 ; Hallet, 2010））である。

　Coupling または Recoupling に関する研究はいまだ限定的な蓄積しかないが，その先駆となる問題提起を行ったのが Edelman（1992）である。Edelman（1992）は，米国の 1964 年市民権法の施行（性別・人種差別的な雇用処遇の緩やかな禁止）と企業の反応を題材に，Decoupling の行為自体がその後の Coupling の遠因となり得る仮説を提起した。具体的には，法規制を受けて米国企業は予防的に対応部門を新設したが，その意図が当初は外部への正当性の誇示だけであっても，設立された新部門自身は自らの任務である施策実行に努力する可能性もある。そのような努力は施策実行の是非を組織内の政治的対立に転化させ，その政治的結果によっては規範が内部化され，施策実行が進行する可能性もあるとする論理である。その後 Kelly and Dobbin（1998）は同じ題材で 1961 年から 1996 年の経緯の追加検証を行い，Edelman の仮説を実証した。Kelly and Dobbin（1998）によれば，大多数の米国企業が法規制遵守と流行の「アファーマティブアクション」への対応を外部に誇示するため，新組織を設置し儀式的に専門家を採用した。しかし採用された専門家は差別撤廃実現に真剣な努力を継続し，その後レーガン政権時代の逆風となり得る法規制変化にも対処して，新たにより普遍的で受容性の高い「ダイバーシティマネジメント」という正当性の根拠概念を創造し，実質的実行が促進されたとされる。当該専門家群が元々のロジックを再定義し，拡張変更して再活用した側面もあり，Kelly らはこれを「Recoupling」と呼称した。「Recoupling」については，やや形態の異なる報告として，Espeland（1998）による米国アリゾナ州のダム建設プロジェクトでの事例も存在する。そこでは，自らの職務的志向を追求する技術者集団が費用対効果の低い工法を追求し，公式目標（電力と水の効率的安定供給）と実態に乖離が発生した。これに対し追加投入された技術者集団が費用対効果を正当とする判断基準を導入し，プロジェクトは本来の方向性に戻り本来目標の実質的な実行が加速したとされる。さらに Tilcsik（2010）も，制度の再定義は観察されないが，新しい制度ロジックが旧来の制度ロジックと矛盾し実行が停滞し，その後に加速する「Coupling」の事例経緯を報告している。Tilcsik（2010）は，旧共産主義国が

資本主義化し社会的制度が大きく変化した後，旧国営組織が資本主義に対応した新予算会計制度を見かけ上のみ導入するため，その専門性と資本主義への親和性がある若年スタッフを新規採用した事例を検証した。そこでは，当初は旧共産主義時代からの古参幹部が重要ポストを独占し実務が変更されなかったが，時と共に古参幹部が引退し，新規採用者が上位ポストに昇進し政治的支配力を増すことで，形式だけの実行が技術的中核の変更まで含めた真剣な実行に移行していた。Tilcksik (2010) は，Decoupling の行為自体が，Coupling を引き起こす人材流入と組織内政治環境変化を招くという，パラドックスの存在を指摘している。これら先行研究の共通項は，制度変化に関するミクロ視点の先行研究と同様（e.g. Zilber, 2002），組織内の正当性をめぐる政治的対立とその調整結果によって組織の制度的環境と組織反応が定まることを示している。

　では，制度的圧力の影響下における組織内の調整と制度的環境を規定するのは，どのようなメカニズムなのか。先行研究では，組織内要因の中でよりミクロな組織内個人の要因が重視され，特に二つの経路が注目されている。第一に，理論上の可能性として，組織内個人が，組織反応の前提となる制度的複雑性の質的構成（組織内での制度ロジックのコンフリクトの程度と態様）に影響を与える点が指摘されている。具体的には，制度的複雑性が組織内での各制度ロジックの融和可能性（Compatibility）と中核性（Centrality）で定まるとした上で，組織内個人が各制度ロジックにどう執着するかが，個人間の政治的力関係と共に中核性を決定し，制度的複雑性を間接的に決定するとするモデルである（Besharov & Smith, 2014）。第二に，実証研究に基づき，組織反応の過程で個人が制度ロジックを代弁する質と程度が組織行動に影響する点が注目されている。制度的複雑性の中で，個人は複数ある制度ロジックの中で特定のロジックに埋め込まれ，その制度ロジックが示す価値観に資する行動を支持する。そして組織内では相反する制度ロジックを奉ずる個人群が形成され，どの制度ロジックが各個人によってどの程度効果的に組織内で代弁されるかが，その組織の反応に大きな影響をもたらす(Pache & Santos, 2010)。例えば Pache and Santos（2013）は，フランスの失業者支援組織における社会福祉的ロジックと商業的ロジックの相克を題材に，二者どちらのロジック

第5章　実行加速：改革を再加速させる変革リーダーとは　147

が優越して代弁され意思決定されるかに応じて組織形態の選択的採用が起こり，ある部分は一つのロジック，ある部分は別のロジックの組織形態を採用したパッチワーク状の「ハイブリッド組織」が形成される態様を示した。

　そのように個人による組織内での制度ロジックの代弁の質と程度を検討する場合，論理的に，主体として誰に注目し，何をもって制度ロジックの代弁と解釈するかが問題となる。この点において，先行研究には重要な課題が二つある。第一に，本来重視されるべき主体の多様性，特に制度的属性の多様性が軽視されている。制度的複雑性への組織反応に関する先行研究では，制度ロジックを代弁する主体として，創業者（e.g. Almandoz, 2014）から実務マネジャー（e.g. Raajimakers, Vermeulen, Meeus & Zietsma, 2015），スタッフレベルの構成員まで（e.g. Moll & Hoque, 2011）が検討されてきた。これらは，主体の組織内での地位に関しては，先行研究が一定の多様な検証を行ってきたことを示す。一方で，制度ロジックの代弁を測定する指標としては，制度的執着（Institutional attachment）が注目されてきた。制度的執着とは，個人が過去に接した制度ロジックに影響され，物事をどう認識し，何に関心を持ち，環境をどう評価するかについて，その制度ロジックに基づく前提や価値観を持つことを指す（Almandoz, 2014：443）。そして，Coupling または Recoupling の文脈でこれまで検討された個人は，そのほとんどが暗黙の内に新規に台頭した制度ロジックに制度的執着を持つその信奉者とされてきた（e.g. Kelly & Dobbin, 1998；Tilcsik, 2010）。しかし，現実の組織において，また特に人材の流動性が低い日本では，新制度の推進リーダーの制度的属性は多様であり，旧制度に対して制度的執着を持つ構成員が変革をリードする役割を持たされることも多い。実際に希少な先行研究として，Hallet（2010）も旧制度の体現者が新制度の実行を担う事例を検証し，Recoupling が発生しても推進役とされた層が制度的執着を理由に抵抗し，組織内に論争と政治的対立が生まれる事象を示した。このように，当該主体が制度的属性として新制度と旧制度のどちらを体現するかは組織反応に一定の影響を与え得るが，体系的に制度的属性を操作した上での検証はこれまで為されていない。

　そして，先行研究における第二の課題として，推進リーダーが参画する変革実行過程において，推進リーダーが代弁する属性が社会的構成にどう影響

を受けるか，そのメカニズムの精緻な検証が不足している。制度的企業家に関する先行研究では，個人としての制度的企業家がどのようにエージェンシーを発揮し組織変化に作用するかを検討してきた。特に Kraatz（2009）は，Selznick（1957）が提示した制度的リーダーシップを再考し，英雄的な制度的企業家像とは異なる，個人レベルでの「制度的リーダーシップ」をあえて今日的文脈で分析することの有用性を唱えている。しかし，第 1 章で述べたように，資質や能力など本人の内的要因だけで組織変化を説明する試みには，自身も一定の制度の影響下にあり，かつ制度に対する組織内他者の認識にも制約を受ける個人の限界を無視するリスクが伴う（Battilana & D'Aunno, 2009 ; Meyer, 2006）。制度的属性に関しても，先行研究は推進者本人の主観的要因である，制度的執着（本人の主観がどの制度ロジックの影響下にあるか）のみに注目し，推進者の経験等により属性が一義的に決まると単純化している点に問題がある。本来組織内における個人の影響力は，構成員が当該個人をどうみなすか，社会的認識の影響を受け得る。施策の推進実行に協力を得る必要がある他の組織内構成員から，どのような制度的属性を持つリーダーと認識されるかは，行動の選択肢やその効果に影響を与え得る。「自らがどの制度ロジックと一体化しているか」という内的要因に加えて，他者からの認識における「当該リーダーはどの制度ロジックと一体化していると認識するか」も，制度的属性のもう一つの構成要素として問題とする必要がある。しかし，制度的属性が，本人要因である制度的執着に加えて，周囲の組織構成員によって社会的に構成される詳細に対して先行研究による説明は限られる。

　以上の二つの研究ギャップに対応するため，本章では二つの小リサーチクエスチョンを設定する。第一に，推進リーダーの制度的属性には，どのような要因が影響するかを検証する。より具体的には，本人の制度的執着に加え，組織の他構成員が当該リーダーの制度的属性を何によってどう判断するか，を問題とする。第二に，そのようなリーダーの制度的属性は，どのような要素を伴って組織変化に関連するかを探索する。具体的には，事例研究の題材とした日本企業 7 社の内，Coupling が発生した 3 社の事例について，実行フェーズを分解し，事例間比較に加え実行が推進されたフェーズと停滞したフェーズの比較によって関連要因を抽出した。

第3節　推進リーダーの交代は何をもたらしたか

第2章で述べた既定の手順で，Decoupling の後 Coupling の状況を示した3社（事例 A・B・C）について，各事例の実行フェーズを分解し，Coupling 発生前および後との差異と，事例間の差異を中心に分析を行った。特に，推進リーダーの制度的属性が何により構成され，その属性が結果とどう相関するか，検証を行った。

本節は三つの部分から成る。第一に，まず本章が比較分析の対象とする3事例での，Decoupling が発生した後に Coupling が発生していった過程の全体像を概説する。第二に，各事例で，それぞれどのようなプロセスを経て Coupling が発生していったか，個別事例の時系列経過を整理する。第三に，制度的属性の社会的構成に関する観察結果を整理する。第四に，フェーズ間・事例間比較から推進リーダーの制度的属性が Coupling（実行の加速減速）に関して差異を生むと観察された要因を抽出する。

(1) 実行プロセスの概要

まず，本章が対象とした3事例について，実行の段階と推進体制を示す（表5-1）。第4章で示した通り，各事例は推進リーダーの交代に応じて実行速度と性質が異なる複数のフェーズにより構成されていた。これら各フェーズにおける，時系列での施策実行の結果は表5-2の通りである。各事例では，フェーズ毎に GTM 関連施策が少数ずつ漸進的に実行されていた。いずれの事例も実行開始後早期に全体計画が企画され，実行を目指す施策が設定されたが，観察期間終了までそれらの実行が完了せず，実行の遅速が変化する状況が観察された。

各フェーズにおける施策実行結果を，検討施策数，実行された施策数，1年あたりの実行施策数で整理したのが表5-3である。いずれの事例も，実行プロセスの当初から途中まで，インタビューにおける定性的観察および1年当たり実行施策数において，経営陣の意図に反し，施策を導入したが実行が阻害される「意図せざる不実行」（Crilly, Zollo & Hansen, 2012）の状態が観察

表 5-1　各事例での GTM 実行フェーズ構成と推進体制

（表 4-1 より第 5 章の対象事例 3 社のみを抜粋）

事例	フェーズ	推進組織（担当役員）	組織マネジメント			スタッフ(FTE)	
			代表取締役社長またはCEO	担当役員	推進リーダー（職位）	専任	兼任
A	1（2004–08 年度）	新設専任組織（人事）	AC1/2	AD1	AL1（部長）	0	2
	2（2009–11 年度）		AC2	AD2/3	AL2[a]（部長）	2	8
	3（FY2012–14 年度第一四半期）		AC2/3	AD3/4[a]	AL3[a]（部長）	1	N/A[b]
	4（FY2014 年度第二四半期から）		AC3	AD4[a]	AL2[a]（理事）	2	N/A[b]
B	1（2006–09 年度）	新設専任組織（人財）	BC1/2	BD1/2	BL1（部長）	4	5
	2（2010–12 年度）		BC2	BD2	BL2[a]（部長）	1	2
	3（2013 年度から）		BC2/3	BD2/3[a]	BL3[a]（部長）	4	5
C	1（2006–08 年度）	新設専任組織（管理）	CC1/2	CD1/2/3	CL1（執行役員）	1–2	1–2
	2（2009–12 年度）		CC2	CD3/4	CL2[a]（部長）	0	3–4
	3（2013 年度から）	新設専任組織（人事）	CC2/3	CD5	CL3[a]（グループ長）	2	N/A[b]

凡例：AC, AD, AL は，それぞれ事例 A の CEO，担当役員（Division leader），推進リーダーを指し，数字はデータ収集期間中に交代があった事例について何人目の当該担当かを指す。
スラッシュ (/) は，同フェーズ内で交代があったことを示す。各フェーズは，検討推進プロセスに対し他の管理者交代と同等かそれ以上に強い影響が観察された要素である，推進リーダーの交代で区切っている。
a　インタビュー対象者。
b　当該事例でグループ企業・各組織の GTM 実行への参画が進み，必要に応じ必要な時点で柔軟に検討に参加（または参加中断）する体制となっているため，固定された人数は存在しない。

第5章　実行加速：改革を再加速させる変革リーダーとは　│　151

表5-2　各事例における施策実行ヒストリー

（表4-2より第5章の対象事例3社のみを抜粋）

年度	事例（早期採用）		
	A	B	C
2004	GTM採用決定・組織立ち上げ		
	〈Phase 1〉		
2005	全体設計		
2006	●グローバル共通化を想定した職務等級評価	GTM採用決定・組織立ち上げ	GTM採用決定・組織立ち上げ
		〈Phase 1〉 ●グローバルHRミーティング運営開始（年一回）	〈Phase 1〉
2007	●グローバルHRミーティング運営開始（年二回）	全体設計	●グローバル共通部長向け研修プログラム ●グローバル共通課長以下向け研修プログラム
2008			
2009	〈Phase 2〉 全体設計（改訂）		〈Phase 2〉
2010	●グローバル共通の新人管理職研修プログラム運営開始 ●グローバル共通化を想定したジョブディスクリプション定義（執行役員以上） ●グローバル国際異動規定制定	〈Phase 2〉	
2011		●本社新人管理職研修プログラム運営開始 ●本社若手研修プログラム運営開始	全体設計
2012	〈Phase 3〉		●人材データベース導入（パイロットスタディ）
2013	●グローバル共通化を想定したコンピテンシー定義導入（本社管理職以上対象） ●グローバル共通化を想定	〈Phase 3〉 全体設計	〈Phase 3〉 全体設計 ●グローバルHRミーティング運営開始（年一回） ●グローバル国際異動規定

年			制定
	した360度評価導入（本社管理職以上対象）		制定
2014	（グローバル等級制度の改定） 〈Phase 4〉	● グローバルHRミーティングの格上げ再立ち上げ ● グローバル共通化を想定した360度評価導入 ● グローバル中核ポジションの設定とタレントアセスメント ● グローバル共通のコンピテンシー定義導入 ● グローバル国際異動規定制定	
2015	● 人材データベース導入 ● グローバルHRポリシー制定 その他11施策が検討中で，いずれも1年以内の導入実行を想定	● グローバル共通の経営幹部層の役割定義 その他6施策が検討中で，いずれも1年以内の導入実行を想定	その他10施策が検討中で，1-3年以内の導入実行を想定

注：太字下線は当該年度に公式制度となり実行された施策を指す。

された。具体的には，事例Aではフェーズ1において1年あたり実行施策数が相対的に少なく（0.40），かつ「意図せざる不実行」と実行推進の停滞過程が観察された。その後，推進リーダーがAL2に交代したフェーズ2以降に1年あたり実行施策数は微増し（1.00），相対的な実行加速が推進チームにも認識された。同指標はAL2が推進リーダーに再任したフェーズ4において大幅に上昇し（2.00），それ以降実行推進への障害が消え実行推進が加速する認識とそれを支持する事象が観察された。事例Bでは，1年あたり実行施策数がフェーズ1（0.25）・フェーズ2（0.67）共に低迷し，「意図せざる不実行」の状況および推進チームによるその自己認識が観察された。その後，BL3が着任したフェーズ3において同指標は大幅に上昇し（2.67），施策実行推進が一気に加速したとの認識が組織内で観察された。事例Cは，1年あたり実行施策数がフェーズ1（0.67）・フェーズ2（0.25）において相対的に低迷し，「意図せざる不実行」と実行推進の停滞過程がフェーズ2を中心に観察された。その後CL3が着任したフェーズ3には同指標は若干上昇し（0.89），実行推進が一定程度加速したとの認識が推進チームに観察された。また表5-2

第 5 章 実行加速：改革を再加速させる変革リーダーとは 153

表 5-3 施策の実行結果

（表 4-3 より第 5 章の対象事例 3 社のみを抜粋）

事例とフェーズ	GTM 個別施策の検討と実行結果		
	実行を検討した施策数	左記の内，実行された施策数	一年あたりの実行施策数
事例 A			
Phase 1（2004-2008 年度）	13	2	0.40
Phase 2（2009-2011 年度）	12	3	1.00
Phase 3（2012-2014 年度第一四半期）	11	2	0.89
Phase 4（2014 年度第二四半期から）	13	2	2.00
事例 B			
Phase 1（2006-2009 年度）	12	1	0.25
Phase 2（2010-2012 年度）	4	2	0.67
Phase 3（2013 年度から）	12	6	2.67
事例 C			
Phase 1（2006-2008 年度）	2	2	0.67
Phase 2（2009-2012 年度）	6	1	0.25
Phase 3（2013 年度から）	12	2	0.89

注：データ収集の対象期間(2015 年度第一四半期まで)の制約により，各事例の最終フェーズは 2015 年度第一四半期までの情報を記載している。

最下段に示す通り，未実行で検討中の施策についても，それ以前のフェーズでは存在しなかった，今後 1 年から数年以内に検討中の施策実行が完了する見通しが，いずれの事例も推進チームに共有されていた。

(2) 個別事例の経過

ここでは，個別事例において，どのように形式と実態が乖離した「意図せざる不実行」の状態が，名実共に真剣な実行促進に変化したかの経緯を示す。具体的には，前節で説明した各フェーズの特質より，「意図せざる不実行」が変化を始める以降の段階として，事例 A はフェーズ 2 以降，事例 B はフェーズ 3，事例 C はフェーズ 3 における経緯を整理する。

【A 社】

　A 社は 2004 年に専門組織を立ち上げ GTM 実行を開始した。推進チーム
は事業部門および海外現地法人人事の協力を容易に得ることができず，実行
速度の停滞とその難易度に対するストレスが推進チーム内で認識されてい
た。フェーズ 1 で 2007 年より実現したグローバル人事ミーティングを通じ，
推進チームは欧州の現地法人に勤務する欧州出身女性人事マネジャー（AL2）
を有能な潜在的協力者として認識した。AL2 は A 社が買収した欧州企業に
勤務しており，米国駐在経験を含む複数の多国籍企業でのキャリアを通じ，
GTM の実践に注力しており，当時在籍していた小規模の現地法人を超えた
活躍を自らおよび周囲が期待する状況にあった。AD1 および AL1 は，停滞
した GTM の実行加速に有効な手段と意図して，AL2 を日本に異動させ，部
長級の推進チーム新リーダーに任命することを決定した。

　2009 年度から GTM 推進体制は刷新され，担当役員は AD2 に交代し，推
進リーダー（組織長）は AL2 に交代し，AL2 の下に日本人管理職（後の AL3）
と日本人女性スタッフ一名が配属された（フェーズ 2）。AL3 は新卒後 A 社に
入社し人事部門で勤続しており，フェーズ 1 直前には海外に駐在し，2005
年から GTM 推進チームのメンバーとなっていた。女性スタッフは事業およ
び人事業務の経験は無いが，英語の語学力等を評価され 2008 年に中途入社
していた。AL2 は日本に着任し，まず GTM の全体計画と推進状況を確認し，
推進すべき施策の優先順位を改めて素案として示した。AL2 の素案には，
フェーズ 1 当初に示されたのと同様の多様な施策が含まれていた。一方で，
2008 年 9 月のリーマンショックに端を発する景気動向の悪化に伴い，A 社
では全社業績に悪影響を受け，収益回復に直接必要でない施策は優先順位を
低下させる経営方針が共有されていた。その中で GTM は優先順位が低い施
策と判断され，2009 年度は予算を大幅に削減され，全体計画を作っても具
体的な施策は予算不足のため実現不可能な状況にあった。推進チームは予算
を必要とせずに進められるタスクに注力し，コンサルティング会社等外部か
らの無料の情報収集と，いくつかの施策素案の立案に集中した。

　推進チームは 2009 年度に準備した素案を活用し，予算制約が緩やかに解
除された 2010 年度に，三つの施策を実行に移した。詳細設計の過程で，AL

第 5 章　実行加速：改革を再加速させる変革リーダーとは｜155

2 は自ら時間を使い，欧州・アメリカ・シンガポール・中国の現地法人人事スタッフに働きかけ，自らがリーダーとして検討のタスクフォースを組んだ。検討には懐疑的なものも含め多様な意見が寄せられたが，AL2 が主導しこれに対応した。その過程での AL2 の献身的な姿勢，反対意見に屈しない推進力，海外スタッフとの良好な関係構築等の実務能力は社長・担当役員・推進チームから高く評価された。ほぼ全員がプロパーの日本人男性である本社事業部門幹部に対して，AL2 は AL3 と連携し意思決定上重要な人物を特定し，AL3 と共にコミュニケーションを行った。

　2010 年度に実現した施策の第一が，グローバルで共通の新任課長研修である。これは，インターネットを活用してあらゆる現地法人で新任の課長級人材に提供する研修として新設した。内容は，マネジャーとして必須となる目標管理・フィードバック・動機付け等が体系化され，イーラーニングでの2 か月程度の自習と集合ディスカッションを組み合わせたものであった。第二に，推進チームはグローバル全体の主要会社の人事制度を全てレビューし，HR エクセレンスと称して整理した。ここでは，各国の処遇制度・会社の就業規則・福利厚生・報酬制度や昇格制度までを初めて情報収集し一覧にした。その過程で，海外まで含めた執行役員以上のジョブディスクリプションを再定義した。第三に，推進チームは国際異動基準を整備した。同基準は，旧来の規定が対応しない新種の事例まで対象を拡張し，包括的な拠点間海外異動のガイドラインとして機能することとなった。他にも検討された施策は存在したが，それらはいずれも実行されなかった。推進チームは，予算制約および事業部門・海外現地法人人事の同意獲得の困難さが制約条件となったと認識した。

　AL2 は当初から 3 年間の約束で日本への赴任を承諾していたため，2011年度限りで欧州の現地法人人事に欧州地域人事責任者の次席として異動することとなった。2012 年度からは，AL3 が組織長に昇進し新たな推進リーダーとなり，前フェーズと同じ女性スタッフ一名を部下として実行推進を継続した（フェーズ 3）。2012 年度には，推進チームは人材の可視化を目的とした人材データベース構築を目指し，その前提となる等級制度の統一化（グローバルグレーディング）とデータベースツールに関する検討を行った。その背

景には，GTM を通じ優秀な人材の適材適所を実現しようとしても，真に優秀な人材の定義や所在が不明確なことが阻害要因となるとの AL3 の認識があった。しかし，ツール導入には予算が必要であり，その投資を正当化し各部門の賛同を得る状況には至らなかった。

2013 年度より，人事担当役員が AD4 に交代した。AD4 は非人事部門出身で海外駐在経験を持ち，基本的に人事部門のみを経験していた従来の人事担当役員と異なる職務経験を持ち，キャリアで初めて人事部門に携わることとなった。海外経験とその現場での問題意識を元に，AD4 は実務的利益が認識される領域に絞って，簡易的に素早く実行を推進する方針を推進チームに共有した。推進チームは人材データベースについて，投資を伴わない簡易な手段（Microsoft Excel）での代替を試みたが，欧州をはじめとする海外現地法人人事は，個人情報保護法等の制約を理由に，情報提供に消極的な反応を示した。結果として，人材データベースは 2014 年に至るフェーズ 3 の期間内に実現されることは無かった。

一方で，A 社では 2013 年 10 月に，職能等級制度から職務等級評価への移行を強める方向性で，日本の管理職を対象に大規模な人事制度変更を行った。これは，人事部門において GTM とは別に推進されていた人事制度改革であった。推進チームは GTM の施策実行をこれと連動させ，外部コンサルタントを活用してリーダーシップコンピテンシー（リーダーとしてあるべき資性）を設定した。また管理職の質向上のため，同時に 360 度評価（上司のみならず同僚・部下等からの評価も加味した人事評価）を導入した。これらは，その後グローバル共通で使用することを前提に設計された。フェーズ 3 では，これらの施策が実行されたが，最重要事項と認識された人材データベースは実現せず，総体として意図に反し GTM 施策実行の速度が停滞したと推進チームは認識した。

2014 年には社長が AC3 に交代し，A 社の全社戦略の方向性を転換し，事業部間の連携を高めそれを通じてグローバルでの競争力を高めることが中期経営計画の主要方針として定められた。GTM はその実現手段として優先順位の高い施策と認識された。施策実行を加速するために，GTM に精通しつつ日本本社の意思決定や思考を理解していることを理由に，AL2 を再び推進

第 5 章　実行加速：改革を再加速させる変革リーダーとは 157

リーダーとする方針が定められた。2014 年 6 月には AL2 を役員待遇の理事に昇進させ，CHRO である AD4 の補佐役として，欧州で勤務しながらグローバル全体での GTM 推進リーダーを委嘱することとした（フェーズ 4）。AL2 の理事登用は前例の無いもので，推進チーム内外から特殊な抜擢人事と認識された。

　AL2 は，海外現地法人において実務的利益が見えやすい改革から着手すべきとする理由で，欧州におけるシェアードサービスセンター設置を検討した。その計画の趣旨は，下記のようなものであった。まず，給与計算業務を中心としたシェアードサービスセンターを設立し，海外現地法人にとってのコスト削減を実現する。その過程で，人材データベースを共有化・共通化し人材情報を本社に見える形にする。そしてその後人事制度を整備し，等級制度共通化とグローバル共通コンピテンシーの制定を行い，各国間の人材異動を活性化することを目指す。これらは，施策の項目としてはフェーズ 1 に策定された全体計画に含まれていたものであった。2014 年 12 月に AL2 は AC3 以下経営陣に計画を提案し，その承認を得た。その際，AC3 は提案を肯定的に評価すると共に，実行をさらに加速するよう促した。

　2015 年 1 月にはシェアードサービスセンターの最初の一部が設立され，人材データベースの一部が稼働を開始した。さらに，AL2 は欧州での実績を元に米国現地法人にも同じ提案を持ち掛け，小規模のグループ企業が多く潜在的コストメリットが大きいことを訴求し，その協力同意を取り付けた。コンピテンシーのグローバル展開についても，AL2 は欧州・米国の地域人事責任者と討議を重ね同意を取り付け，2015 年度に海外各グループ企業に全体のプランの説明も兼ねて行脚して回る計画とした。討議の過程で，グループとしてのグローバル人事ポリシーの必要性が海外現地法人から問題提起された。AL2 は，2014 年 12 月の社長承認を武器に各法人の同意獲得を進めていたが，どこまでが本社の権限範囲で何が地域・現地法人の権限範囲なのか，原則を明確にする必要を，自らも感知していた。AL2 は直ちに AD4 の同意を得て，2014 年度第四四半期に地域人事責任者と討議し，グローバル人事ポリシーを整理した。同ポリシーは，リクルーティング，アサインメント，タレントアイデンティフィケーション＆ローテーション，サクセッション，

デベロップメント，レミネーション，ダイバーシティアンドインクルージョンの各項目から成り，本社と現地法人の役割分担と権限を規定する。推進チームは，最終的にグローバルで評価項目を統一して，ある階層以上は本社で定期的に人事情報をモニタリングし，その情報を有効に使って人材異動を行う計画を持っている。

　2015 年度には，推進チームはツールとしての人材データベースと等級制度整備を主な使途とした多額の予算を確保した。予算計上を必要としない施策も含め，推進チームは多数の施策を年度内に実行完了する計画で活動している。推進方法として，推進チームはグローバル人事ポリシーおよび個別施策について，海外現地法人を巡回し説明と対話を繰り返すことを計画している。

【B 社】

　B 社は 2006 年に専門組織を立ち上げ GTM 実行を開始した。着手から 2009 年度まで（フェーズ 1），推進チームは会長を中心とする経営トップに対して施策の詳細提案を繰り返すが，提案の質を問題視され承認を得ることができず，施策実行が停滞した。2010 年度から 2012 年度にかけて（フェーズ 2）も，リーマンショックの影響で規模と予算を縮小し再開した検討は，事業部門の積極的な応援を得ず，またある海外現地法人にて進んでいたグローバル本社機能移転の検討も有り，実行が加速しなかった。2012 年に当時の社長 BC2 は，人事に限らず事業戦略も含めた全社での体制改革を提唱し，その骨格としての GTM 推進加速を企図した。そのために新たな推進リーダー採用が必要と考え，海外現地法人と共に社長直轄で人選を行い，BL3 を外部招聘し推進リーダーとすることを決定した。BL3 は海外在住の日本人女性人事コンサルタントで，二つの大手外資系人事コンサルティング会社のある海外拠点に所属し 20 年以上にわたり GTM をはじめとする人事改革を手掛けてきた。BL3 は，B 社に対するコンサルティング業務は提供していなかった。BL3 の人事は，採用が決まる 2012 年末まで推進チームには情報共有されなかった。

　2013 年 2 月に BL3 は B 社に入社し，GTM の推進リーダーに就任した（フェーズ 3）。推進組織には前リーダーである BL2 を含め専任 4 名が所属し，

第 5 章　実行加速：改革を再加速させる変革リーダーとは 159

海外 5 地域の人事 5 名が検討メンバーとして参画する形で，フェーズ 1 と同様の多人数が投入された。B 社は，当時ある海外拠点が全海外拠点を下に統括していた組織体制を改め，米国・欧州・中国・中東・東南アジアの各地域拠点長が社長直下となる体制に転換した。同時に，BL3 に対し日本本社が統括する形での GTM 整備加速を委嘱した。2013 年度は社長が BC3 に交代した年度にあたっていた。

　BL3 は新社長以下の幹部層が何を考えているのか，最初の半年程度で現状分析を実施した。具体的には，会長・社長から執行役員全員までのインタビューを実施した。そしてインタビューでの発見と合わせ，過去の検討資料を精査し，GTM 検討の進捗状況と課題を整理した。結果として，事業環境の変化に合わせた体質改革の必要性に対する課題意識は共有されていたが，従来の GTM 検討は制度の詳細に終始し，企業として目指す最終的な姿が不明確なことが問題の元凶であると BL3 は認識した。そのため，BL3 はグローバル化の目標とそのために変えるべき事項の共通理解を形成する意図で，経営会議で執行役員を対象に，変革目的に関する討議を繰り返した。そこで BL3 は，GTM の施策内容は後で議論すべき事項として話題とせず，「なぜ，どのように変わりたいのか」を繰り返し討議の議題とした。その過程で，社長（BC3）は GTM を含むグローバル企業としての体質改革を，自らの意思で実現したい趣旨を明確に発言し続けた。BL3 は同時に，等級・報酬・評価制度の素案について推進チーム内で検討を開始した。

　2014 年度からは，人財本部に戦略室と呼称される新組織が設立され，BL3 はその組織長となった。戦略室の GTM 関連予算は本部付ではなく社長直轄とされた。さらに，グローバルでのガバナンスを強化する意図でマトリックス組織を導入する方針が BC3 から全社に提示され，事業軸と地域軸の 2 軸での管理と連携が開始された。マトリクス組織を前提として，2015 年度から 2017 年度にかけての新たな中期経営計画が企画され，その中で各部門は戦略的に達成すべき事項を整理した。その過程で，GTM は中期経営計画実現に必要な支援手段と定義され，必要な施策を順次上層部対象のものから導入していく方針が合意された。そのために，一時中断していたグローバルHR ミーティングが位置づけを高めて再び立ち上げられた。さらに外部コン

サルティング会社を起用して，360 度評価導入・グローバル中核ポジション
の設定とタレントアセスメント・グローバル共通のコンピテンシー定義導
入・グローバル国際異動規定制定と，複数の施策が実行された。中核ポジショ
ンの該当者に対しては，アセスメント実施の説明会とコンピテンシーの勉強
会が推進チームにより実施された。同社では経営会議の翌日には事業本部長
クラスとそれ以下が集まり，執行レベルで一日会議を行っていた。この段階
では，そうした事業本部単位の会議に社長（BC3）が GTM 関連討議の時間
帯のみ参加し，推進に積極的な意見を述べるなど，経営トップからの支持が
組織内で明確に見える形となっていた。

　2015 年度からは，担当役員が BD3 に交代した。BD3 はプロパー入社で事
業部門を経験後新規事業を担当しており，人事部門に直接経験がほとんどな
い経歴であった。同時に戦略室での専任人員が 1 名減員となったが，外部人
事コンサルティング会社を起用することでこれを補完する方針となった。第
一四半期には，執行役員以上の役割設定を，外部人事コンサルティング会社
を起用して実施した。これ以降，定められた役割と人材の現状に即して，幹
部層については，等級・評価・報酬制度の改革を，大規模な予算で外部支援
も活用し年度内に実行する予定となっている。その後 2016 年度以降，管理
職層以下への展開を定常業務として戦略室以外の人財本部スタッフが各国と
調整し設計実行していく計画である。

【C 社】

　C 社は 2006 年に専門組織を立ち上げ GTM 実行を開始した。着手以降 2013
年度に至るまで多数の施策が検討されたが，社内での同意が形成されず実行
された施策は三つのみで実行が停滞した状態が継続していたと認識された。

　2013 年度より，GTM 推進は従来の主管部門である海外事業推進部から人
事部に移管された。人事部内にグローバル人事グループが新設され，米国駐
在の海外営業マネジャー（CL3）が新リーダーに任命され日本に帰任した。
CL3 は過去に新卒入社時から人事部に在籍していたが，事業に直接携わる意
欲が強く異動を希望し，営業となって 12 年の経験を積み，その後期には米
国に駐在していた。CL3 の下に 4 名が配置され，内 2 名が専任で GTM 実行

推進を担当し，兼任で人事部内の複数メンバーが協力する体制が整備された。

　CL3は過去の検討資料と進捗状況を確認し，外部のセミナーや勉強会に参加してGTMに関する情報収集を行った。CL3は，過去検討で既に豊富な資料が整備され，一方で施策実行がほとんど進んでいなかった状況を理解した。そして，検討の最初の一歩として「ロードマップ」と呼称する全体計画を策定した。ロードマップは必要な施策の概要項目と関連性を再整理したもので，その策定に外部人事コンサルティング会社を起用した。外部人事コンサルティング会社の起用には人事部内で反対意見もあったが，CL3が時間短縮のメリットを説くことで承認を受けた。結果的に支援成果が社内で高評価を受け，その後もCL3が必要と考える施策実行に外部支援を活用するための予算が定常的に付与されることとなった。

　次に，推進チームはグローバルHRミーティング開催を実現した。海外現地法人各社人事の横断組織をコミッティと名づけ，年1回の定例会議化した。2013年の初回にはGTM推進の全体計画を提示し，本社としての改革の方向性を示した。準備とファシリテーションには外部コンサルティング会社の支援を活用した。同会議は海外現地法人人事にも好評を博し，それ以降協力確保が容易になったと推進チームは認識した。さらに，グローバル共通の国際異動規定を整備した。同規定は，ある現地法人に別の国の現地法人および本社から一時的に異動する際のグローバル共通の人事規則で，異動を容易にする効果が意図された。同時期に米国での新規獲得案件への支援を各国から派遣する必要があり，推進チームは事業部門からのニーズを取り入れて実現した。

　2014年度には，グローバルHRミーティングを継続するとともに，事業のグローバル展開の加速を目指す中期経営計画に合わせて，GTMの全体計画をより具体化する作業が行われた。中期経営計画ではGTMが全社推進事項の重要要素に位置づけられた記載は無く，あくまで各事業の海外成長の加速が主眼とされており，GTMは暗示的にその支援策として推進されるものと組織内で認識された。ただし，CL3はそれまでの過程を通じ事業部門からGTM推進に反対する意見に直面したことは無く，むしろ消極的賛成と応援を得る機会が多いと認識していた。GTMの施策検討は，最も海外展開が進

んでいる事業部門のトップの賛同を得て進められた。推進すべき施策の概要と実現時期が再整理され、10月に経営会議に提案された。経営会議では推進チームの提案に対して賛成も反対も意見が出ず、質疑もなく承認が下された。CL3はその反応の希薄さが、提案した施策の抽象度の高さによるものであり、今後詳細な人事制度が提案されれば、反対意見や詳細な要望が寄せられると推測している。その後承認された施策項目に合わせてタスクフォースが組成され、各国現地法人人事をメンバーとし、CL3が取りまとめ人事部長に提起し承認を得る体制が構築されている。CL2は短期間での実行計画実現を期待しているが、タスクフォースの稼働が始まったばかりであり、その後の進捗の見通しは不確実な要素も含むと認識している。

(3) リーダーの「制度的執着」と「制度的立場」

　本章では、推進リーダーの制度的属性を二つの要因から分析した。第一の要因は、本人が過去に経験した制度的環境に基づいて形成される、特定の制度ロジックに対する固着性・支持傾向としての制度的執着（Almandoz, 2014）である。ここでは、本事例の文脈における日本的人事制度とそれに対するGTMに関し、リーダー就任までに各人が所属した環境における人事制度に基づき、両者のどちらに制度的執着が形成される環境であったか（どちらの人事制度に携わり、または影響下にある経験を持っていたか）を分析した（表5-4）。制度的執着は制度に埋め込まれる過程で形成されるため、必ずしも自己認識を伴うものではないが、合わせてデータ中に過去経験と矛盾する制度的執着の自己認識とロジックが観察されるかを確認した。結果として、事例A・Bおよび事例CのCL1では経験と自己認識が異なることを示唆する情報が観察されなかったが、事例CのCL2およびCL3では、自己の制度的経験と異なる自己認識が観察された。具体的には、両者とも経験の点では日本的人事制度に属するが、人事機能を改革する改革者として自らを位置づけ、新旧の制度対立と異なる尺度で自己を認識していた。CL2は財務出身で人事業務および海外事業に関与した経験が無く、前提に捉われず自社に調和したGTMを定義・検討可能な、新旧両ロジックから逸脱した存在としての自己認識を示した。CL3については、人事部門と海外事業の両方を経験した経緯

第5章　実行加速：改革を再加速させる変革リーダーとは　163

表5-4　推進リーダーの制度的属性に関する観察結果

観察		制度的執着（本人経験と認識）	制度的属性の社会的構成に影響が観察された要素				制度的立場（他組織構成員の評価）
事例	推進リーダー		性別	出身	職務経験（就任前）		
					企業	部門	
A	AL1	旧制度（日本的人事）	男	日本	Aのみ	事業（海外駐在有）	旧制度（日本的人事）
	AL2	新制度（GTM）	女	欧州	欧州企業	人事（GTM）（海外駐在有）	新制度（GTM）
	AL3	旧制度（日本的人事）	男	日本	Aのみ	人事（海外駐在有）	旧制度（日本的人事）
B	BL1	旧制度（日本的人事）	男	日本	Bのみ	事業（海外駐在有）	旧制度（日本的人事）
	BL2	旧制度（日本的人事）	男	日本	Bのみ	事業（海外駐在有）	旧制度（日本的人事）
	BL3	新制度（GTM）	女	日本（教育は海外）	人事コンサルティング会社	人事（GTM）（海外駐在有）	新制度（GTM）
C	CL1	旧制度（日本的人事）	男	日本	Cのみ	事業（海外駐在有）	旧制度（日本的人事）
	CL2	中立（異なる尺度）	男	日本	Cのみ	財務（国内のみ）	旧制度（日本的人事）
	CL3	中立（異なる尺度）	男	日本	Cのみ	事業，元人事（海外駐在有）	旧制度（日本的人事）

から，自社において他に例のない，両制度ロジックの長短を理解しその調和を実現可能な適任者としての自己認識が観察された。

　第二の要因として，自己要因に加えて組織の他構成員から推進リーダーの制度的属性が何によって判断され構成されるかを分析した。このような変数は先行研究では明確に検討されておらず，ここではこれを「制度的立場」と呼称することとする。分析の結果，データには「制度的立場」の構成との相関が観察された要因として，以下が観察された。第一に，推進リーダーの性別と出身国がその制度的属性の体現と相関する事象が観察された。GTMはジェンダー等も含めた少数者活用と関係性が深いとする論理から，推進リーダーが組織内で少数者である女性であることは，GTMを直接想起させる外

国出身者（もしくは日本人でも海外教育経験者）であることと重複して，推進リーダーを新制度の推進者として体現させた。逆に，推進リーダーが組織内多数者であり旧来からの経営を支配してきた日本人男性であれば，推進リーダーは旧体制の「身内」である旧制度の体現者として暗示的に認知される傾向が観察された。そして第二に，推進リーダーの職務経験が制度的属性の社会的構成に影響する事象が観察された。具体的には，自社プロパーの人材でなく中途参画であり，また過去に GTM 推進を行っていることが，周囲から見た推進リーダーの新制度の体現者としての認知に影響していた。逆に，各事例の組織で圧倒的多数者である新卒入社プロパー人材であれば，旧制度の体現者と見なされる認識が観察された。過去に経験した部門および海外駐在経験の有無に関しては，それがいずれであっても「制度的立場」に影響を与える事象は観察されなかった。結果として，各事例の推進リーダーにおける「制度的立場」は，事例 A・B および事例 C の CL1 について制度的執着と一致した。一方で，CL2 と CL3 については，自己認識（制度的執着）と異なり旧制度の体現者として組織内他者に認知されている状況が観察された。尚，これら結果としての「制度的立場」は，インタビューにおいてこれについての明示的な質問を行った回答結果ではなく，既述の影響要素に関する分析から分析者が推定し，かつこれと矛盾ある情報をデータ内で確認した結果，その範囲で矛盾が観察されなかったものである。ただし，新制度の「制度的立場」と分析された者は全て（AL2 と BL3），他の組織構成員へのインタビューでも，新制度の体現者として明示的に評価するコメントが複数観察されている。旧制度の体現者として「制度的立場」が分析された他の全ての推進リーダーについては，同様の新制度の体現者としての評価は一切観察されていない。

　以上の分析結果を要約すると，制度的執着と制度的立場は 9 人の推進リーダー中 7 人について一致し，うち 5 人（AL1，AL3，BL1，BL2，CL1）は旧制度（日本的人事制度）の制度的属性，2 人（AL2，CL3）は新制度（GTM）の制度的属性を組織内で発揮していた状況が観察された。その他の 2 人（CL2，CL3）は制度的執着が旧制度と異なるが，制度的立場は旧制度に属すると認識される，中間的な状況にあることが観察された。

（4）制度的属性が施策実行に及ぼす作用

　データにおいて，推進リーダーの制度的執着と制度的立場から構成される制度的属性には，GTM 施策実行の進展・停滞との一定の相関性が観察された。表 5-5 は，推進リーダーの制度的属性と各フェーズの GTM 実行結果を整理したものである。

　データからは，三つの事象が観察される。第一に，「意図せざる不実行」の状態は自己要因・他者要因共に旧制度の制度的属性を持つ推進リーダーの担当フェーズで発生が開始し，また継続した（事例 A のフェーズ 1，事例 B のフェーズ 1・2，事例 C のフェーズ 1）。唯一の例外は事例 C のフェーズ 2（CL2）で，同フェーズでは推進リーダーの制度的立場は旧制度だったが，自己認識を加味した制度的執着は中立だった。同時に，CL2 も含めそれらフェーズにおける 1 年あたりの実行施策数は相対的に少なかった（平均が 0.45，最小 0.25，最大 0.67 であり，これに対しこれら以外の 5 フェーズは平均 1.49，最小 0.89，最大 2.67）。

　第二に，逆に「意図せざる不実行」の状態が解消され，Coupling と顕著な施策実行速度の上昇が観察されたのは，自己要因・他者要因共に新制度の制度的属性を持つ推進リーダーの担当フェーズであった（事例 A のフェーズ 2・4，事例 B のフェーズ 3）。事例 A のフェーズ 2 では，新制度の制度的属性を持つ AL2 が就任し一年あたり実行施策数が中程度に上昇したが，同時に当時はリーマンショックに端を発する景気悪化の影響で検討予算が削減されていた。同事例では AL2 が再任したフェーズ 4 において，1 年あたり実行施策数がさらに大きく上昇し，形式と実態の分離を示す事象は観察されなくなっている。

　第三に，制度的執着が中立的であった CL2 と CL3 が担当した各フェーズは，施策実行の遅速に対し混合的な結果を呈した。具体的には，事例 C のフェーズ 2（CL2）では「意図せざる不実行」が観察され施策実行速度が低迷した。一方フェーズ 3（CL3）では「意図せざる不実行」を示す要素は観察されなかったが，実行速度は上昇したもののその度合いは他事例での新制度を体現する制度的属性の推進リーダー（AL2，BL3）の結果よりも小幅な変

表 5-5 推進リーダーの制度的属性と GTM 実行結果

事例とフェーズ	推進リーダーの制度的属性			GTM 実行結果	
	リーダー	制度的執着（自己）	制度的立場（他者）	「意図せざる不実行」である状態の観察有無	一年あたりの実行施策数
事例 A					
Phase 1（2004–2008 年度）	AL1	旧制度	旧制度	有り	0.40
Phase 2（2009–2011 年度）	AL2	新制度	新制度	有り（程度はやや限定的）	1.00
Phase 3（2012–2014 年度第一四半期）	AL3	旧制度	旧制度	有り	0.89
Phase 4（2014 年度第二四半期から）	AL2	新制度	新制度	無し	2.00
事例 B					
Phase 1（2006–2009 年度）	BL1	旧制度	旧制度	有り	0.25
Phase 2（2010–2012 年度）	BL2	旧制度	旧制度	有り	0.67
Phase 3（2013 年度から）	BL3	新制度	新制度	無し	2.67
事例 C					
Phase 1（2006–2008 年度）	CL1	旧制度	旧制度	有り	0.67
Phase 2（2009–2012 年度）	CL2	中立	旧制度	有り	0.25
Phase 3（2013 年度から）	CL3	中立	旧制度	無し	0.89

注：データ収集の対象期間（2015 年度第一四半期まで）の制約により，各事例の最終フェーズは 2015 年度第一四半期までの情報を記載している。

化であった（CL3 における 1 年あたり実行施策数 0.89 に対し，AL2 は 2.00，BL3 は 2.67）。

　このような制度的属性と施策実行の遅速は，どのような論理で関係するのか。分析の結果，本データからは両変数が相互に関係する論理的つながりを示す，四つの要素が観察された（表 5-6）。以下，四つの要素がどのようなものであったかを順に記述する。

　第一の観察要素として，GTM が組織内でどう代弁・受容され，どれほど正当性を持ち反対不能なものとして説得力を持つかについて，推進リーダーの制度的属性が影響を与える事象が観察された。そこでは，以下のような論理が観察された。まず，推進リーダー自身が GTM の依拠する価値観である

第 5 章　実行加速：改革を再加速させる変革リーダーとは　167

表 5-6　制度的属性と施策実行の遅速の関係性に関する観察要素

事例とフェーズ	推進リーダー（制度的属性）	観察要素			
		説得力の源泉としての制度的属性	制度的属性に基づく推進リーダーの持続性	チーミングによる制度的属性の補完	制度的属性に対する推進リーダーのメタ認知
事例 A					
Phase 1（2004-2008 年度）	AL1（旧制度）	×	×	×	×
Phase 2（2009-2011 年度）	AL2（新制度）	○	○	○	○
Phase 3（2012-2014 年度第一四半期）	AL3（旧制度）	×	×	×	×
Phase 4（2014 年度第二四半期から）	AL2（新制度）	○	○	○	○
事例 B					
Phase 1（2006-2009 年度）	BL1（旧制度）	×	×	×	×
Phase 2（2010-2012 年度）	BL2（旧制度）	×	×	×	×
Phase 3（2013 年度から）	BL3（新制度）	○	○	○	○
事例 C					
Phase 1（2006-2008 年度）	CL1（旧制度）	×	×	×	×
Phase 2（2009-2012 年度）	CL2（中立）	×	×	×	△
Phase 3（2013 年度から）	CL3（中立）	×	×	×	△

「○」：比較表を作成した結果，当該フェーズに同要素が観察され，文字データで実行速度との論理的な強いつながりが観察されるもの

「△」：比較表を作成した結果，当該フェーズに同要素が観察されたが，文字データで実行速度との論理的なつながりが微弱であるもの

「×」：比較表を作成した結果，当該フェーズでは同要素が観察されなかったもの

多様性の尊重を想起させる特性を持つと，その人間が存在すること自体が組織内での GTM の代弁性を強める。そして，直接面と向かって相手の経歴や生得的条件を正面から否定するコミュニケーションは容易でなく，周囲は否定的な意見を安易に投じ難くなる。例えば，事例 A では買収した欧州企業で国際人事を専門としていた欧州出身女性マネジャー（AL2）を異例の形式で部長に抜擢した。AL2 はその実務能力の高さと共に，当人が持つ制度的属性に関する要素が，GTM 推進提案の説得力に貢献したと認識されていた。同事例では AL2 が GTM 推進に大きく貢献し成功を収めたと認識されていたが，その成功理由として周囲は次のような認識を示した。

> "経営の上層部は彼女（AL2）のことを評価していました。女性ですし外国人ですし。…明らかに変わりました。今までは私が来た時の上司（AL1）が何か言っても周りが全然反応しませんでしたが，AL2 の場合座っているだけでも影響力があります。目立ちますし（笑）。(外国人に言われるのなら）仕方がないかな，といった反応もありました。"
> 　　　　　　　　　　　　　　　　　　　　　　　　　（A 社元推進リーダー，AL3）
> "(AL2 の強みの一つは）外国人であることです。AL3 の絶対的なディスアドバンテージは彼が中の人であるということです。彼が言うと差し障りがあっても，同じことを彼女が言うと通ってしまったりします。やはり彼女は外国人ですし女性ですし，うちは diversity を目指そうとしている会社ですし，「よその人」ですし。"
> 　　　　　　　　　　　　　　　　　　　　　　　　　　　　（A 社推進チームスタッフ）

　同様に，事例 B でもフェーズ 3 で外部から登用された BL3 は，20 年以上にわたる国際的な人事コンサルティング会社での経験を持つ女性コンサルタントであり，経営トップが採用を決定し異例の形で組織長に就任した。データでは，GTM を専門としてきたその経歴と，それに基づく改革実行のノウハウが，BL3 を GTM 推進に対し説得力ある異色の専門家として組織内で認識させていた状況が観察された。下記は BL3 の制度的属性に対する組織構成員の代表的なコメントである。

> "BL3 が来てからこれだけ進んでいるのは，彼女の知見・経験によるところが非常に大きいです。私などが見ていても，「この人はコンサルタントだな」と思い，「こ

第5章　実行加速：改革を再加速させる変革リーダーとは | 169

ういう風にやればトップも理解するのだな」と勉強になるところもあります。社内
コンサルタントのような感じです。”　　　　　　　　　　（B社元推進リーダー，BL2）

　他方で，推進リーダーが旧制度の制度的属性を持つ場合，その制度的属性
がGTM実行上の阻害要因として認識される例が観察された。その論理は，
GTMという新制度の訴求と促進が，推進リーダーが本来持つ制度的属性と
矛盾し，そのためGTM実行推進自体が自己矛盾かつ建て前として認識され
るというものである。例えば旧制度の制度的属性を持つAL2と部下として
協働したスタッフは，次のように制度的属性の負の作用を証言している。

　　“AL2は入社以来当社でずっと社員でいたいわゆる中の人です。ここに彼のディス
　アドバンテージがあると思います。特にグローバル施策を進めるという意味では，
　いろいろなところで差し障りがあったのではないかと思っています。「身内のお前が
　何を言うか」というような反応です。ある意味で，黒船のような見られ方で，「今ま
　で自分たちがやってきたことを壊しに来たのか」という反応も出る中で，彼が推進
　するのは大変だったのではないかと思います。”　　　　　（A社推進チームスタッフ）

　次に，第二の観察要素として，推進リーダーの新制度を奉ずる制度的属性
が，自身の変革実現に向けた粘り強い努力の継続に影響を与える事象が観察
された。新制度に制度的執着を持つ推進リーダーには，GTM実現が自らの
キャリア目標と密接に関係し，自社固有の事情を超えてGTM実行を追求す
る意思が観察された。そのような推進リーダーは，GTMを善とする内面の
強い信念を持ち，組織内の反対意見や抵抗に直面しても，強い情熱を維持し
て説得と実現への努力を継続する傾向を見せた。例えば，事例AにおけるAL
2は，GTMがA社入社以前から長く続くキャリア関心と強く連動している
ことを次のコメントのように語った。そして，過去も今後もその追求に関心
を持ち続ける意思があることを示した。

　　“I started my carrier in one of the global chemical companies. I started to work in
　the international HR early in my carrier, so I had worked for global HR for my busi-

ness unit since then.... International HR was always one of my interests."

（A 社推進リーダー，AL2）

　事例 B における BL3 も，人事コンサルタントとして追求してきた GTM を，実際に組織内で実現しキャリアの総仕上げを飾る機会であると認識して，B 社に推進リーダーとして入社していた。その点で BL3 は，GTM 実行を B 社が偶然直面した局地的な問題としてではなく，より普遍的に自らのキャリア目標とも関連するテーマとして捉えていた。下記は，B 社入社にあたっての BL3 本人の認識と，周囲もそれを認識していたことを示す担当役員の発言である。

　　"50 歳にもなったので，ここで人生を仕切り直そうと思い，もうコンサルティング業界も疲れたし，いちどリタイアしました。…（その時 B 社から）電話を頂きました。「当社の本社の大改革をしなければならないので，力を貸してくださいませんか」ということでした。…最後は社会貢献をして終わろうと思い，「では」ということで…入社しました。"

（B 社推進リーダー，BL3）

　　"彼女の想いは今までコンサルとしてやってきたことを，当社の中で組織として，一人ではできないことを，グローバルに広げようとすることです。"

（B 社人事部門担当役員，BD3）

　これらの推進リーダーは，GTM の正当性に対して強い信念を持ち，抵抗や異なる意見に直面しても，その善なる性質に対して揺るがない信頼を維持し，GTM 実行が持つ価値を主張した。他方で，旧制度的属性を持つ推進リーダーでは，そのような強い信念は観察されず，むしろ実行の停滞に直面し推進リーダー自身が強いストレスを感じ，GTM の価値自体に疑念を持つ状況が観察された。旧制度属性のリーダーにおいては，自らはどのように GTM を推進すべきか確固たる方針を持たず，自らが課せられた任務への貢献を組織に示すことを目的に，取り組める適当な施策メニューを求め，外部コンサルタントから情報収集を行う行動も観察された。事例 A を例とすれば，次

のように，新制度を奉じる推進リーダー（AL2）と旧制度を体現する推進リーダー（AL3）とで，GTM が持つ普遍的な価値への信念について対照的なコメントが観察された。

"What we do is not a nice-to-have, we have to build the new management practice. Because if we stay with the old business, we cannot survive. And we can only develop or acquire new businesses by acting differently." （A 社推進リーダー，AL2）

"自分自身が自分に対して常に自問自答しているところがありました。「本当にこれをいまやるのか」と言う感じで。…「順番が違うだろう，今ではないだろう」と思っていました。…「誰がそんなものを使うのか」と。グローバルに適材適所といっても，オランダ人だって実際にはそんなに国際異動したい人はそれほどいません。" （A 社元推進リーダー，AL3）

　そして第三の観察要素として，推進リーダーが自らと異なる制度的属性を持つ検討メンバーとチームを組み協働し，制度的属性と関連した障害を解消して実行推進する事象が観察された。新制度の制度的属性を持つ推進リーダー（AL2, BL3）は，旧制度への制度的執着を持つ組織構成員から異端視され，また新規に組織に加入した経緯もあり，組織内の意思決定構造や非公式の影響関係の知識に限界があり，また非公式に流通する組織内情報へのアクセスを有していなかった。例えば，事例 A での新制度属性を持つ推進リーダー（AL2）は以下のように自身の疎外を述べ，また事例 B での新制度属性を持つ推進リーダー（BL3）の周辺関係者は推進リーダーに対する心理的距離感を以下のように表現している。

"It was a quite iterative process because in the first year, my Japanese colleagues were scared. They didn't want to communicate with me…I could communicate only with my own team." （A 社推進リーダー，AL2）

"（BL3 の入社・着任時に）外から見たときには「変な人が来たな」と思いました。私からするとやはりコンサルタントは情報やアイデアを豊富に持っています。他社

の事例を知っているので，引き出しが多いと思います。私も彼女をトップが採用した事は非常に良いことだと思いますが，私が来たときにはポッと 4-5 人の組織の中にライン長として入れてありました。それは，「この人にできるかな？」と私は思います。"

（B 社担当役員，BD3）

　これらの事例・フェーズでは，当該リーダーの参画以前から推進チームに在籍し，その前後に自らもリーダーとして推進に努力した検討メンバーが存在した（AL2 にとっての AL3，BL3 にとっての BL2）。そのような検討メンバー（AL3，BL2）は，自身は旧制度の制度的属性を持ちつつ従来から推進チームに参画しており，過去の経緯と障害を把握し，またプロパー社員かつ多数派の制度的属性の組織構成員として，組織内の情報流通と人間関係に精通していた。事例 A・B では，推進チームのメンバーとしてこれら旧制度属性を持つメンバーが新制度属性を持つ推進リーダーを支援し，相互に機能を補完し合ったことが，実行推進に貢献した認識が観察された。具体的には，事例 A では次のコメントのように新旧両制度属性を持つ二人の協力が，適切な相手との適切なコミュニケーションを可能とし，補完的関係が成立したとの周囲および本人の認識が存在した。

　"2010 年から 2011 年にかけ何かができたのは AL2 と AL3 の二人体制であったことが大きいと思います。AL2 が一人でやるとできるかといえば，そうではないと個人的には思います。そう言っても日本本社の日本組織なので。AL3 が「中の人」であるという事は，新しい事を始める上では絶対的なディスアドバンテージになりますが，やると決めた事を進める上では彼が調整をしてある方向に持っていくことができることになります。AL2 では中の人たちをついて来させる事は逆に難しいと思います。そのためこのセットでないと成り立たないと，2009 年から二人の下について思うことがあります。そういう意味で AL3 は彼女が決めたことに対して全面的にサポートし，実現可能な体制を整えることに注力をしていました。"

（A 社推進チームスタッフ）

　"Actually, we (AL2 and AL3) did most of the work together. Whenever we had a meeting we went together. He arranged a lot of contacts for me, which I couldn't do by

myself. AL3 is inside the headquarters in Japan and he helped me to get together with Japanese colleagues from whom I needed supports about the project…. AL3 was my right hand or the deputy leader. I call him a door opener, he arranged a lot of contacts for me and meetings with Japanese colleagues."
（A 社推進リーダー，AL2）

　事例 B においても同様に，BL3 の前任者である BL2 が検討メンバーとして BL3 を支援する一方，担当役員も，積極的に BL3 に欠けた機能を補うよう意識した。以下は，同担当役員による BL3 との協働に関する考え方を示すコメントである。

　　"（BL3 について今後障害になり得ると感じるのは）会社のいろいろなドロドロしたところを含めた組織として，どこまで力量が発揮できるのかなと言う所です。私自身はそこはあまり期待していません。それは私がやればよいだろうなと思っています。"
（B 社担当役員，BD3）

　最後に第四の観察要素として，新制度を体現する推進リーダーは，自らの制度的属性の異端性を自己認識しているため，推進にあたっての衝突と障害を事前に予測し，意識的に多数の対応策を取る行動傾向が観察された。具体的には，新制度の制度的属性を持つ推進リーダー（AL2，BL3）は，自らが組織内でコンフリクトを生起させることを予測し，抵抗への対応計画を含めた一連の組織変革の見通しを有し，それを行動に反映していた。そして，自己の役割を変革の推進者と明確に定義し，自らの取り組みを変革マネジメント一般に普遍化して捉える認識が観察された。例えば，事例 A において，新制度属性を持つ推進リーダー（AL2）は次のように自らの取り組みを客観視する認識を示した。

　　"We are not in the traditional HR community, and of course the HR community in Japan is scared by these initiatives. It's about who is in the lead. Japan is the headquarters of the business but they fear they might be dominated by too many Western ideas or visions. It's kind of a subtle line on which AD4 and I are working to involve these people on the same boat, however we have to take the lead."（A 社推進リーダー，AL2）

事例Bにおいては，新制度属性を持つ推進リーダー（BL3）は組織内の抵抗と反発の発生を前提に，それを管理して一定の時間軸で目標の状態に変革を実現する存在として，以下のように自己を客体化した認識を示していた。

"当社の人と同じことをしていたら何のバリューもないので，きっと失うものがない私のような人間が壊すことから始めないと，新しいものは生まれないだろうと思います。会長からは「あなたがどれだけ嫌われているかで組織の改革のバロメーターがよくわかります，あなたが好かれているようであれば何も変わっていないのだと僕は見ます」と言われています（笑）。…馴染むことが目的ではないので，少し離れたところでエキセントリックに動かないと改革は前に動かない，と思いながらやっています。…ただ私のような人間がずっとああだこうだ言っている会社は間違っているのだと思います。…今回トップ層の人たちにその思考をきちんと習慣にしてもらって受け継いでいってもらう体制を作るゴールとして2017年を持っています。"

（B社推進リーダー，BL3）

このような自己認識と同時に，これら新制度の制度的属性を持つ推進リーダーは相対的に多数の組織内改革行動を実行したことが観察された。表5-7は，データから観察された各事例・フェーズにおける組織内改革に向けた推進リーダーおよび推進チームの行動の有無と，それが実行推進に影響した論理的つながりの有無を整理した観察結果表である。データ中では7種類の組織内改革行動が観察されたが，理解を容易にするためそれらを意思決定における働きかけである「政治的戦術」と，組織化に関する行動である「組織開発」の2種類のカテゴリーに帰納的に分類した。データ内で観察された各行動の具体的な内容は，表5-8の通りである。

これらの結果は，データ中で二つの事象が観察されたことを示す。第一に，新制度属性を持つ推進リーダーが担当したフェーズにおいて，相対的に多数の変革行動が観察されている。具体的には，新制度属性のリーダーに該当する事例Aのフェーズ2・4と事例Bのフェーズ3において，観察された政治的戦術の実行数は平均4.0で，そのいずれも実行速度への関係に関する論理的つながりが観察されている（旧制度属性の推進リーダーが担当したフェーズにおける実行数平均は1.2）。組織開発に関しても，同様に新制度属性の推進

第5章　実行加速：改革を再加速させる変革リーダーとは 175

表5-7（1）　政治的戦術に関する観察結果

事例とフェーズ	推進リーダー（制度的属性）	観察された政治的戦術			
		緻密な組織内コミュニケーション	反対を抑制する段階的推進	経営トップによる強い支持の確保	外部コンサルタントの選択的使用
事例A					
Phase 1 （2004-2008年度）	AL1 （旧制度）	△	△	×	×
Phase 2 （2009-2011年度）	AL2 （新制度）	○	○	○	○
Phase 3（2012-2014年度第一四半期）	AL3 （旧制度）	△	△	×	○
Phase 4（2014年度第二四半期から）	AL2 （新制度）	○	○	○	○
事例B					
Phase 1 （2006-2009年度）	BL1 （旧制度）	×	×	×	×
Phase 2 （2010-2012年度）	BL2 （旧制度）	△	△	×	×
Phase 3 （2013年度から）	BL3 （新制度）	○	○	○	○
事例C					
Phase 1 （2006-2008年度）	CL1 （旧制度）	×	×	×	×
Phase 2 （2009-2012年度）	CL2 （中立）	×	△	×	△
Phase 3 （2013年度から）	CL3 （中立）	○	×	○	○

「○」：当該フェーズに同行動が観察され，文字データで実行速度との論理的な強いつながりが観察されるもの

「△」：当該フェーズに同行動が観察されたが，文字データで実行速度との論理的なつながりが微弱であるもの

「×」：当該フェーズでは同行動が観察されなかったもの

表 5-7（2） 組織開発に関する観察結果

事例とフェーズ	推進 リーダー （制度的属性）	観察された組織開発手法		
		公式の部門 横断検討体制	推進チームへ の強い地位・ 権限付与	大規模な人員・ 予算投資
事例 A				
Phase 1 （2004-2008 年度）	AL1 （旧制度）	×	×	×
Phase 2 （2009-2011 年度）	AL2 （新制度）	○	×	×
Phase 3（2012-2014 年度第一四半期）	AL3 （旧制度）	△	×	×
Phase 4（2014 年度 第二四半期から）	AL2 （新制度）	○	○	○
事例 B				
Phase 1 （2006-2009 年度）	BL1 （旧制度）	×	×	×
Phase 2 （2010-2012 年度）	BL2 （旧制度）	×	×	×
Phase 3 （2013 年度から）	BL3 （新制度）	○	○	○
事例 C				
Phase 1 （2006-2008 年度）	CL1 （旧制度）	×	×	×
Phase 2 （2009-2012 年度）	CL2 （中立）	×	×	×
Phase 3 （2013 年度から）	CL3 （中立）	△	×	×

「○」：当該フェーズに同行動が観察され，文字データで実行速度との論理的な強いつながりが観
　　　察されるもの
「△」：当該フェーズに同行動が観察されたが，文字データで実行速度との論理的なつながりが微
　　　弱であるもの
「×」：当該フェーズでは同行動が観察されなかったもの

表 5-8　観察された政治的戦術・組織開発手法の内容

戦術		内容
政治的戦術	緻密な組織内コミュニケーション	●組織内ステークホルダーとの継続的な対話，およびその実質的な検討メンバーへの任命・抱き込み ●組織内ステークホルダーに対する，実務的利益を強調したメッセージ提示 ●組織内ステークホルダーからのフィードバック意見の収集と，その施策詳細への反映
	反対を抑制する段階的推進	●組織内ステークホルダーの実務的利益の認識に応じた検討施策の優先順位づけ ●小さなリスクで早期成功を見せ賛同の流れを作る部分的パイロットスタディの実施
	経営トップによる強い支持の確保	●経営トップによる直接かつ頻繁な検討支持とその重要性の主張
	外部コンサルタントの選択的使用	●自らが検討目標と検討範囲を主導的に設定し，推進チーム自身の担当領域も設け明確な担当区分を設定した上での，外部コンサルタント活用
組織開発手法	公式の部門横断検討体制	●経営トップ直轄の公式な部門横断検討体制確立
	推進チームへの強い地位・権限付与	●中期経営計画を含む全社戦略の中での，高優先順位施策としての承認 ●推進チームリーダーへの，前例を超えた高い職位の付与
	大規模な人員・予算投資	●経営トップの承認を得た，大規模な予算の確保 ●大人数の専任検討メンバー確保

　リーダーに該当するフェーズにおける実行数は平均 2.3 で，そのいずれも実行速度との論理的つながりが観察された（旧制度属性の推進リーダーの関連フェーズでは，実行数が 0.2，実行速度との関連あるものは観察されていない）。
　第二に，制度的執着が旧制度と異なるが制度的立場が旧制度であると周囲から認識された推進リーダー（「中立」的な制度的属性，事例 C の CL2，CL3）については，変革行動の採用が旧制度属性の推進リーダーよりも多い（新制度属性のリーダーのフェーズよりは少ない）が，結果との論理的なつながりは

表 5-9　推進リーダーの制度的属性別，改革行動の観察結果

推進リーダーの制度的属性	改革行動の観察結果			
	政治的戦術		組織開発	
	実行数（フェーズ平均）	結果との論理的つながりの観察数（フェーズ平均）	実行数（フェーズ平均）	結果との論理的つながりの観察数（フェーズ平均）
新制度（n=3）	4.0	4.0	2.3	2.3
中立（n=2）	2.5	1.5	0.5	0
旧制度（n=5）	1.2	0.2	0.2	0

注：推進リーダーの制度的属性は表 5-7 の定義に従い，2 フェーズを担当した推進リーダー（AL2）は二フェーズを単独のフェーズ二つと集計した。

微弱であった。具体的には，政治的戦術について採用数が 2.5，結果との論理的つながりが観察されたものは 1.5 であり，組織開発については採用数が 0.5，結果との論理的つながりが観察されたものは存在しなかった。表 5-9 は，以上の情報を用いて，推進リーダーの制度的属性によるフェーズ別の改革行動の観察結果比較を整理したものである。

第 4 節　推進リーダーの「制度的属性」と組織反応

本章では，日本企業 3 社の本社におけるグローバル人事制度の実行過程を題材に，推進リーダーの制度的属性について比較事例研究を行った。検討の焦点として，ミドルリーダーの制度的属性を主観的要因に加え他の組織内構成員からの社会的構成としても捉えた際に，それがどのように構成されるのか，そしてその制度的属性が制度的圧力の下での施策実行過程とどう関係するか，影響要素を探索した。本データの分析結果は多様な側面を含むが，リサーチクエスチョンに関して以下の示唆が抽出されると考えられる。

第一に，制度的属性は社会的にも構成されることが観察された。本事例群では，旧制度である日本的人事制度に対して，新制度としての GTM は人材

多様性の実現を価値として追求するものだった。そして推進リーダーの制度的立場は，人材多様性に直接関連する，国籍・性別・職歴が判断要素となったことが観察された。具体的には，キャリアを通じて日本的人事制度の影響下にあり，かつそこで主流とされていた新卒入社プロパーの日本人男性推進リーダーは旧制度の立場を持つと判断された。一方で中途入社で GTM をキャリアの中で追求し，また自身が国籍（非日本人）・性別（女性）の点で多様性を体現する推進リーダーは，その特性を意識される形で新制度の立場を持つと判断された。これらの点で，本人の制度的執着（Almandoz, 2014）のみを対象としてきた先行研究に対して，制度的属性の社会的構成を具体的に示したことが，本章の第一の貢献である。近年の制度的企業家研究では，制度的企業家の二つの定義を弁別する重要性が強調されている（Greenwood, Oliver, Lawrence & Meyer, 2017）。それは，制度を超越し戦略的に活用する Strategic User としてのあり方と，制度に埋め込まれその代弁者として動くことで，結果的に制度変化に寄与する Institutional Representative としてのあり方である（pp. 10-12）。本研究の事例では推進リーダーはあくまで自らの制度的属性に従って行動していた者であり，本研究は後者の意味での制度的企業家の作用の説明を補完するものである。制度的属性の社会的構成は，超越的スキルへの依存を脱却し，企業家が制度と社会的認識に埋め込まれた状況を前提に，どのような埋め込まれ方がどのように発揮能力を制約するのかを他者評価の視点で解き明かす新たな研究視点の可能性を開く。

　第二に，社会的に構成される制度的立場は制度的執着（本人要因）と同じ志向を示す場合も多いが，新旧どちらの制度への傾向を持つかについて，自他の認識が異なる場合があることも観察された。具体的には，事例Cの2人の推進リーダー(CL2,　CL3)が新規性を志向した制度的執着を示しながら，制度的立場は旧制度属性と認識されていた。これらリーダーは新卒入社プロパーの日本人男性だが，社内で経験を積んだ機能部門が人事部門でないことを根拠に，自らが旧制度に捉われず斬新な視点で改革に臨むことができる存在と認識し，それにふさわしい実行施策および手法を選択したとの認識を示した。そして実行結果に関して，これら中立的属性の推進リーダーによる実行フェーズは，新旧両制度の推進リーダーと比較し，実行速度とその影響要

因に関して，中間的な観察結果を持つ独特の傾向を示した。これは，主観と客観の両要素を考慮することではじめて示される，混合的な制度的属性の存在を示唆する。組織内のミクロ構造に注目した制度理論研究では，各個人が自らの奉じる制度的ロジックの優越を目指し，レトリックを通じて意味を創造し，政治的資源をめぐり暗闘する行為が描かれる（Zilber, 2002）。しかし，個人がある制度の代弁をどれほど巧みに試みても，周囲はその内容に加えて発信者が何者であるかを合わせて評価するため，意図通りの結果が生まれるとは限らない。本章の第二の貢献は，このように個人の行為（何を行うか）のみならず，個人そのもの（誰が行うか）が曖昧さを持ち検討に値する領域である可能性を示し，制度をより重層的に捉えた議論を発展させることである。

第三に，本データでは新制度を体現する制度的属性を持つ推進リーダーが担当するフェーズで施策実行が加速しており，かつその関係を説明する四つの具体的経路が観察された。これは，先行研究が示すように（Almandoz, 2014），推進リーダーの制度的属性が制度の関連する施策実行に影響を及ぼすことを支持する。図 5-1 は，四つの具体的経路とその関連要因をモデルとして示す。

本章では「意図せざる不実行」（Crilly, Zollo & Hansen, 2012）が解消する文脈において，推進リーダーの交代による推進者の制度的属性の変化と，それに伴う組織内の制度ロジックの代弁状況に変化が観察された。Crilly, Zollo and Hansen（2012）は，「意図せざる不実行」の発生要因が，制度的利益と実務的利益とをめぐる組織内での調停困難なコンフリクトであることを示した。本章の文脈においても，同種のコンフリクトは推進チームと事業部門の間で観察されており，この点で本研究は先行研究を支持する。同時に，先行研究では実証されていない「意図せざる不実行」の解消メカニズムについて，本章は推進リーダー交代に伴う制度的属性の変化による，組織内での制度の代弁状況の変化（cf. Pache & Santos, 2010）を説明要因として示唆する点で，新たな理論的貢献を行った。また本章の文脈は，Coupling（Tilcsik, 2010）または Recoupling（Espeland, 1998 ; Hallet, 2010）の研究系譜にも適合する。先行研究では，Coupling の説明要因は政治的対立と権力関係の変化とされてきたが，本結果でも施策実現を意図した政治的戦術と組織開発を経た実行加速

図 5-1 推進リーダーの制度的属性による組織反応への影響経路

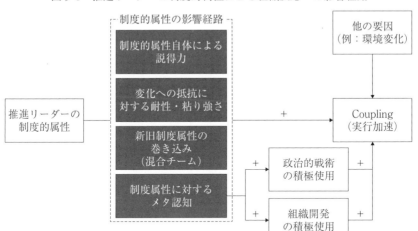

注：長方形ボックスは組織内要因，ブロック矢印は組織反応の段階を示す。矢印は因果関係（符号は＋の場合元の変数が後の変数を促す），矢印でなく直線での連結は因果関係でなく同時派生する事項を意味する。

が観察され，この点で先行研究を支持する。一方で，従来推進リーダーは新制度の体現者として固定的に検討されてきたが，ここでは制度的属性を操作変数とし，新制度・旧制度・中立的の三種の制度的属性を持つ推進リーダーの指揮下における過程を検討した。そして推進リーダーが新制度属性を持たない場合にCouplingが発生しない現象とその論理を観察した点で，旧制度属性を持つ推進リーダーによる組織変革の機能不全という，報告の少ない組織事象の存在を提示している。

なお，ここでの分析で観察された推進リーダーおよび推進チームによる一連の改革行動は，組織内でのアクターによる影響力の確保行為であり，そうした行為の発生を命題とするパワー理論を支持する（Pfeffer, 1981）。Pfeffer (1981) は，パワーを「自己の影響が無ければ取らなかった行動を他者に取らせる作用」と規定し，正当性と結合することでパワーが権限として固着するとする。そして，各アクターが組織内の資源配分における優位性を目指してパワーを競い，その調整結果として組織行動が決定する組織観を提示した。さらに，アクターは圧迫的な印象を避け，正当性を確立し，他者の支援を獲

得する基本戦略の下に，多様な戦術を駆使するとした。本データの推進リーダーは，新制度属性を持つ者のみが自己の制度的属性による障害の発生を予期し，改革行動としての政治的戦術および組織開発の手法を相対的に多数使用していた。具体的な政治的戦術として本データで観察された四要素（「緻密な組織内コミュニケーション」・「反対を抑制する段階的推進」・「経営トップによる強い支持の確保」・「外部コンサルタントの選択的使用」）は，Pfeffer（1981）が提示した戦術と基本的に合致するが，本データで観察された「経営トップによる強い支持の確保」，およびその他の組織開発手法による検討の社内制度化について，Pfeffer（1981）は明示的に議論していない。この点で，Pfeffer（1981）の議論は組織規程が緩やかな非営利組織も含めた組織一般に普遍的な理論を目指したものだが，本データが示す上場企業組織での組織変革は，経営トップの権限および公式組織規程（組織設立・職務的地位・予算人員）の影響が確立し，かつそれを組織構成員が前提として共有する文脈である点が異なると考えられる。

　一方で，本章で示した事例群で「意図せざる不実行」が解消し施策実行が加速した背後には，その他の文脈要因が存在する可能性がある。特に留意すべき点として，データでは Coupling の発生の前後から，全社事業戦略の転換が発生しそれに伴って GTM が持つ実務的利益の意味が転換していたことが観察されている。

　具体的には，A社では各事業とそれに含まれる各地域がそれぞれ別個に事業を展開し，グループ本社が持ち株会社として機能することで事業成長を最適化する方針が持たれていたが，事業環境の変化認識に伴い，2015年度から3年間の中期経営計画以降，事業間と地域間の連携を強化することで競争優位の源泉を確保することが明確な公式方針となった。その背景には，リーマンショック後の業績低迷とそれに連動した従来のビジネスモデルによる競争力の衰退が強く事業部門に認識され，戦略転換とそれに合わせた体質改革が重要な経営課題であるとする認識が存在した。特に，2012年に対外発表された今後展開予定の米国での大型投資案件については，その規模の大きさ故に日本人駐在・派遣だけでは対応不能であることが明確であり，かつ米国現地法人にも十分な人的資源が無い状況であると組織内で認識された。結果

として，同案件およびそれ以外の潜在的案件も念頭に，海外人材を育成し自在に異動させ必要な地域に投入することの可否が業績に大きく影響するという論理で，「HR ポートフォリオの変革」が中期経営計画の四本柱の一つに位置づけられていた。B 社においては，海外売上高比率が徐々に上昇を続ける中，収益性が高い海外事業での成長実現が事業戦略上の重要性を増し，またある海外拠点を海外事業本社と位置づけ海外事業を委任する方向性が人事面の問題もあり困難となっていた。フェーズ 2 の後期には，グローバル事業の統括機能を本社が掌握し強化することの必要性を経営陣が痛感する状況となり，2014 年度の新社長就任に伴い大規模な体質変革プロジェクトの中核として GTM が位置づけられた。C 社では，2014 年度に実行した大型海外企業買収に伴い，新たにグループに参画する多人数の海外グループ企業従業員を迎える状況となった。当該時期の推進リーダー（CL3）は，それら人材の受容と活用のために人事制度を整理統合する必要性が事業部門を含めて従来以上に組織内で共有され始めたと認識した。

　これら事例に共通していたのは，事業環境認識と戦略方針の転換に伴い，実務的利益と制度的関心の対立が緩和され，両者が融和する事象である。この事象に関して，推進リーダー個人の制度的属性が影響したのではなく，従来から実務的利益に基づいて行動していた組織が，環境認識と事業戦略を転換したことで，GTM 採用に実務的利益を見出すよう変化したことが，Coupling の結果をもたらしたとする解釈も論理的には可能である。また，組織内でそのような認識を公式方針として明文化して意思決定し，かつ事業戦略を承認したのは経営トップであり，従って個人レベルで Coupling に影響を及ぼした要因が存在するとしても，その主たるものは経営トップの資性もしくは判断の質であるとの論理も成立し得る。これらの説明にも一定の蓋然性は認められるが，同時に実務的利益と制度的関心を矛盾なく両立させるレトリックを形成し，組織内で実際に構成員に作用しそのような認識形成に直接携わったのは推進リーダーであった。そもそも実務的利益と制度的関心は断絶して存在するのでなく，どのように実務的利益を解釈するか自体が，制度の影響を受け，両者は本質的に不可分な性質も持つ（Lounsbury, 2007）。その意味で，推進リーダーは，組織構成員に新制度の正当性を一方的に認めさせ

実務的利益を無視させる役割ではなく，むしろ実務的利益を判断する前提や
その尺度に影響を与え，制度の受容が実務的利益とも矛盾しない認識を形成
し普及させる補助的役割を果たしたと考えることができる。これは，推進派
による有力地位の確保が制度変化を起こすとする旧来の政治過程重視の説明
を超え，Coupling においても認識変化が制度変化に果たす役割の重要性を示
唆する。

　さらに，本章で観察された要素とは別に，結果の説明に関連した要因が存
在し得る。第一に，第4章でも検討した通り，景気動向と企業業績が資源配
分と組織内活動の優先順位に影響する論理的可能性がある。本事例群におい
ては，Coupling が観察され始めたフェーズ（事例 A のフェーズ 2，事例 B の
フェーズ 3，事例 C のフェーズ 3）以降，一定の業績変動が存在した。具体的
には，事例 A においてはフェーズ 2 において業績が売上高・経常利益の両
面で悪化した。その後，同社の業績はフェーズ 3 以降に緩やかに回復したが，
2014 年度に同社は一部の人員整理を行っている。事例 B では，フェーズ 1
の末期とフェーズ 2 の初期に業績が売上高・経常利益の両面で悪化した。そ
の後，フェーズ 2 以降同社の業績は緩やかに回復したが，2015 年度に一部
の人員整理を行っている。事例 C でも，業績は同様の傾向を示した。特に
業績低迷と Coupling の時期に重複が存在する事例 A において，業績悪化に
伴う優先順位の変化は，新制度属性の推進リーダーによる実行加速の効果を
一定程度減退させる方向で結果に影響した可能性が存在する。

　第二に，企業規模が実行の遅速に影響した可能性が論理的に存在する（cf.
Beck & Welgenbach, 2005）。本事例の経緯において，事例 C は 2014 年度に大
規模な海外買収を行い事業規模が拡大した。ただし，同買収がスラックリソー
スを増し余剰人員を GTM 推進に転移させた現象は観察されず，むしろ買収
後の統合に推進チームも含めた社内リソースが要求され，実行速度に顕著な
正の影響を与える状況は観察されなかった。また，相対的に企業規模が大き
い事例 A（2014 年度に売上高約 8,000 億円）でも小さい事例 B（同，売上高約 4,000
億円）でも，共に Coupling は観察された。以上のように，本データにおいて，
企業規模が結果に大きな影響を与えた証拠は見出されていない。

　最後に，本章での研究にはいくつかの限界がある。第一に，構成概念妥当

性について，特に制度的立場に関する情報源が，推進チーム関係者を中心とするインタビュー対象者に限定されており，その点でバイアスが存在する可能性がある。将来的な研究では，対立者も含めた組織内のより多様なステークホルダーの認識をデータ収集し検討することが必要かつ有用と考えられる。第二に，内的妥当性について，制度的属性以外の複数要因による結果への影響の可能性も観察されたが，これら潜在的説明変数における強弱関係が必ずしも明確となっていない。例えばより多数の事例サンプルによって可能となる QCA 等の比較手法を用いる等，要因間の優劣に関する確認を行うことが，本章の発見事項の意義をより明確にすることに貢献すると考えられる。

コラム4 推進リーダーの孤独と勇気

　精神的に非常に辛い時期がありました（笑）。海外の現場で火の粉を浴び
ているというか，目の前の課題に一生懸命対応している方が良いと言うか。
なかなか手応えがない時代が長く続きました。

（GTM を推進したある企業の人事マネジャー）

　新しい「あるべき」スタンダードが社会に登場し，組織に持ち込まれ，それに
沿った組織変革が求められる。このようなとき，組織には当惑が広がる。当惑は
「とにかくやってみよう」という前向きな試行につながる場合もある。しかし，
表立って文句は言いにくいが腹の底では納得しない，抵抗感が広がることも多い。
新しいスタンダードが，従来の常識に反する，組織の中で賛否両論を巻き起こす
性質のものであれば，なおさらである。グローバル人事制度に関する改革も，多
くの日本企業ではそうした「皆がざわつく改革」の一つであった。

　このような，議論を巻き起こす変革は，それを推進するリーダーに大きな負担
を強いる。変える理由や中身が外から来たものであり，一方で自社でのメリット
は必ずしも明確でないため，影響を受ける当事者の協力を得にくいためである。
それでも，従わなければ法規制などの社会的制裁があることが明らかな取り組み
なら，まだ説得はしやすい。しかしグローバル人事制度のように，緩やかなプレッ
シャーしかない場合は，その推進がより難しい。

　本書にも多くの推進リーダーが登場したが，推進リーダーはこのような状況に
特有の難しさに直面する。それは，たとえば次のようなニュアンスのある文脈で
ある。

■のれんに腕押し

　推進リーダーは，変革の推進を職務として受けている。自分の評価もそれによっ
て決まる。そのため，変革を前に進めるよう真剣にならざるを得ない。しかし周
囲はそうではない。組織がある制度の導入を意思決定しても，ほとんどの人にとっ
てそれは自分ごとではない。推進役でない普通の人にとって，ある施策の良し悪
しは，自分の仕事上の損得で決まる。必然的に，推進リーダーが制度導入を具体
的に進めるようとすれば，「それが自分の仕事に何の得があるのか」ばかりに関
心を持つ人々にぶつかる。推進する施策が，具体的なメリットにつながるものと
説明できれば良いが，そうでなければ相手の賛同は得られない。まして，これま
での仕事の進め方を変える，不利益につながりそうな施策であればなおさらであ

る。組織の人々が信じる世界観をゆるがすような，引きつけられるような理念も無い。結果として，組織が決めた教科書的な「べき論」をかざして説明をしても，関心も協力する気も無いという反応にぶつかる。そして改革はプランのまま，いつまでも実行に移せない状況になる。

■締め切りの無い宿題

　法規制などが無い，弱い「べき論」で導入が決まった取り組みには，決まった締め切りが無い。その制度が無いよりはあった方が対外的にも望ましいが，いつまでに終えなければならないとは決まっていない。結果として，区切りがなく終わりが見えないまま，取り組み中の状態が延々と続く。推進リーダーにとっては，時間軸を切れないまま苦しい努力が毎年続く。進まないからと言って，途中で止めるきっかけも無い。さらに，毎年同じような目標を書いて達成できず，進まなければずっとそれに取り組み続けるという無限ループのような状態が発生する。

■自己欺瞞

　取り組みがうまく進まないと，推進リーダー自身もその取り組みに懐疑的になることがある。特に，リーダーがもともと新しい取り組みとその大義に対して，強い思い入れを持っていない場合にそれが顕著になる。リーダーは，本当は以前のやり方が望ましいのではないかと密かに悩みながら，職責上我慢して新制度の旗を振る。このように自分の思いと乖離した取り組みを続けることは，リーダーにとって精神的な負担になる。しかし，間違っても誰かに「自分もこの施策には反対だ」と愚痴を言うことはできない。そして推進リーダーは孤独と苦難にさいなまれる。

　しかし，このような推進リーダーがずっと苦しみ続けることは，実際には無い。中途半端で物事が進まない状況に陥っていても，5年位が過ぎれば必ず終わりがやってくる。なぜなら，時が過ぎると共に，社会や組織の常識は驚くほど速く変化してしまうからである。特に今世紀に入ってから，そうした社会常識の変化スピードもより加速している。ある時期には停滞していた変革プロジェクトも，そのうちにその課題が深刻で優先度の高いものになる，潮目が変わる瞬間が来ることがある。外から来た正義に影響された変革の神髄は，「何があるべきものか，そして何が当たり前か」という認識をめぐる戦いである。

　人々の認識がそのように移り変わる素地を作り，そして環境変化により新しい施策が実務的な利益にも一致すると信じるよう，世論を変えていく。そのような変革の推進リーダーに必要なことは，何だろうか。事例からの学びを簡潔に整理すれば，ポイントは3つある。第一に，与えられた正義を押しつけるのでなく，組織の中の常識を変える働きかけをすること。そして常識を変えるには，理念で直球勝負するだけでなく，その理念が実は利益と不可分であると信じられるように，利益を計算する基準の方が変わるよう働きかけることが有効になる。第二に，

どんな苦しい状況にも必ず終わりが来るという組織のサイクルを理解し，前向きな精神を保つこと。推進者自身が後ろ向きなメンタルモードであれば，それに接した人が感化されることは少ない。そして第三に，一人で戦わず仲間を作り，有力者の支援を取り付けるためにあらゆる戦術を用いることである。グローバル経営体制の構築のような大きなテーマであれば，ミドルリーダーでなく経営者の果たすべき役割も非常に大きい。また新制度を体現する存在は旧制度の信奉者層の溶け込めず浮いてしまうことも多いため，反対側の制度に属する層の一部を推進側に取り込んで共同で進める必要がある。

第6章 プロセス全体に見る組織反応の原理

外から来た正義に動かされた組織は,どうなるのか。
軽々しく飛び付いたことが,その後の内輪もめにつながり,
さらに揺り戻しが続く。
何が本当の正義なのか,正義と利益は両立するのか,
認識を巡る戦いが続く。
自分たちがどのような集団に属すのか,模範となるのは
誰なのかが問い直され続ける。

第1節　プロセス全体を通じて何が観察されたか

前章まで，制度に対する組織反応の各段階について詳述してきた。もう一度原点に立ち返ると，本書の主眼の一つは，組織が制度的複雑性に対してどのように反応するか，時系列で経緯をたどった際に浮かび上がる原理を探求することにあった。ここで，あらためて各段階を横断して観察される要因に注目して，全ての時系列段階が揃う事例A・B・Cに関して，第2章に述べた手法を用いてデータの再分析を行った。分析の焦点は，これまでの各章で行った，一つの段階を定義づける現象の発生要因（その発生有無での事例比較による差異抽出）ではなく，複数段階を横断して観察される組織反応の影響要因抽出である。具体的には，複数の段階で共通して観察される要因，及び複数の段階の間での要因間の相互関係に注目して分析を行った。第2章で述べた通り，いわゆるGioia methodに従ってデータ分析の結果を集約した整理が，次の図表である（図6-1）。

図6-1　Gioia Methodに基づく時系列データ分析結果

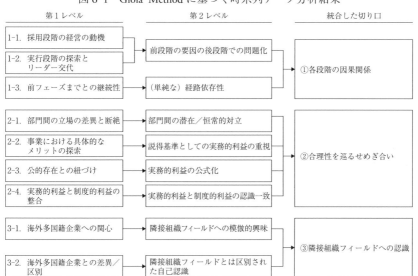

表 6-1 データにおける各要素の観察結果

統合した切り口	第1レベルの要素	第1レベルの要素が観察された インタビュー		
		事例A (全8件)	事例B (全8件)	事例C (全4件)
①各段階の組織内 プロセスがもた らす因果関係	1-1. 採用段階の経営の動機	5(AL3×2/ AD4/AS×2)	3(BL2×3)	2(CL2/CL3)
	1-2. 実行段階の探索とリーダー 交代	5(AL2/AL3× 2/AD4/AS)	3(BL2×3)	1(CL3)
	1-3. 前フェーズまでとの継続性	1(AL3)	1(BL2)	2(CL2/CL3)
②合理性を巡るせ めぎ合い	2-1. 部門間の立場の差異と断絶	5(AL2/AL3× 2/AD4/AS)	3(BL2/BL3/ BD3)	2(CL2/CL3)
	2-2. 事業における具体的メリッ トの探索	4(AL2/AL3/ AD4/AS)	4(BL2/BL3 ×2/BD3)	3(CL2/CL3 ×2)
	2-3. 公的存在との紐づけ	4(AL3/AD4/ AS×2)	2(BL2/BL3)	2(CL3×2)
	2-4. 実務的利益と制度的利益の 整合	6(AL2/AL3× 3/AD4/AS)	5(BL2/BL3×2/ BD3×2)	1(CL3)
③隣接組織フィー ルドへの認識	3-1. 海外多国籍企業への関心	2(AL3×2)	3(BL2×3)	4(CL2/CL3 ×3)
	3-2. 海外多国籍企業との差異/ 区別	5(AL2/AL3× 3/AD4)	5(BL2/BL3×2/ BD3×2)	3(CL2/CL3 ×2)

　時系列変化の各段階を通じて，何が観察されたか。まず，第一レベル（オープンコーディング，Strauss & Corbin, 1998）では，インタビュー対象者が提示した理解を可能な限り忠実に再現する中で，9つの要素が観察された。次に，これらを第二レベル（アキシャルコーディング，Strauss & Corbin, 1998），すなわち研究者による意味解釈の分析を行った。さらに，それら第二レベルの諸要素の統合整理の結果，三つの統合した切り口への意味認識の集約が得られた。ここでは便宜的に各要素を矢印で結合しているが，これは先行研究の慣例に基づきデータ分析の手順を示すものであり，因果関係を示すものではない（Gioia et al., 2010：12-13）。そして表 6-1 は，各要素が観察されたインタビューの分布を示す。表に明らかなように，これら諸要素は，特定の事例に限らず全事例に観察されたものである。また各事例内においても，大半の要

素は複数のインタビューにおいて観察されている。インタビューにおける各要素の観察数が単純に当該要素の重要性と比例するものではないが，ここでは各事例・インタビューに重複して観察される要素は個々のインタビューによるバイアスの可能性が小さいと想定した。

分析により抽出された，統合した切り口とそれを構成する観察事象の詳細は次の通りである。

① 各段階の組織内プロセスがもたらす因果関係

まず，本データからは，組織反応の各段階を横断して前の段階から後の段階へ，組織内プロセス間の因果の論理が観察された。根拠となる代表的なデータ（インタビュー）は表6-2に整理して掲載した。各段階間の関係とは，具体的には次の事象である。

第一に，施策の採用とその後の実行に関して，採用段階の動機と経緯が，後段階での組織反応にも影響をもたらした。具体的には，制度的理由を重視した採用経緯が，実行時に組織内での合意形成の困難さをもたらす論理が観察された。そもそも施策の実務的利益が深く検討されずに採用されていれば，実行にあたって組織内の各部門の協力を得る説得材料は，施策の掲げる正当性と制度的理由しかない。しかし，新たな制度と整合しない従来からの制度に埋め込まれた各部門からすれば，実務的利益なくそれに協力する理由が無い。こうした合意形成の困難さが，GTMの採用を公表しながら実態はごく一部の施策の形式的実行に留まる，形式と実態の乖離の背後に存在した。

これは，第3章および第4章で詳述した過程と重なるものである。事例に即して言えば，採用の意思決定を主導した本社の経営と，推進役を任命された部門を除く，その他の各部門（主に事業部門及び海外現地法人人事）は，当時GTMに具体的な実務的利益を見出しておらず，制度的理由に関心が薄く，また推進のあるべき進め方について本社経営と認識が一致していなかった。

事例Aのあるコメントは，それを端的に示す。

> グローバル人事制度を整えろという指示は来ていたが，果たして事業側にそのニーズがあったかというとクエスチョンです。…事業側のニーズが無い事を人事が一所

表 6-2 「①各段階の組織内プロセスがもたらす因果関係」に関する代表的なデータ

第一レベルの要素	代表的なデータ（インタビュー）
1-1. 採用段階の経営の動機	● おそらく経営トップがトップ同士で話をする中で，こうしたああした といったうわさ話が多いと思います。そうした話を聞くと，べき論的 な話ですから「それは良いね」と思いやすいではないですか。そうな ると自分の会社はどうなのかということで人事に聞き，はっきり人事 が「ニーズがないのでやっていません」と言えばよいのですが，人事 の人もそれを言えません。「分かりました，検討します」になってし まいます。最初からボタンがかけ違った状態でずっとやれていなかっ たのではないかと思います。 ● …本当はみんないらないと思っているものを，一生懸命制度を整えよ うとして軋轢を起こして何のためにやるのか。個別の議論に落ちると そういう話が出てきます。人事は悩んでしまって，抱え込んで熟成さ せてしまいます。「お前ら一個も進んでいないじゃないか」と毎年言 われるようになる，と（笑）。(AD4)
	● 思い起こすと，（当時）は最高益を更新していた頃です。…当社にとっ てみると歴史的な業績を達成していたのがその頃でした。当時は飛ぶ 鳥を落とす勢いで，…売上 X 億，営業利益 X 億という目標がありま した。それに向けてやるとなると…グローバルに考えろという指示が 出ていたと思います。その時は会社に非常に勢いがあったと思います。 それに見合ったものを導入しろというのがトップからの指示だったと 思います。 ● 正直言って，…会社の状況を踏まえると当社がグローバル人事制度を 入れる時期としてあまりふさわしい時期ではなかったのかなという気 がします。(BL3)
	● 「これからは海外事業推進機能を作る」という結論が先にあって，組 織が先に人事異動的に立ち上がって，組織の中で「こういう組織が何 をやらなければならないか」を検討しました。…「まぁ何かやってく れ」と言うことで，具体的な指示は無く組織が立ち上がり，何をしな ければならないかを模索して。それを 1 年間検討しグローバル人材育 成プログラムを設計してそれを社内に説明して了解を得て予算もとっ てスタートしたということだと思います。(CL2)
1-2. 実行段階の探索とリーダー交代	● 結局何もできずにいる状態がずっと続いていました。そのため，何と かしなければいけないという話がずっと続いていました。…2007 年 から（役員）が「海外の現地に行って話してみよう」ということで， 人事担当役員が海外ラウンドとして，例えばヨーロッパに行きヨー ロッパの主要会社の人事のマネジメントに，グローバル人事会議を行 うようになりました。…そうした顔合わせを通じて，AL2 が（関係会 社）にいることも分かり，各社の人事担当がどんな人間かということ も，だいぶわかってきました。(AL3) ● 今回なかなかグローバル人事がうまく進まないということで，まだ若 かったのですが，（AL2 を）理事に上げました。結果としてだいぶ進 み始めました。(AD4)

	● （新リーダーの起用）はトップである会長社長の判断です。グローバル人事を加速させたいという意志があったのではないかと思います。…トップと会長とでそうした形で動こうと決め，…面接など人選を行って採用しました。 ● 意図を察するに，これまでのように日本人に向けて何かをするのでなく，ガバナンスの人事制度もグローバル最適にするべきだ，そして内部にそれができる人間はいない，と踏んだのだと思います。まさにそのような進め方で現在に至り，その人を中心に動いています。（BL2）
1-3. 前フェーズまでとの継続性	● （着任）時に残っていたのは，コアタレントマネジメントだけでした。…最初にやれと言われたのはとにかくコアタレントマネジメントでした。…非常に戸惑った記憶がありますが，とにかくやろうということでタレントマネジメントを残ったメンバー 2 人と…3 人チームでやりはじめました。（BL2）
	● 当初の議論はわかっていませんが，（着任）の段階ではすでに実績としてあったので，「必要だから続けよう」ということで論理立てはあまりなかったです。人材育成を国内海外一緒にやっていくのはもう当たり前で，やらなければならないということになっていて，なぜ必要かという詰めは私も言いませんでした。（CL2）

懸命頑張ろうとしていたのかもしれません。それでは動かないですよね。

（A 社担当役員，AD4）

　それにもかかわらず制度的理由から導入を決定した結果，実行にあたって推進部門が各部門の協力を求め本社経営を説得する際に，正当性をめぐる認識の齟齬と利害対立が深刻な障害となった。各部門は，GTM に本社なりの制度的理由があったとしても，それが自部門も絶対に受容すべきほどの強い強制性や規範性を伴う認識を持っていなかった。そして，その具体的な進め方についても，組織として何を目指すのかの目的と，それに即して何を優先して進めるかの基準が，採用時から検討されておらず存在しなかった。各部門は短期的に実務的利益に抵触すると認識する施策に対しては，非協力的となった。このような傾向に自覚的な当事者（例えば事例 A の AD4）も一部存在したが，多くは全体経緯があまりに長期にわたるため当初からの経緯に関して知識が不足し，または当事者として一定の立場に利害を見出し，無自覚的であった。
　第二に，施策の実行停滞とその後の実行加速に関して，停滞が打開に向け

た試行錯誤を生み，その結果の一部が実行加速に影響をもたらした。具体的には，実行が停滞する中で本社経営および推進部門がより良い推進方法を探索した結果，特定の属性を持つ人材に推進リーダーを交代させたことの影響である。採用後の実行停滞（形式と実態の乖離）は，推進部門および本社経営において解決すべき課題として認識が共有されていた。停滞期にも人事異動のサイクルに合わせ推進リーダーの交代が見られたが，本社経営はその課題解決への対策として，推進リーダー交代による打開を企図する。それが，各事例で共通して観察された，制度的属性が異なる推進リーダーの抜擢である。模索の中で経営陣は有望な人材や協力者を探索する努力も行い，その結果がリーダー人選に影響していた。

　具体的には，事例Aでは情報共有の強化を意図し海外グループ企業人事との定例会議を開始した結果，海外法人に所属するGTMの専門家であるAL2を本社経営が認知した。表6-2にあるAD4のコメントが示すように，本社経営が推進の過程でAL2の適性を高く評価したことが，その後のフェーズでのAL2の推進リーダーへの抜擢，およびさらに後での再抜擢と理事登用の端緒となった。事例Bでは実行が停滞していたフェーズ2の後期に，新社長の就任に伴い，本社経営がGTMの真剣な実行を加速する意図をもって新たなリーダーを探索した。探索対象は社外にも及び，外資系人事コンサルティング会社に所属していたGTMの専門家であるBL3がその過程で認知された。表6-2におけるBL2のコメントが示すように，BL3はGTM改革の担い手として，フェーズ3より外部から特殊な立場で登用された。また事例Cでも，実行が停滞していたフェーズ2までを経て，実行加速を目指しGTMの管轄部門が人事部門に変更された過程で，新リーダーの探索が行われた。新リーダーとなったCL3はかつて人事部門に所属していたため人事部門に認知されていたが，その後海外事業部門で経験を積んでいた。これらの新リーダーは第5章で詳述した通り，一定の作用を通じ，制度的代弁のバランス変化と組織反応変化に影響を与えた。

　以上二点は，時系列の各段階で観察される段階特有な現象とその背後要因が，後段階の要因発生に影響を与えている因果関係を示す。一方で，このような複雑なメカニズムでなく，より単純な意味での経路依存性も補足的に観

察された点を付記しておく。具体的には，当然のことだが，あるフェーズで
の検討内容は前フェーズまでで既に導入された施策を除外したものとなり，
その意味で前段階に影響を受けていた。各フェーズでの施策実行は必ずしも
ゼロから立案されたものでなく，施策の選択に関して前段階までの検討が考
慮されていた傾向は全事例で観察された。ただし，実際に前段階の優先検討
事項をそのまま後段階でも完全に同じまま維持した例は無く，一部への絞り
込み，または別の側面の施策を優先する等，検討の後には改変が行われてい
た。

② 合理性を巡るせめぎ合い

　次に，本データからは，各段階を通じた現象として，GTM の意味をめぐ
る組織内関係者間の継続的な折衝と認識変化が観察された。実務的利益はそ
の評価自体が評価者の埋め込まれている制度の影響を受けるため，「合理的」
（とされる基準に基づいて）に判断した場合の利益がどのようなものか，その
認識は制度的環境と密接に関係している（Lounsbury, 2007）。ここで取り上げ
た三事例では，GTM が多様性と公平な人事処遇という社会的正義に貢献す
ることに対して，あるいはそうした社会的正義に（そのために実務的利益を犠
牲にすべきかは別として）価値があるという考え方に対しては，異論は提起
されなかった。一方で，では GTM が実務的利益に貢献するか否か，そして
仮に実務的利益が犠牲になるとしても GTM が提起する価値の正当性を優先
すべきかについては，実行当初から合意が成立しなかった。形式と実態の乖
離の背後にあった，推進部門とその他部門との解消し難い不同意には，具体
的には次の三つの要素が介在した。

　第一に，そもそも組織としての任務が異なる各部門間では利害が対立し関
係の断絶した状態が存在した。本社経営は GTM 推進を公式会議で督促する
など推進意思を示し，また GTM 推進部門は所管業務として自らの人事評価
を賭して推進にあたる動機づけを持っていた。一方でその他各部門は，GTM
が推進されずとも自らの評価への影響を受ける状況に無かった。また同時に，
事業部門を支配する制度は旧制度（日本的人事制度）であり，また海外現地
法人も各国で既存の人事制度を持ち，GTM とは異なる各国の人事制度を当

然視し，それに反する新しい正当性に強い関心がない状態にあった。そのような背景の中で，各部門にとって GTM に関する対話ではその実務的利益の有無に関心が集中した。実際に，相対的に各部門が実務的利益を見出しやすいごく一部の施策（例：各部門の業務に変化を生じさせない，人材育成プログラム）が選択的かつ限定的にまず合意され推進された。推進部門が制度的理由を主張して説得しようにも，各部門にとって GTM は異質な制度と認識され，また GTM 自体に切迫した強制性があるわけでもなく，説得が不首尾に終わる状況が継続した。表 6-3 における AL3 のコメントは，このような本社介入への各部門による拒絶が多くの局面で発生していたことを例示する。時系列の各段階を通じて，このような部門間の潜在・恒常的な対立を促す立場の差異は存在し続けた（cf. Weick, 1976）。

　第二に，このような潜在的対立も意識して，推進部門側でも常に事業における具体的な実務的利益の理由を探索し，それを主眼とした活動設計を企図する認識が観察された。表 6-3 における推進チーム関係者のコメントは，このような志向性を例示する。各事例において推進部門でも，制度的理由を正面から提示した「GTM がより正当なものだから推進に協力すべきだ」という説得が有効とする認識は観察されなかった。自らに圧倒的な権限は無く，各部門に協力可否の決定権がある交渉の成功を探る中で，また自身が望む推進部門のあるべき貢献像の中で，「GTM がいかに正しく従うべき正義か」という論理でなく，「GTM はいかに実務的にも必要になるものか（あるいは実務的に害の無いものか）」という論理構築とその受容を促す努力が継続された。

　第三に，そのような努力の過程で，GTM と組織内の公式な存在との連携・一体化が，GTM を実務的利益と一体でとらえる認識定着に関係する現象が観察された。具体的には，中期経営計画への組み込み（全事例），推進リーダーに対する特異な地位の付与（事例 A・B），本社経営の強い関与の提示（事例 A・B）が見られた。例えば中期経営計画では，再加速に向かう段階と期を同じくして，三事例いずれでも，その重要な推進事項の一つとして GTM が明記された。具体的な GTM 施策の導入実行を明示し，上場企業として対外的にも公表することは，推進への監視圧力を高め得る。また同時に，中期

表6-3 「②合理性を巡るせめぎ合い」に関する代表的なデータ

第一レベルの要素	代表的なデータ（インタビュー）
2-1. 部門間の立場の差異と断絶	●人材データベースを導入して見えるようにしていかないと手が打てないと一生懸命言っていました。しかし…なかなかうまく社内で説得ができませんでした。…現地では個人情報保護法が厳しいので出さないとか，そもそもそれを何に使うのか，といった消極的な反応しか返って来ませんでした。…反論ばかり返ってきて，手の内を見せようとしません。自分のところに手を突っ込まれたくないと言う気持ちがありありでした。 ●それに日本側も抵抗します。例えばある子会社がありますが，そこは「放っておいてくれ」と言っています。…シェアードサービスセンターを作るときに，その子会社も含めてやる予定だったのが，「20人しかいないからメリットがない」と言ってやらないことになりました。よく聞いてみると，昔から外注先と付き合いがあって取引を打ち切れない，という事情があったようです。（AL3）
	●取締役や執行役の意見も無視できないではないですか。その中でクリティカルな意見が出てしまうと，検討し直しになってしまうリスクはあると…。「もう少しこの辺を練った方が良いのではないか」という感じです。そうすると総論賛成で進んでいたものが，重箱の隅をつつくような話で検討がストップしてしまいます。（BL2）
2-2. 事業における具体的メリットの探索	●(事業部門のニーズ) は取り入れながらやります。基本的に人事が1人で歩く必要ないので。事業に目的があって，それに合う形で人事は動きますので。（AD4）
	●実利があるような人事をしたいと思っています。要するに，同じ目標だったり，マネジメント，…ビジョンとか戦略を共有し，それに基づいて，ゴールセッティングして，それに対しての公正な報酬がモチベーションとロイヤリティを維持する，そういうことで，人材力を最大化することが必要ではないかということです。（CL3）
2-3. 公的存在との紐づけ	●（実行が加速した理由の）1つは修正中期計画がでたこと。次はAL2が理事になり，AD4がグローバルの部分を切り離してAL2に権限委譲し，この部分は彼女が進めることにしたことです。（AS）
	●経営会議の翌日に事業本部長クラスとそれ以下が集まり，四半期で何をするか執行レベルで社長を除いた形での一日会議をします。社長は出席しないのですが，（GTM関連の）発表があると，その時だけきます。それは非常に助かります。「これは社長のお墨付きでやっているのだな」「人事はあくまでもそれを代行しているのですよ」と見せてくれるので。そうした場を社長自身が作ってくれるのはとてもありがたいです。それがないと「こんなもの人事がやっていて人事の施策で別にどうでも良い」と言う雰囲気におそらくなっていたと思います。（BL3）

2-4. 実務的利益と制度的利益の整合	●経営トップからは「早くしろ」とは言われていたと聞いています。ただ実際に施策を使う予定はありますかと事業にこちらで聞くと、まだぼんやりとしている状況でした。本当の経営トップは早くして欲しいと言いつつ、各事業が同じムードだったかというとそこはクエスチョンだったという理解をしています。それが今は事業部も必要になってくる、使う予定が出てきたということです。(AS)
	●まずどうして変わらなければならないのかという課題形成を経営会議の場でしました。「本当に皆さん変わりたいのですか?」という念を押す作業は結構しました(笑)。「変わらなくてやっていけるのであれば変わらなくても良いのではないか」、と私のアプローチはいつもアンチテーゼ的に行います。「このまま行ったらどの様な将来がありますか、それは皆さんが希望されている事ですか、そうであれば変革する必要はないですね、それなら整理整頓して一気に人事制度をやりましょう」、これが1つの大きな投げかけです。誰もこのままでよいとは思っていない、ということがわかったので、「ではどうしたいのか」を経営会議の話題にしました。…そこに1番食いつきが良かったのが社長です。社長自らが変わっていく努力を自分でし、その重要性をバックアップしてくれました。(BL3)
	●なぜ前任者の時に全く進まなかったのに今進むのかといえば、必要性が高まっているということがいちばん大きな推進理由だと思います。(具体的には)組織のレポートラインが国を越えようになってきたことです。これが大きいのではないかと思います。…5年前だとまだ海外売上比率が半分を超えていなかったかもしれません。やはり欧州拠点を買収したあたりから急激にグローバル化が進んできた気がします。(CL3)

計画は成長戦略(事業戦略)と GTM を密接に関係づけ、GTM が成長戦略実現という実務的利益にどう関係するか、またそのような展開が必要となる環境変化の説明を含んでいた。各事例の最終フェーズでは、このような公式化を通じ、GTM と実務的利益との密接な関係を肯定する認識が観察された。例えば表 6-3 における AS のコメントは、実行加速の要因の一つを明示的に中期経営計画との連動と指摘している。また、表 6-3 における BL3 のコメントが示すように、中期経営計画以外にも、GTM に関係する経営者の積極的発信及び会議出席も、組織内での GTM の意味認識に影響を与えたとする認識が観察された。このように、観察時期の最終フェーズでは「GTM には実務的利益があるのか」ではなく、「どのような実務的利益をどう実現していくべきか」に議論の焦点が移行していた。

第6章　プロセス全体に見る組織反応の原理 | 201

　以上に述べたように，旧制度が支配的な組織内各部門で，利害は異なり関係も断絶していた。実行推進には実務的利益の認識共有による合意形成が必要となった。そしてそのような実務的利益の認識は，公式化を通じて促進された。こうした経緯は，「GTM とは（「合理的」に考えて）何か」をめぐって，組織における支配的な認識が変わる変化の過程であり，またそのような変化を起こす働きかけと反応が継続した過程とも言える。各事例で GTM 実行が加速した背景には，構成員の認識における実務的利益と制度的利益の融合，つまり「GTM を推進することは社会的正義にも資するものであり，同時に自社の事業にとって利益につながる」という認識が支配的となった変化が観察された。表6-3における代表的なデータが示す通り，こうした認識の変化は競争環境（に対する認識）の変化により，競争戦略上の優先順位が変化したことも影響している。海外事業比率が高まり，また事業部門を横断し連携した事業開拓が市場から求められる中で，それを実現していく人材活用の制度整備が，財務的業績目標の達成に重要なツールとなる。このような認識が事業部門にも浸透していった。例えば，事例 A では最終フェーズを迎える段階で，大きく二つの認識変化があった。それは，一つには成長実現には海外市場での大幅な事業拡大が必要とする環境認識であり，もう一つには各事業部門の個別事業展開を超えた，顧客にとっての価値軸に沿った事業部門横断の展開が必要とする戦略転換である。そして，中期経営計画で求められる成長目標の実現には，海外市場での部門横断的な顧客開拓と生産設備立ち上げが必須となる。しかしそれを可能にするには日本人の派遣では量的に人材が不足する上に，部門横断での人材流動性向上にも，人事制度が異なるグループ企業を国内外に多数抱えた状態では難しく，新しい統一的な仕組みが必要となる。従って「国籍や出自にかかわらず最適な人材を世界中から評価選抜し，自由に必要な市場に異動させ公平に処遇し定着させる」という GTM の掲げる正当性が，制度的利益のみならず実務的利益に直結するとの論理が定着した。そしてその際に，模範とすべき対象として従来から意識されてきた欧米多国籍企業における実績が強調され，検討の中で明示的にベンチマークされた。このような認識変化は環境変化に影響を受ける論理も観察されるが，同時に GTM の実務的利益に対する認識を打ち立てる，推進部門（推進リー

ダー）の継続的な努力が存在し，それらの両要素が揃った時点で変化が観察
されたのが，本書でのデータであった。

③　隣接組織フィールドへの認識

　本書の事例は，ある組織群で何もないところから制度化が発生したもので
はない。近似する組織フィールドで既に制度化された制度（施策群）があり，
それに対してある組織群が反応し，新制度と対立する性質を持つ旧制度を上
書きする形で制度採用と実行，その中での新たな制度化が観察されたもので
ある。具体的には，欧米多国籍企業という組織フィールドに制度化された模
範となる一定の雛型（GTM）が存在し，事業環境がそこに近似しつつある日
本企業群が日本的人事制度という従来の制度を捉え直し反応した文脈であっ
た。

　データからは，これに関して二つの要素が観察される。第一に，事例の企
業は海外多国籍企業に対して，表 6-4 における代表的なコメントが例示する
ように，模範としての強い肯定的評価と関心を示していた点である。いずれ
の事例も，事業環境が変化し，日本企業間のすみ分けが進む一方で自社の海
外展開が進んだ影響から，直接の競合が欧米多国籍企業に変化していた認識
を示していた。競合企業は自社と類似した競争環境に直面しており，ベンチ
マーク対象として自らが向かうべき方向性を探索する示唆を抽出しやすい。
また，事例企業の本社経営および推進リーダーは，多国籍企業の組織フィー
ルドで制度化されていた GTM に対して，第 3 章で示したようにその体現す
る価値（人材の出自・属性にとらわれない適材適所）が先進的かつ理想的であ
るとの認識を示していた。

　第二に，一方で事例企業は欧米多国籍企業と自らとの間に克服し難い差異
があり，彼らと自らとの明確な区別の認識を示していた。区別とは，自らは
あくまで「日本企業」の一群に属する企業であり，その組織フィールドと欧
米多国籍企業とは異なるとする認識である。2 つの組織フィールドは直面す
る社会的条件や特性・志向が異なるため，日本企業が欧米他国性企業と全く
同じ施策や思想を追求することは，実行困難かつ望ましくも無いとする認識
が全ての事例で観察された。例えば表 6-4 においても，社会的環境や自社の

表 6-4 「③隣接組織フィールドへの認識」に関する代表的なデータ

第一レベルの要素	代表的なデータ（インタビュー）
3-1. 海外多国籍企業への関心	● 当社の場合，競合が海外の外資系の優良企業で，人事担当の人と話す機会もありますが，素晴らしい会社でかなわないと思います。だからやらなければならないのだと思います。(BL2)
	● 我々のコンペティターは，昔はやはり…日本企業だと言ってきましたが，今ではもうかなりすみわけができていて，日本企業同士で争うことはそれほど無く，海外企業と勝負する状況になっています。で，彼らがどんな仕組みで何をやっているかを見ると，やはり人事管理などもグローバルにやっていますよね。X, Y, Z（海外多国籍企業を列挙）など。(CL3)
3-2. 海外多国籍企業との差異／区別	● （他の日系）メーカーを中心に横のつながりもあったので，セミナーなどで表に出ている先進的な事例の勉強に加えて，生々しい意見交換をしていました。…各社が苦しんでいる，上が言っていることと現実に挟まれて苦労しているとある種同じような悩みがあったのかなと思います。当時は外資系企業が例を出すことが多かったので，「綺麗な話をする会社は多いが，実際にはできないよね」といった話でした。(AL3)
	● 報酬にしても，海外で拠点長クラスを取ってこようとすると国の市場価格というものがありますから，アメリカの大企業の社長の報酬を見ればわかるように，日本とは違います。…社会が違うというところに，日本の会社がどうやって行けるのか，勝ち組企業であるトヨタなどがどうしていくのかが 1 つ参考になるかと思います。当社は典型的な普通の日本の会社ですので（笑）。(BD3)
	● うちはアメリカの会社では無い，と考える本社がいます。「…日本に本社がある自社が（グローバル人事制度を）できるかといえば，できない」と言っている人はいます。「あれをそのままコピーするのは無理である」と。 ● その人にラベルをつけて，「この人は優秀者で，将来社長や幹部候補です」ということはしたがらない会社です。…グローバル人材育成の時も，「英語がよく出来て異文化対応力がある人を，グローバル人材とラベリングして育て，数を増やしていきましょう」という話をしたら…。「総合職の人間を色分けして，グローバル人材とそうでない（者に分ける），ということはするな」と言われました。「そういうことをすると，その選ばれなかった人はどう思う」，と言われます。（当社は）少しそういうところがあります。 ● （海外多国籍企業のようなエリート主義は）取り入れないですね。(CL3)

組織能力に関する文脈の違いから，海外多国籍企業を一つの模範と捉えても
それと全く同じ形での実践は自社では困難である認識が代表的なコメントに
示されている。さらに価値観としてそのような完全同化を拒絶する，自らの
独自性を維持することへの強い希求も存在した。その意味で事例企業は，欧
米多国籍企業に対し自己を同一視し，それとの一体化を志向したのではない
と考えられる。旧制度である日本的人事制度についても，その社会的正当性
への一定の評価，またはそもそもその人事制度としての質的な優位性を肯定
する認識が存在した。例えば報酬制度や人材選抜のあり方について，極端な
成果報酬やエリート主義的な選抜は，自らが求める方向性と異なると拒絶す
る志向が観察された（典型的なコメントの一つとして，表6-4におけるCL3等）。
本事例の各段階を通じて観察された特徴の一つが，このような一種の羨望に
近い視点も含む肯定的関心と，それに反しての自らの独自性の強調と差異・
区別の認識である。これらの認識については，組織反応の時系列変化を通じ
た大きな変化は観察されていない。採用段階から実行停滞を経た実行加速の
時点まで，基本的にこれら関心と差異感の二要素は維持され，過程全体を通
じて存在していたと考えられる。

第2節　組織フィールドの相対性と組織反応

　これらのデータ分析結果には，どのような示唆があるか。導出された三つ
の統合的要素に即して考えると，次のような理論的貢献の可能性が検討に値
すると考えられる。

①　各段階の組織内プロセスがもたらす因果関係

　まず，制度に対する組織反応について，個別の段階を超えた因果関係が示
された。先行研究では，段階間の組織反応の関係性は理論的可能性として示
されてきたが，その実証が不足していた（Kennedy & Fiss, 2009）。本章の分
析結果の貢献の第一は，その関係を事例において実証したことである。では，
単に因果関係があるという主張を超えて，先行研究の代表的理論との照合か

ら，どのような含意があるか。それは，組織反応が単に被説明変数となるだけでなく，それを可能にする組織内要因が説明変数となり後の組織反応にも段階を超えて作用する，複合的な因果関係の指摘である。既存研究では，外部環境と組織の関係がある組織反応を惹起する，一対一の関係性にモデル化の焦点があった（cf. Ansari, Fiss & Zajac, 2010；Besharov & Smith, 2014）。例えば Ansari らが提示したのは，ある要因（当該制度の実行の容易さと組織との適合性）が説明変数となり，組織反応（施策の採用（時期）と実行（徹底度合いと忠実さ））がその被説明変数となるモデルであった。あるいは Besharov らのモデルは，外部環境と組織の関係（ミッション・戦略と資源依存関係，人材採用とその社会化）が組織にとっての制度の意味（融和可能性（Compatibility）と中核性（Centrality））を定め，その意味が採用・実行時の組織反応（組織内コンフリクトの程度）を被説明変数として定めるとする[1]。しかし，本書のデータに基づけば，組織反応は外部環境と組織との関係性で一方向に定まるものでなく，それに加えて組織には内在的な組織反応の決定要因があり，かつその作用は時系列を通じてその後の経緯においても影響を及ぼす。これは，組織反応の多様性・個体差を説明する上で先行研究に支配的な，外部環境との適合性重視の説明を補完する，有力な視点となり得る。これに関連して，Gondo and Amis（2013）は，実行時の意識的な内省という実行段階の組織内プロセスが説明変数となり，その後の組織反応（Decoupling の態様）が被説明変数となるモデルを提唱している。同モデルの説明変数である「内省」は，採用時の曖昧な概念理解を超えて，実行時に当事者が施策の具体内容と組織への影響を詳細に定義することを指す。本章の発見は，この「内省」プロセスの詳細過程を分析したものと位置づけられる。さらに，内省をはじめとする組織内プロセスに対して，組織内要因の影響が個別の段階を超えて作用することを示唆する点が，本章の発見の新規性である。

　なお，ここでの主張は，組織内要因の重要性を指摘しているが，制度の影響を超越した制度的企業家が組織内に存在し，自らが意図して制度に対する

---

1)　本書の検討では単一の制度と組織フィールドを検討し，制度の性質および組織と制度との適合性を比較のため操作したサンプリングを行っていないため，これらのモデルの直接の実証は行っていない。

組織反応を操作可能であったとする議論ではない。むしろ，組織とその構成員は自らが埋め込まれた制度の影響から基本的に逃れることが出来ない（少なくとも本書の事例では自覚的または意図的な逸脱は観察されない）としても，制度の支配下にある組織や個人が持つ制度的多様性が反応過程に影響し，結果を変化させることがあることを意味している。

② 合理性を巡る争い

　次に，本書のデータは組織反応の変化と共に，組織内で実務的利益と制度的利益の定義がせめぎ合い，再定義され続けていたことを示す。本書の文脈をまとめると，具体的には次のように定義が変動していた。まず，採用時には組織内で高次の理想としての GTM の制度的利益は理解され，本社経営は実務的利益の抽象的な期待を持ちつつ，一定以上具体的な検討や認識は形成されなかった（第3章）。実行段階に至り，制度的利益の抽象的可能性は否定されないが旧制度を超えた正当性としてまではその価値観が浸透しなかった。一方で GTM は現行業務の変更と不利益を伴うと認識され，その実務的利益が各部門から否定・拒絶された（第4章）。この段階で，GTM は犠牲を無視しても理想を追求するのであれば手段として評価され得るが，実務的利益（生産性および経済的成果）を追う合理性に基づけば，否定的な評価がなされた。その後の実行加速に至る経緯では，制度的関心の内容が，短期的にも成長戦略の実現という実務的利益と整合することが，公式化を通じて認識として定着し整合していった（第5章）。このような，制度的関心と実務的利益に関する，①抽象・無関心，②具体化・分離，③再定義・整合という変化が①採用，②実行不全，③実行加速の一連の組織反応と並行で観察された。

　この点に関連した先行研究では，第4章・第5章で指摘したように，組織内の強い権力（経営者，および有力ポスト就任者の制度的執着）が組織反応の決定要因として重視されてきた（Fiss & Zajac, 2004, 2006；Tilcsik, 2010）。しかし，本データはリーダーの制度的執着で組織反応が一元的に決まらない状況を示した。その背後には，リーダーがある決定をしても組織の各部門は恒常的に自らの実務的利益を優先しその通りに実行しない志向をもつことがある（cf. Weick, 1976）。真の実行に至るのは，組織の各構成員が制度的関心を

実務的利益と調和するものとして認識したときであり，リーダーがそのような役割を果たしたときである。本書の貢献は，従来の権力主体の説明を超えて，変化を生起するのはあくまで構成員の認識変化であり，その認識変化を促進するツールとしての権力関係（例：権力者であれば公式化へのアクセスが容易）の位置づけの存在を示した点にある。なお，本章の事例A・B・Cは第3章で詳説したように，組織内に強い権力の源泉を持たず，権力分散的で各部門への権限移譲の志向が強い組織であった。その点で，このような合理性を巡る認識の争いが活発化し重要となるのは，あくまで組織固有の権力構造や意思決定が分散的である場合に限られる可能性もある。本書の事例では例えば事例F・Gのような特性を持つ組織では，意思決定の基準となる規律が強度に共有される中，同種のせめぎ合いは採用・実行にあたって顕著には観察されていない。その意味で，合理性を巡る争いが重要となる境界条件は，組織特性に応じて限定される可能性がある。

③　組織フィールドの相対性と自己認識

　第三に，本章の分析で繰り返し観察されてきたのが，欧米多国籍企業の組織フィールドに対する，模範意識と自らとの違和感という相反する認識である。本書の事例において，事例企業が制度化され埋めこまれた組織フィールドとは何だったのだろうか。

　制度理論の一般的なモデルに従えば，制度の採用はまず，ある施策に実務的な利益を見いだす特殊な組織がそれを採用することから始まる。そして当初は何ら正当性を持たなかったその施策が，それを採用した組織数が増える中で（普及），強制・規範・模倣の観点で重要性を高めていく（制度化）。最後にその制度的圧力に対し制度的利益を求めて，実務的利益が無くても採用に踏み切る組織が増えていく（組織フィールドの形成，Boxenbaum & Jonnson, 2017）。そして採用後には，施策が組織の核心と隔離され，その生産活動に決定的な影響を及ぼさないよう形式と実態の乖離が発生する場合がある。このような定義の中では，何も模範とするものが無い状態から，早期採用が制度的利益を組織モチベーションとして発生することはあり得ない。なぜなら，組織が制度を早期採用する時点とは，当該制度が社会的正当性を確立する以

前もしくはその渦中にある段階にあるためである。そこでは組織フィールドが形成途上であるため，いまだ制度には社会的正当性が無く，従って制度的利益も存在し得ない。その意味で，第3章で見た制度的モチベーションを重視した早期採用企業の事例は，「海外展開する日本企業」の組織フィールドの存在だけを固定的に考える場合，伝統的な制度理論の理解と矛盾する（cf. Tolbert & Zucker, 1983）。

　ではこの現象は，どのように説明が可能か。一つの解釈は，自己を同一視する対象である「組織フィールド」が，当該企業の認識の中で別の対象（多国籍企業一般）へと移動したという説明である。つまり，環境変化が海外経営の重要性を高める中で，自らをもはや日本企業ではなく，欧米多国籍企業と同じカテゴリーの，出自国を超越した存在であると認識し始めた可能性である。このような認識の移動を是とするならば，GTM は 1990 年代から多国籍企業の組織フィールドで既に制度化・普及が進んでおり，本書の事例企業は全て後期採用企業であったことになる。しかしもしそうであれば，事例 F・G のように，後期採用企業でありながら実務的利益だけを意識した組織反応は，2-stage model と矛盾し必ずしも説明がつかない。また，事例企業で観察された組織フィールドへの微妙な相対性の認識，つまり多国籍企業への模範意識と違和感は，無視すべきでない重要な手がかりとなる。ここで一つの代替的説明の可能性を挙げれば，次の通りである。すなわち厳密には，日本の経済界および政府が目指す最終的な姿（組織フィールド）は，「グローバルに活動する多国籍企業」への完全な同化ではなかった。なぜなら，日本企業は欧米型グローバル企業を参考とし，その組織フィールドで既に制度化された施策の採用を手段としつつ，それと対比して自らの文脈に適合するような翻訳と改善を施した，「日本的グローバル化」の道を志向し（経済同友会，2008 年），またそのように期待されていた（経済産業省，2015 年）ためである。従って，現在の日本企業の GTM の取り組みは，自らの属する環境認識を「日本企業」から「より世界的な多国籍企業一般」へと単に変更し，多国籍企業で世界的に既に普及している制度を遅れて採用するだけのものとは言えない。むしろ，この状況の特殊性は次の二点にある。第一に，新たな組織フィールドとしての「日本的グローバル企業」とでも称すべき存在が，従来の「多

国籍企業」に対する一定の独自性を期待される新たな組織フィールドとして，「日本企業」の組織フィールドから生成される過程であること。第二に，その中で「日本的グローバル化」の具体策としての GTM（の選択的・段階的導入）が，当初は旧制度に反し自フィールドに無関係で正当性を持たず懐疑的に捉えられた別フィールドの制度としての存在から，新たに試行され正当性を確立し普及していく過程である。これらの点で，本書の題材は，例えば 1990 年以降に制度理論に基づいて盛んに検討された，病院組織における TQM 採用に関する諸研究（e.g. Kennedy & Fiss, 2009；Westphal, Gulati & Shortell, 1997）と類似した位置づけを持つ。TQM は企業組織において生産性向上の施策として定着しそのフィールドで制度化されたが，それが異なる組織フィールドである病院組織に導入されている。その際，病院組織は企業組織の組織フィールドに同化したのではない。「生産性向上が可能な社会的組織」として自フィールドの定義を拡張して他フィールドの手法を参照・導入し，病院組織流の生産性向上を企図したものと考えられる。またその結果，病院組織は自らを企業と完全に同一視するよう変化したとは今日でも考えにくいが，商業的な論理（生産性向上と採算性の考慮）を従来支配的な論理である職業倫理（医療的事情）と並んで真剣に検討することが当然視されるよう，病院組織の組織フィールドも変化している（Kaplan & Haas, 2014）。

　ある組織フィールド A で制度化され普及した制度が，隣接する組織フィールド B にも模範として参照される。参照は外的正当性に対する感度の高い組織による，制度的利益（既に隣接フィールドで正当性を確立した権威の効果）を重視した採用を招く。採用が増加するに従い，フィールド B でも普及と B 独自の制度化が発生し，B は A に対する独自性を維持しながらも制度を取り入れた新しい組織フィールド B' へと変化する。本書の限られたデータでは過剰な主張は慎むべきだが，従来精緻に検討されていない，隣接組織フィールドとの類似性・相対認識・参照関係が，ある組織フィールドでの組織反応に重要な影響を及ぼしている可能性がある。言い変えれば，自らの組織フィールドの定義を，他の組織フィールドを参照し問い直し続けることが，時系列変化を通じて組織反応に影響し続け得る。本書の分析で具体的に言えば，大きく 3 つの反応が観察されたと考えられる。第一に，隣接組織フィールドが

模範として認識される文脈において，外的正当性への感度の高い組織で制度的理由を重視した早期採用が起こる。第二に，自組織（フィールド）が本当に模範とした組織フィールドと一体なのか確信が生まれず，また採用経緯の結果として各部門が実務的利益を見出せず，経営の意図せざる不実行が起こる。第三に，その打開努力の中で新制度属性リーダー登用が発生し，自組織の位置づけを問い直す中で実務的利益と新制度が整合し，制度的代弁性が変化し実行加速が起こる。本書で観察された一件奇異な現象（制度的動機を重視した早期採用から不実行を経た実行加速）は，このような一定の論理によって説明され得る。

では，このような法則性はどの程度が文脈固有で，どの程度が一般的に適用可能なのか。本書の文脈を特徴づける条件は，隣接模範的組織フィールドの存在（認識の中で自組織フィールドと相対視され，親和性と違和感が共存する）と，そのフィールドでの模範として利用可能な制度化の実現である。先行研究との違いを考慮すると，このような条件がある下でこそ，これらの反応は観察されると考えられる。

組織フィールドの相対性と自己認識は，組織反応に関する先行研究で真剣に検討された例が少ない。本章の発見の意義をより拡張して言えば，制度的複雑性に対する組織反応の文脈を，それが内生的な複雑性なのか外生的な複雑性なのか，どちらを問題とするものかを弁別して検討することの重要性の指摘である。内生的な複雑性とは，ある組織フィールド（既に制度化が進みフィールド認識が形成されたもの）において，旧制度と対立する新制度が何らかの理由でフィールド内から発生し普及と制度化が進むものである。この文脈での新制度は，伝統的な理解に従えば少数のフィールド内組織が実務的利益を考慮して試行した施策と考えられる（Meyer & Rowan, 1977；Tolbert & Zucker, 1983）。一方で，外生的な複雑性とは，新制度の雛型がフィールド外の組織フィールドに制度化されて存在し，それが影響し普及と制度化が進むものである。本書の事例の問題はその意味で，外生的な複雑性であった。そして本書のデータが仮説的に示すのは，問題となる新制度（施策群）が外生的である場合，模範となる組織フィールドとの間の認識上の相対的関係が，フィールド内の過程に影響し得ること，またその結果従来の理解と異なる組

織反応を提示する場合があることである。制度に対する組織反応の検討で，このような組織フィールド間の関係性と当該制度の質的違い（パターン）を考慮に入れることは，個別性を説明するために従来考慮されていない有用な手がかりを与える可能性がある。

なお，組織フィールドの相対性と自己認識を考える上で，「組織アイデンティティ」に関する先行研究は隣接領域として親和性が高い。ここで，組織アイデンティティの観点からの本研究の意味を整理しておく。組織アイデンティティとは，組織の中核的な性質について他と明確に異なる持続的な特徴があることを（Albert & Whetten, 1985），組織がくり返し主張し認識形成するプロセスとされる（Glynn, 2000）。組織アイデンティティは，組織認識と組織反応に影響する（Glynn, 2008；Yu, 2013，その他先行研究の例として，Dutton & Dukerich（1991），Elsbach & Kramer（1996），Fox-Wolfgram, Boal & Hunt（1998）など）。

組織アイデンティティ研究にも多様な視点があるが，制度理論の視点からの先行研究では，二種類の組織アイデンティティが議論され，次のような原理が主張されている（Kodeih & Greenwood, 2014）。まず，組織フィールドレベルで制度的アイデンティティが存在する。これは，ある社会的カテゴリーの一員としてのアイデンティティであり，例えば著名大企業（例：Fortune 500），職業組織（例：病院組織）等，ある種の組織がどう自らを意味づけるかを規定する（Glynn, 2008）。これは組織フィールドで職業団体やメディアによって形成され，個々の組織がこれに反すれば，社会的に不適切とみなされ不利益を被る（Kennedy, 2008）。日本企業の組織フィールドにおける，「日本企業ならこうあるべき」とする認識とその関連過程もこれに該当すると考えられる。

一方で，これと併存して組織レベルのアイデンティティが存在する。これは，個々の組織が社会的カテゴリーの中でどう自組織を相対的に位置づけるかを指す。個人レベルでは，組織アイデンティティは構成員が何をすべきか，認識上の行動指針を提供する（Gioia, Patvardhan, Hamilton & Corley, 2013）。組織レベルでは，組織アイデンティティは組織が環境変化を解釈する認識の仕

方に影響する（Glynn, 2000）。さらに，組織アイデンティティはそれと整合しない制度ロジックに対して，組織による拒絶または修正を生む（Gioia et al. 2013）。なお，このように組織が制度をそのままでは受容せず改変する作用は，「Translation」に関する一連の系譜で研究されてきた。そこでは，組織アイデンティティが制度を「編集」するとされる（関連研究のレビューとして，Charniawska & Sevon, 1996；Sahlin & Wedlin, 2008）。その含意は，組織がある制度に従う前に，「自分たちはそもそも誰なのか」を問い，その内容に応じて反応が変化することにある。

　このような組織アイデンティティ論に対して，本研究の観察はどのような意味を持つか。特に組織反応の個体差の説明に関して，本研究は次の二点の示唆を持つと考えられる。第一に，制度アイデンティティ（フィールドレベル）と組織アイデンティティ（組織レベル）には，同じ組織フィールドでも組織ごとに強弱があり，組織反応の違いにはその強弱が影響する可能性がある。具体的には，制度アイデンティティが強く組織アイデンティティが弱い組織は，フィールドレベルでの正当性や要求への適合を強く意識し，一方でフィールド内での自組織の独自性に関心が薄くなり得る。本研究で観察された早期採用組織（外的正当性への感度が高い組織）は，これに該当する可能性がある。逆に，制度アイデンティティが弱く組織アイデンティティが強い組織は，フィールドの制度的作用よりも，自組織の文脈や独自性を重視する。例えば，「日本企業として（あるいは多国籍企業として）何が求められるか」よりも，「自組織ならではのやり方の中で何が必要か」に関心が集中する。本研究での後期採用組織は，これに当てはまる可能性がある。このような，二種類の組織アイデンティティの強弱のあり方は，これまで組織アイデンティティ論の先行研究でも十分には検討されてこなかった。これら二種のアイデンティティの混合のあり方がもたらす組織反応への影響は，今後重要な検討領域となり得る。

　そして第二の示唆として，制度アイデンティティ（フィールドレベル）も組織アイデンティティ（組織レベル）同様に，単独で存在するのでなく，他の組織フィールドとの相対関係に影響される点がある。これまで，制度アイデンティティとその形成に関する要因は，ほぼ一つの組織フィールドに閉じ

第6章　プロセス全体に見る組織反応の原理　213

て議論されてきた。具体的には，組織レベルではフレーミング（制度が機会・脅威のどちらとみなされるか，e.g. Kennedy & Fiss, 2009）や制度の具体度（制度が求める内容に裁量が大きいか，Edelman, 1992）が検討された。フィールドレベルでは，規制当局・職業団体・メディア等により，制度的複雑性がフィールドで社会的にどう構成されるか，既存制度と新制度がどう融和性ありと規定されるかが注目されてきた（Kodeih & Greenwood, 2014）。本研究のデータでは，このようなフィールドの自己認識には，隣接模範的組織フィールドの存在が大きく影響している。近似しており模範となるが，あくまで自らとは異なるものと認識されるフィールドが存在すれば，そこで制度化した新制度は，自フィールドでも正当性を持ち融和させるべき蓋然性が高いものとして認識される。組織アイデンティティは現在の自らの姿の厳密な反映ではなく，将来期待（ありたいと願う姿）により構成される（Kodeih & Greenwood, 2014）。その意味で，他の組織フィールドに対する「あこがれ」に近い認識は，アイデンティティに大きく影響すると考えられる。先行研究では十分に検討されていないが，このような組織フィールド間の関係性も，組織アイデンティティ視点で組織反応を検討する上での重要な一領域となり得る。

　以上のように，本研究は制度への組織反応の経時的変化の背後に，組織アイデンティティに通じる組織（フィールド）の自己認識の重要性を抽出した。さらに，本研究の観察は，単に組織アイデンティティ論との相似を指摘するだけでなく，組織アイデンティティを用いた研究系譜に対しても新たな視点の可能性を提供する。

　最後に総括として，グラウンデッドセオリーの目的は，メカニズムを構成する要素を創造的に抽出し，新たな仮説としての理論的提示（特に因果関係のモデルの仮説的提示）を行うことにある（Gioia, Corley & Hamilton, 2013）。ここで既述の考察からあえて時系列変化を鳥瞰したモデルを構築すれば，図6-2のような仮説となる。

　この図が示すのは，次の因果関係の流れの仮説である。

　第一に，各段階の組織内プロセスがもたらす因果関係がある。既存制度と相反する新しい制度の普及過程で，ある種の組織は制度（施策）を採用する

図 6-2　隣接模範的組織フィールドが存在する中での組織反応の時系列変化モデル

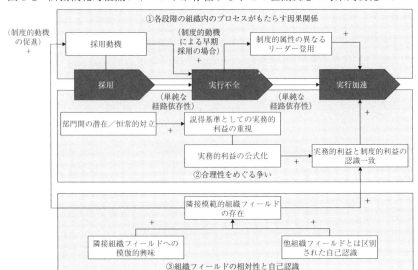

注：長方形ボックスは組織内要因，ブロック矢印は組織反応の段階を示す。矢印は因果関係（符号は＋の場合元の変数が後の変数を促す），矢印でなく直線での連結は因果関係でなく同時派生する事項を意味する。

が実行不全に陥り，その後実行加速に至る。その根底には，採用動機（制度的理由の重視）が克服不能な組織内コンフリクトと連動した実行不全を生み，実行不全の打開策である制度的属性の異なるリーダー登用が実行加速を促すメカニズムがある（各段階の詳細は第 3 章から 5 章に述べた通りである）。

　第二に，時系列変化の背後には，構成員の認識において合理性を巡る争いが存在する。組織は恒常的に部門間での実務的利害の差異を抱える。その大きさは，新制度の実行時に実務的利害への関心を高める。実務的利益の有無が争点となれば，推進側は実務的利益を公式な存在と紐づけることで，その存在の認識を定着させる努力をする。そのような努力の結果新制度の公式化が行われるほど，その制度的価値が実務的利益と矛盾せずむしろ整合する認識が強化され，その認識がコンフリクトを弱め実行加速を促す。

　そして第三に，これらの過程を通じて，その背後では組織フィールドの相対性と自らの位置づけが常に問い直されている。この要素の存在は，本モデ

ルの適合条件（射程距離）を規定するものでもある。ある種の組織群は，他の特定の組織フィールドに対して一定の模倣的興味（参考にすべきとする模範意識）を持つ。一方で同時に，その組織フィールドに対して単に同一フィールドの存在として自己同一視を進めるのでなく，自らの特殊性を意識し希求する。このような条件がそろう文脈（ここでは「隣接模範的組織フィールド」が存在する，と規定する）では，こうした組織フィールドの相対性が第一，第二の要素に影響を及ぼす。具体的には，まず第一の各段階の組織内プロセスにおいて，隣接模範的組織フィールドの存在が，制度的理由を重視した早期採用を促進する。第3章の仮説に基づけば，組織内部に意思決定にあたっての強い正当性の根源を持たない組織は，外部に正当性の根源を探索する傾向を強く持つ。その際に，隣接模範的組織フィールドで制度化された制度（施策群）があれば，フィールドが近接し自組織にも一定の文脈の類似性があり，かつ一定の模範としての認識があり，その適用可能性は容易に高く評価される。その結果，制度的動機の強い早期採用という，先行研究からは特異な現象が発現する。さらに第二の合理性を巡る争いにおいて，隣接模範的組織フィールドの存在は，当該制度（施策群）に対する実行時の肯定的評価を参照例として促進する。自組織に類似した文脈の組織が，制度的価値も実現しつつ実務的にも実践している事実は，制度的価値と実務的利益が整合的に両立すると信じる具体的な根拠となる。

第7章 結論

第1節　制度に対する組織反応の経時的変化——理論的総括

　本書の研究上の問いは，制度的複雑性（矛盾をはらむ複数の制度的圧力が存在する状況）に対して，組織の反応がなぜ，どのように異なるかである。特に，組織反応を説明する上で重要だが先行研究が不足する，二つの視点を問題とした。第一に，組織内の意思決定プロセスの観点でどのような要因が影響するのか。第二に，制度への反応が時系列で変化する中で，影響する要因とメカニズムはどう変化するのか。具体的には，先行研究では断絶して検討されている，施策の採用（Adoption），実行における形式と実態の乖離（Decoupling），その後の実行加速（Coupling）を連続して観察した際に，各段階とそれを超えた全体のそれぞれにどのような特性があるかを検討した。

　本書では，問いに対する答えの論拠として，グラウンデッドセオリーの考え方に基づき，比較事例研究による要因探索を行った。その際，制度派組織論における制度的複雑性の世界観を前提に，組織レベルでの検討を行った。

　データ収集は，B2B 事業で海外展開する東証上場中堅日本企業 7 社（売上高 3,000 億〜1 兆円，A〜G 社）での，グローバル人事制度（GTM）導入に関する 2000 年以降（2004 年度から 2015 年度第一四半期）の範囲の採用・実行過程について実施した。この文脈を対象とした理由は，旧制度（日本的人事制度）と新制度（GTM）の対立が顕著な制度的複雑性を示すことと，当該状況の実務的重要性の高さである。収集したデータは録音インタビュー（半構造化インタビュー 7 社 22 回 33 時間，非構造化インタビュー 3 社 7 件 4 時間）と文献資料（各社 IR 資料，新聞雑誌，4 社における社内検討資料（経営会議資料，中計資料等））である。

　データ分析は，次の一定の手順に基づいて実施した。まず録音データを文字データに変換し，各所に内容を要約したラベルを付し，文献データと合わせ事例ごとの時系列での事象整理を行った。次に，各段階について，ラベルを帰納的に抽出した 9 種類の対象話題領域（論理カテゴリー）に分類した。さらに，ラベルを比較軸（Adoption：7 社間の採用の遅速，Decoupling：5 社間の実行初期の遅速，Coupling：3 社 10 フェーズ間の実行加速の有無）に応じ分別し，

各論理カテゴリーで比較軸間のラベルにどのような差異があるか照合表を作成し，差異と論理的なつながりを抽出した。時系列変化全体に関しては，先行研究で慣例とされている，要素と因果関係抽出の手法(Gioia, Corley & Hamilton, 2013）を用いてデータを再分析した。

　本書の問いに対する答えは，以下の通りである。まず，制度に対する組織反応は Adoption・Decoupling・Coupling の各段階それぞれが連続し，かつ相互に関係している。そして，制度が推す施策の採用時期と採用後の実行の程度において組織の個体差が生じる。具体的な個体差には，Adoption における制度の採用時期，採用後の Decoupling の発生有無，Decoupling の後の Coupling の発生有無の３点がある。早期採用組織（事例 A・B・C）は，採用後に施策実行をめぐり調停不能なコンフリクトが起こり「意図せざる不実行」の状態となる。しかしその後，施策の実務的利益を高める事業環境認識の変化と合わせ，新制度を体現する推進リーダーが緩衝役として制度的関心と実務的利益を一致させる組織認識変化に貢献し，施策実行は加速する。ただし，推進リーダーの制度的属性が新旧混合的である場合，実行加速の程度は小さくなる（事例 C）。他方で後期採用組織（事例 F・G）は，実行時に重大なコンフリクトが発生せず，「意図せざる不実行」を経ずに迅速な実行に至る。最終的な形態は，採用された施策項目ではいずれの事例も同じだが，採用から実行加速状態までの期間に最大 10 年程度の差があり，その間早期採用事例では実行検討に人員と予算を投入しつつわずかな進捗しか無い状態が継続した。

　これらの個体差が生まれる背景には，意思決定プロセスに関する組織の固有特性と，組織反応の段階間の波及効果が存在する。これは，本書が扱った制度変化における経時的変化観察の重要性を示唆している。具体的には，制度変化の段階に応じ以下の要因が観察された。

　第一に，内部に強い正当性の根源を持たず外部に正当性を求める傾向の強い意思決定構造を持つ組織が，制度的利益を重視して施策を早期採用し，円滑な意思決定と調和を実現する現象がある。逆に，内部に強い正当性の根源と共有された判断基準を持つ組織は，実務的利益のみを重視しそれが認識された段階でようやく施策を遅れて採用する。これは，組織反応への影響要因

として、先行研究が重視するフレーミング等の一時的変動要因ではなく、組織の意思決定のあり方に固着する恒常的な特性を検討することの重要性を示唆する。

　第二に、そうした採用決定の経緯（認識された実務的利益の有無）が、実行段階における組織内対立の発生有無に影響し、結果として組織の施策実行の徹底度合いに影響する。制度的理由を重視した早期採用では、採用時に実務的利益が考慮されず、結果として組織内に実務的利益の不在を理由とする調整困難な利害対立が生じ、円滑な実行が阻害され「意図せざる不実行」が起こる。逆に、後期採用では採用時から実務的利益の存在が採用理由となっているため、そのようなコンフリクトは発生せず相対的に速やかかつ真剣な実行が可能となる。これは、制度が支持する施策の採用における経緯が、その後の実行過程に影響を及ぼすことを示す。このような採用と実行の関係性は、先行研究において潜在的な重要性が指摘されつつ具体的な検証が不足していた論理的関係である。

　第三に、「意図せざる不実行」が発生しても、制度的理由で導入された実行推進体制に組み込まれた人員が、自らの任務達成のため組織変革に努力し、実務的利益への認識を変化させ実行が加速し得る。その際、推進者（ミドルリーダー）が他者から見ても自らも新制度を奉ずる「制度的属性」を持つことが、そのような認識変化を通じた実行加速に貢献する。ここでは、推進リーダー本人の制度的執着だけでなく、先行研究では検討されてこなかった「制度的立場」（組織内の他構成員が当該人物に認識する制度的志向性）も個人の制度的属性に影響を与える、制度的属性の社会的構成が示された。そして、推進リーダーの制度的属性は、先行研究の支持する通り組織内での制度ロジックの代弁の程度に影響を与え、新制度の代弁者が固有のメカニズムを通じて新制度の実行加速に貢献する。ただし、本事例群では経営トップの交代と戦略的方針の転換が同時期に発生しており、推進リーダーの制度的属性は必ずしも単独で結果に作用したわけではなく、これら前提条件の変化に伴う組織内の実務的利益の認識と制度的関心の融合を促進することで結果に影響した可能性がある。本書は、制度採用後の実行加速に関して、変革推進者の行為だけではなく、推進者の主体としての認識のされ方が結果に影響を及ぼす視

点を提示する。また事例において，採用後に形式と実態の乖離が発生する過程で（事例A・B），旧制度属性を持つ推進リーダーが検討に参画していた。彼らの参画フェーズにおいて実行は停滞したが，彼らが参画したことが，後に新制度属性を持つ推進リーダーの欠陥を補う存在として，実行加速に影響を与えた。これは，実行停滞時の経緯が後の実行加速の実現に影響を与えるという意味で，時系列変化の相互連動性を示している。

　さらに経時的変化を超えた全体を通じて，組織フィールドの相対性と自己認識が重要な役割を果たした。本書の文脈では，海外展開する日本企業群は，模範となるが自らとは一線を画す，欧米多国籍企業の組織フィールドを認識していた。そのような隣接模範的組織フィールド（とそこで制度化された施策）は，制度的動機に基づく早期採用を刺激し，プロセスにおける因果関係の初期要因を提供した。さらに実行加速においても，制度的利益と実務的利益を両立する参照事例として，構成員の認識における施策の受容に貢献する。

　本書の主な学術的貢献は，四点ある。第一に，制度に対する組織反応において，組織固有の意思決定プロセス特性の具体的な影響と，制度に対する組織反応の各段階の相関を実証した点で制度理論に貢献する。第二に，「外的正当性への感度」という新概念を提起し，制度理論における組織の意思決定に関する固有要因の探索の価値を提起する。そして第三に，変革推進者の制度的代弁性に関する他者評価が組織反応に影響するメカニズムを示し，制度的属性の社会的構成をより精緻に検討する重要性を提起する。第四に，組織フィールドの相対性と自己認識が，制度に対する組織反応に影響を及ぼすメカニズムを提示する。このような視点は，制度的複雑性において新制度の起源を弁別し（特にそれが他組織フィールドから外生的なのか内生的なのかをパターン化し），それに応じ異なる組織反応のメカニズムを理解することの重要性を示唆する。

　本書の妥当性に対する主な脅威に対する考察は，以下の通りである。まず構成概念妥当性に対しては，収集したデータの範囲から三角測量を行った。特に回答者が自ら指摘した因果関係や関連要因を要素概念に採用するにあたり，他のインタビューおよび文献データで傍証を確認し，傍証が観察されないものは排除する方針とした。しかし，本書では過去10年以上を遡って振

り返ったインタビューを行い，また制度的複雑性の中で一方の制度ロジックに寄与するセグメント（GTM推進チーム関係者）をインタビュー源としている点で，情報源の正確性と中立性に改善の余地を持つ。将来の長期観察実証研究では，推進への抵抗側・退職者・外部コンサルタント等，より広範な関係者を情報源に網羅した検討がなされることが有用である。また，制度的属性に関する観察結果（第5章）に関し，制度的立場の分析が少数かつ特定セグメント（新制度推進チーム関係者）からのデータに依拠した範囲に留まるため，将来の研究において制度的属性の社会的構成に関し，組織内でより広範なアクターからの認識データ収集を伴う形式で検証が行われることが望ましい。

　内的妥当性に対しては，観察データ内で観察された他の要因，および先行研究で議論される他の影響要因を中心に，抽出した説明変数および被説明変数への潜在的影響を検討した。具体的には，景気動向の変化，企業業績・外部ステークホルダーの意向（の観察有無），企業規模，経営トップ（交代もしくは方針変化），観察期間の長短の影響，環境認識と戦略（中期経営計画）の変化を検討した。その中で特に経営トップの交代とそれに伴う環境認識・戦略（中期経営計画）の変化については実行加速に対する影響が観察され，本書の発見事項（推進者の制度的属性）は，単体で結果をもたらしたというよりも，これら要因と結果の相関性を強化する役割を果たしたと考えられる。

　外的妥当性については，企業データベースから対象条件を明確にしてポピュレーションを定義し，そのプールから理論的サンプリングを行っている。ただし，本書では事例群の選択において，一部の組織特性，特に業種特性（本書はB2B事業のみ）と創業者一族の影響（本書は早期採用事例が創業者一族の経営陣在籍企業，後期採用事例がそうでない企業のみ）に関する操作が不十分となっているため，今後はこれら変数の影響を操作した上での検討が行われることが望ましい。また本書のサンプルでは，採用時期と採用モチベーションに関して通説と異なる事象が観察された。サンプルは対象企業ポピュレーションの条件を満たす条件から偏りなく抽出されており，その限りにおいては代表的なサンプリングを行っている。ただし，サンプル企業のうち早期採用企業はいずれもテレビ・電車内等での広告出稿を定期的に継続する等，ポ

ピュレーションの中でも比較的知名度が高く，外的評価を意識して高める経営慣行を選択してきた特異な企業セグメントである可能性がある。また，対象となった制度（施策）の性質に応じて，このような特異な反応が顕在化した可能性もある。本書で題材としたGTMは，政府や企業団体による具体的な規制を伴わない努力目標である点で，強制的同型化の性質はやや微弱である。インタビューでも，むしろ規範的同型化と，模倣的同型化としての圧力が強く意識されていた。このように弱い強制力の下で，あくまで理想論としての規範が意識され，かつ結果が不確実と認識される新制度である場合に限り，本書で観察された「制度的理由のための早期採用」が顕在化する可能性もある。本書の発見事項の有効範囲を理解する上で，対象となる制度的圧力の性質を精緻に分類した上での，制度普及メカニズムの検証が今後有用と考えられる。

　本書では関連する要因を可能な限り幅広く捉えた検討を志向したが，学術研究一般の例に漏れず，検討が不十分となった点が複数存在する。本書から派生して考えられる，今後に積み残された研究課題のうち，特に重要と考えられるものは以下の通りである。

　第一に，本書においては，組織内プロセスに関する一貫した理論を活用した検討が十分になされていない。本書でも経営における認知論，意思決定論およびパワー理論等との照合は部分的に含まれているが，他の理論的視点も含めて，組織内プロセスの検討理論をより包括的にレビューし，制度理論と組み合わせて議論することは，新たな理論的視点の開発につながり得る。

　第二に，「外的正当性に対する感度」を中心とした，組織が恒常的に持つ意思決定プロセス要因の構成要素をより精緻化することが，今後の制度理論研究に展開され得る一つの方向性である。そのような検討は，どのような組織が制度に過剰反応し「意図せざる不実行」に資源を浪費し，どのような組織であればそれを防ぐことが可能か，実務的な貢献につながり易いと考えられる。

　第三に，本書では人事制度について比較的単純化した検討を行っているが，同分野の観点でより精緻に研究することが可能かつ有用である。人的資源管理論の観点では，日本的人事制度もそれ自体がGTMの普及以前から徐々に

変化しつつある点が議論されている（須田, 2015）。このような根底にある変化トレンドの中で，GTM は本書で定義した以上に微妙かつ曖昧な制度的意味を持つ可能性がある。さらに，本書では事例研究企業の個別人事制度について詳細を検討せず，新規に導入実行した新制度の項目のみを検討したが，本来人事制度は個社ごとに運用も含めた個別性があり，また過去に導入してきた制度にも差異がある。このような具体的な人事制度における出発点の違いと，運用方法も含めた微妙な組織差を検討することで，より詳細な制度の影響と組織反応を観察することが可能となる。

　そしてそれと関連して，第四に，各事例組織が導入した制度は一律に同じものではなく，採用の際に組織が制度を自らの文脈に合うよう翻訳し微妙に異なるものに作り変える点（Translation）への検討が不足している。特にスカンジナビアの先行研究においては，国境を超えた慣行の普及において，同じ施策が普及するのでなく，国の制度的文脈に応じて「翻訳」が行われることが活発に議論されている（Boxenbaum, 2006）。そのような先行研究の視点を加味し，結果として実行される施策を欧米多国籍企業での GTM と同一，および日本企業内でも一律のものと捉えず，施策を自己流に改定する過程自体を組織反応の特性として検討することで，別の先行研究分野を援用しつつ，組織反応の個体差をより具体的に検討することが可能となると考えられる。

第 2 節　組織外からの影響に対する組織反応──実務的総括

　ではこのような研究結果は，実務的にどのような意味があるだろうか。制度理論からどう行動すべきか，直接的な示唆を得ることは難しい。しかし組織人として，もしくは経営者として，次のような視点を組織運営に持ち込むことには一定の意味があるだろう。

■組織の「軽さ」に対するマネジメント
　ある種の組織には，外部からの影響を受けその流行に乗ってしまう性質がある。そのように経営課題を設定し意思決定を行う方が，内部の人間がやり

やすい側面もあるためである。何を問題にすべきか，どうすべきかを「客観的に外部の目から見るとこうだ」と提示しそれに従うことは，楽でもあり余計な波風を立てずに組織を運営する知恵にもつながる。外部で盛んに言われていることであれば，それに従って大きな間違いを起こす可能性も低い。またその担ぎ上げた大義は，誰にとっても反論が難しい。さらに自社が社会的正義に貢献しているという感覚は，高揚感ももたらす。特に，内部に強い組織文化や仕事の仕方の哲学を持たない組織であればあるほど，調和のために外から借りてきた正当性は使いやすい。

　しかし経営は，このような外的な正義の影響を一定の範囲にとどめるコントロールを意識すべきである。あまりに軽々しく外部の価値観や流行に飛び付くことは，その後の実行不全に容易に結びつく。大義を掲げながら実行しない組織は，内外のステークホルダーから実行力の無い口だけの組織と評価され，心からの信用を失うことになりかねない。「どうせ今回も口だけだろう」という皮肉な反応が蔓延する組織になることを避けるためには，ある程度以上の水準で有言実行を見せ続ける必要がある。実行力のある組織は，単に実行フェーズにおける狭義の変革戦術が巧みであるのではなく，そもそもアジェンダの設定や取り組むことの決め方も異なる。

　より高度な経営を目指すのであれば，まず外部から来た流行に飛び付くこととそれがもたらす帰結を理解する必要がある。その上で，どの程度の内容と投資なら「社会に流されて軽々しく飛び付いてみる実験」として許容できるかを冷静に判断する。そして自社に対する実務的利益の影響を具体的かつ精緻に分析する。特に，採用する時点でどうなのかというだけでなく，将来を考えた際に今採用し実行する価値がどの程度有るのかを，誰に対しても明確に説明できるよう準備する。環境は変化するので，今は形式だけでもいずれ本格的にそれが実務的利益と関係してくる可能性もある。一定の「やったふり」を想定した上で，べき論に基づく取り組みのポートフォリオを組んでおく。そして優先順位を冷静に見極め，止めるべき取り組みは勇気をもって止め，ポートフォリオの鮮度を保つ。取り組みを止める際には，その推進者に丁寧にコミュニケーションし，貢献を認めつつ，新しい方向への発展を組織全体に落とし込む。このような経営の技法を磨くことは，決して結果と関

係ないマネジメントのためのマネジメントではなく，成果を上げていくために重要な意味を持つ。

■組織の「重さ」に対するマネジメント

　外的な影響から始まった施策だとしても，試行錯誤を経て本当に進めるべきと考えたのであれば，それを実質的な実行に進めるための方策には一定の法則性がある。通常のチェンジマネジメント論でも多く主張される，いわば体が重く「分かっていても動かない」組織に対する処方箋である[1]。本書の事例を通じた示唆の一つが，最も重要ことは制度的属性を踏まえた人選であるという点である。誰が変革の推進者となるのか。事例を通じて明らかなように，新たな制度を体現する象徴的人材を登用し，かつ旧制度の支持者側にも影響力を持つリーダーが補助的に支援する体制を作ることが重要である。そして，単純な話だが，経営トップは推進リーダーが活動できるように必要十分なリソースを投入し，トップ自らが本気であることを見せ続ける必要がある。特に投入する人数，優先順位を見せる公式な制度への組み込みは重要である。さらに変革をめぐる取り組みは，組織内で「何が当たり前か，何が正当か」をめぐる認識を変えるための闘争である。単に「べき論」で大上段から理論的に説得したり，個人の感情に訴えるだけでは，成功はおぼつかない。むしろ，理念的な正当性と実務的利益が調和する（少なくとも矛盾しない）という新しいハイブリッドの世界観を，反対者も含めて組織構成員の間で醸成する必要があり，そのためにソフト（対話）とハード（組織内の公式制度化を漸進させる既成事実化）を併用していく必要がある。

　正義が増え続ける時代に，組織はどのように対処していくべきか。そうした時代の特徴は，組織が改革を繰り返すことで求心力を保つ，「改革中毒」に陥りやすいことである。新たな「べき論」が次々登場し，今日はこちらへ明日はあちらへ，構成員は奔走する。一つ一つの改革テーマは理想として望ましいものであり，また目標に向かい努力するプロセスには一定のやりがい

---

1)　学術的には，「組織の重さ」は固有の定義を持ち研究されている（沼上，軽部，加藤，田中，島本，2007）。本章（7-2）での内容は実務向けの示唆を示すための著者の主張であり，学術研究としての「組織の重さ」とは関係性が無い。

もある。しかし次から次に登場する多数の改革が常態化すると，構成員は改革の掛け声にも慣れ，また一方で疲弊し，本当に変化が必要な致命的なテーマを見極める感度が鈍ってしまう。その時，組織を導く北極星となるのは何か。一つには，「我々は何者なのか」というミッションであり，「未来をどうしたいのか」というビジョンであろう。自らの存在意義を具体的に描き，構成員が深く共鳴し，それに基づく判断軸を揺るがさないことは，外から来る正義の洪水に組織が溺れないための前提条件になる。そしてもう一つの答えは，「軽さ」「重さ」の両方の視点を理解し，その点での両利きの経営を目指すことである。組織への外的な価値の影響は，今後も増大することはあれ減衰するとは考えにくい。必ずしも調和しない価値が併存する状態を前提に，組織の虚実を踏まえてその統合性を保ちながら，あるべき方向に導く。そのような経営リーダーの資性は，今後さらに重要性を増していくだろう。

参照文献

Abegglen, J. 1958. *The Japanese factory : Aspects of its social organization.* Glencoe : Free Press（占部都美監訳『日本の経営』ダイヤモンド社，1958 年）.

Abegglen, J. 1973. *Management and worker : The Japanese solution.* Tokyo : Kodansha International（占部都美監訳，森義昭共訳『日本の経営から何を学ぶか：新版日本の経営』ダイヤモンド社，1974 年）.

Abegglen, J. C., & Stalk Jr., G. 1985. *Kaisha, the Japanese corporation.* New York : Basic Books（植山周一郎訳『カイシャ：次代を創るダイナミズム』講談社，1986 年）.

Albert, S., & Whetten, D. A. 1985. Organizational identity. In L.L. Cummings & B.M. Staw（Eds.），*Research in organizational behavior* : 263-295. Greenwich, CT : JAI Press.

Almandoz, J. 2012. Arriving at the start line : The impact of community and financial logics on new banking ventures. *Academy of Management Journal*, 55 : 1381-1406.

Almandoz, J. 2014. Founding teams as carriers of competing logics : When institutional forces predict banks' risk exposure. *Administrative Science Quarterly*, 59 : 443-472.

Ansari, S. M., Fiss, P. C., & Zajac, E. J. 2010. Made to fit : How practices vary as they diffuse. *Academy of Management Review*, 35 : 67-92.

Ansari, S., Wijen, F., & Gray, B. 2013. Constructing a climate change logic : An institutional perspective on the "Tragedy of the commons". *Organization Science*, 24 : 1014-1040.

Bansal, P. 2004. Evolving sustainability : A longitudinal study of corporate sustainable development. *Strategic Management Journal*, 26 : 197-218.

Baron, J. P., Dobbin, F., & Jennings, P. D. 1986. War and peace : The evolution of modern personnel administration in the U. S, industry. *American Journal of Sociology*. 92 : 250-283.

Barr, P. S., Stimpert, J. L., & Huff, A. S. 1992. Cognitive change, strategic action, and organizational renewal. *Strategic Management Journal*, 13 : 15-36.

Bartlett, C., & Ghoshal, S. 1989. Managing across borders : The transnational solution. Boston : Harvard Business School Press（吉原英樹監訳『地球市場時代の企業戦略』日本経済新聞社，1990 年）.

Basu, O. K., Dirsmith, M. W., & Gupta, P. P. 1999. The coupling of the symbolic and the technical in an institutionalized context : The negotiated order of the GAO's audit reporting process. *American Sociological Review*, 64 : 506-526.

Battilana, J. 2006. Agency and institutions : The enabling role of individuals' social position. *Organization*, 13 : 653-676.

Battilana, J., & Casciaro, T. 2012. Change agents, networks, and institutions : A contingency theory of organizational change. *Academy of Management Journal*, 55 : 381-398.

Battilana, J., & D'Aunno, T. 2009. Institutional work and the paradox of embedded agency. In T. B, Lawrence, R., Suddaby, & B., Leca（Eds.），*Institutional work : Actors and agency in institutional studies of organizations* : 31-58. Cambridge : Cambridge University Press.

Beck, N., & Walgenbach, P. 2005. Technical efficiency or adaptation to institutionalized expectations? The adoption of ISO 9000 standards in the German mechanical engineering industry. *Organiza-*

tional Studies, 26 : 841‑866.

Beckert, J. 1999. Agency, entrepreneurs, and institutional change. The role of strategic choice and institutionalized practices in organizations. *Organization Studies*, 20 : 777‑799.

Beechler, S., & Woodward, I. C. 2009. The global war for talent. *Journal of International Management*, 15 : 273‑285.

Berger, P. L., & Luckmann, T. 1967. *The social construction of reality : A treatise in the sociology of knowledge*. Garden City : Anchor Book（山口節郎訳『現実の社会的構成：知識社会学論考』新曜社, 2003 年）.

Besharov, M. L., & Smith, W. K. 2014. Multiple institutional logics in organizations : Explaining their varied nature and implications. *Academy of Management Review*, 39 : 364‑381.

Bhappu, A. D. 2000. The Japanese family : An institutional logic for Japanese corporate networks and Japanese management. *Academy of Management Review*, 25 : 409‑415.

Bjorkman, I., Fey, C. F., & Park, H. J. 2007. Institutional theory and MNC subsidiary HRM practices : Evidence from a three-country study. *Journal of International Business Studies*, 38 : 430‑446.

Bjorkman, I., Smale, A., Sumelius, J., Suutari, V., & Lu, Y. 2006. Change in institutional context and MNC operations in China : Subsidiary HRM practices in 1996 versus 2006. *International Business Review*, 17 : 146‑158.

Blau, P. M., & Schoenherr, R. A. 1971. *The structure of organizations*. New York : Basic Books.

Boxenbaum, E. 2006. Lost in translation : The making of Danish diversity management. *American Behavioral Scientist*, 49 : 939‑948.

Boxenbaum, E., & Jonsson, S. 2008. Isomorphism, diffusion and decoupling. In R. Greenwood, C. Oliver, K. Sahlin, & R. Suddaby（Eds.）, *The Sage handbook of organizational institutionalism :* 78‑98. London : Sage Publications.

Boxenbaum, E., & Jonsson, S. 2017. Isomorphism, diffusion and decoupling : Concept evolution and theoretical challenges. In R. Greenwood, C. Oliver, T. B. Lawrence, & R. E. Meyer（Eds.）, *The Sage handbook of organizational institutionalism*（2nd ed.）: 79‑104. London : Sage Publications.

Bresser, R. K. F., & Millonig, K. 2003. Institutional capital : Competitive advantage in light of the new institutionalism in organizational theory. *Schmalenbach Business Review*, 55 : 220‑241.

Bromley, P., & Powell, W. W. 2012. From smoke and mirrors to walking the talk : Decoupling in the contemporary world. *Academy of Management Annals*, 6 : 483‑530.

Burns, L. R., & Wholey, D. R. 1993. Adoption and abandonment of matrix management programs : Effects of organizational characteristics and interorganizational networks. *Academy of Management Journal*, 36 : 106‑138.

Chandler, D. 2014. Organizational susceptibility to institutional complexity : Critical events driving the adoption and implementation of the ethics and compliance officer position. *Organization Science*, 25 : 1722‑1743.

Clark. B. R. 1960. *The open-door colleges : A case study*. New York : McGraw-Hill.

Clark, B. R. 1972. The organizational saga in higher education. *Administrative Science Quarterly*. 17 : 178‑184.

Clark, S. M., Gioia, D. A., Ketchen, D. Jr., & Thomas, J. B. 2010. Transitional identity as a facilitator of organizational identity change during a merger. *Administrative Science Quarterly*, 55 : 397–438.

Clemens, E. S., & Cook, J. M. 1999. Politics and institutionalism : Explaining durability and change. In K. S. Cook & J. Hagan (Eds.), *Annual review of sociology, vol. 25* : 441–466. Palo Alto : Annual Reviews.

Clemens, B., & Douglas, T. J. 2006. Does coercion drive firms to adopt 'voluntary' green initiatives? Relationship among coercion, superior firm resources, and voluntary green initiatives. *Journal of Business Research*, 59 : 483–491.

Cohen, M. D., March, J. G., & Olsen, J. P. 1972. A garbage can model of organizational choice. *Administrative Science Quarterly*, 17 : 1–25.

Combs, J. G., Michael, S. C., & Castrogiovanni, G. J. 2009. Institutional influences on the choice of organizational form : The case of franchising. *Journal of Management*, 35 : 1268–1290.

Corley, K. G., & Gioia, D. A. 2004. Identity ambiguity and change in the wake of a corporate spinoff. *Administrative Science Quarterly*, 49 : 173–208.

Covaleski, M. A., & Dirsmith, M. W. 1983. Budgeting as a means for control and loose coupling. *Accounting, Organizations, and Society*, 8 : 323–330.

Creed, W. E. D., Scully, M. A., & Austin, J. R. 2002. Clothes make the person? The tailoring of legitimating accounts and the social construction of identity. *Organization Science*, 13 : 475–496.

Crilly, D., Zollo, M., & Hansen, M. T. 2012. Faking it or muddling through? Understanding decoupling in response to stakeholder pressures. *Academy of Management Journal*, 55 : 1429–1448.

Cyert, R. M., & March, J. G. 1963. *A behavioral theory of the firm : A summary of basic concepts in the behavioral theory of the firm*. Englewood Cliffs : Princeton-Hall（松田武彦監訳『企業の行動理論』ダイヤモンド社，1967 年）.

Czarniawska, B., & Sevón, G. 1996. *Translating organizational change*. Berlin, Germany : Walter de Gruyter.

Daudigeos, T. 2013. In their profession's service : How staff professionals exert influence in their organization. *Journal of Management Studies*, 50 : 722–749.

David, R. J., Sine, W. D., & Haveman, H. A. 2013. Seizing opportunity in emerging fields : How institutional entrepreneurs legitimated the professional form of management consulting. *Organization Science*, 24 : 356–377.

Davis, G. F. 1991. Agents without principles? The spread of the poison pill through the intercorporate network. *Administrative Science Quarterly*, 36 : 583–613.

Davis, G. F., & Greve, H. R. 1997. Corporate elite networks and governance changes in the 1980s. *American Journal of Sociology*, 103 : 1–37.

Della Torre, E., & Solari, L. 2013. High-performance work-systems and the change management process in medium-sized firms. *International Journal of Human Resource Management*, 24 : 2583–2607.

Delmestri, G. 2006. Streams of inconsistent institutional influences : Middle managers as carriers of multiple identities. *Human Relations*, 59 : 1515–1541.

den Dulk, L., Peters, P., & Poutsma, E. 2012. Variation in adoption of workplace work-family arrangements in Europe : The influence of welfare-state regime and organizational characteristics. *International Journal of Human Resource Management*, 23 : 2785–2808.

DiMaggio, P. J. 1988. Interest and agency in institutional theory. In L. G. Zucker（Ed.）, *Institutional patterns and organizations : Culture and environment* : 3–22. Cambridge, UK : Ballinger.

DiMaggio, P. J., & Powell, W. W. 1983. The iron cage revisited : Institutional isomorphism and collective rationality in organizational fields. *American Sociology Review*, 48 : 147–160.

DiMaggio, P. J., & Powell, W. W. 1991. Introduction. In W. W. Powell & P. J. DiMaggio（Eds.）, *The new institutionalism in organizational analysis* : 1–38. Chicago : The University of Chicago Press.

Dobbin, F., & Kelly, E. L. 2007. How to stop harassment : Professional construction of legal compliance in organizations. *American Journal of Sociology*, 112 : 1203–1243.

Donaldson, L. 1995. *American anti-management theories of organization*. New York : Cambridge University Press.

Dorado, S. 2005. Institutional entrepreneurship, partaking, and convening. *Organization Studies*, 26 : 385–414.

Dorado, S. 2013. Small groups as context for institutional entrepreneurship : An exploration of the emergence of commercial microfinance in Bolivia. *Organization Studies*, 34 : 533–557.

Drucker, P. F. 1971. What we can learn from Japanese management. *Harvard Business Review*, 49 : 110–122.

Dutton, J. E., & Dukerich, J. M. 1991. Keeping an eye on the mirror : Image and identity in organizational adaptation. *Academy of Management Journal*, 34 : 517–554.

Edelman, L. B. 1992. Legal ambiguity and symbolic structures : Organizational mediation of civil-rights law. *American Journal of Sociology*, 97 1531–1576.

Edmodson, A. C., & Mcmanus, S. E. 2007. Methodological fit in management field research. *Academy of Management Review*, 32 : 1155–1179.

Eilon, S.1969. What is a decision? *Management Science*, 16 : B172–B189.

Eisenhardt, K. M. 1989. Building theories from case study research. *Academy of Management Review*, 14 : 532–550.

Eisenstadt, S. N. 1980. Cultural orientations, institutional entrepreneurs, and social-change-comparative-analysis of traditional organizations. *American Journal of Sociology*, 85 : 840–870.

Elsbach, K. D., & Kramer, R. D. 1996. Members' responses to organizational identity threats : Encountering and countering the business week rankings. *Administrative Science Quarterly*, 41 : 442–476.

Elsbach, K. D., & Sutton, R. I. 1992. Acquiring organizational legitimacy through illegitimate actions : A marriage of institutional and impression management theories. *Academy of Management Journal*, 35 : 699–738.

Espeland, W. N. 1998. *The struggle for water : Politics, rationality and identity in the American southwest*. Chicago : University of Chicago Press.

Farashahi, M., Hafsi, T., & Molz, R. 2005. Institutionalized norms of conducting research and social realities : A research synthesis of empirical works from 1983 to 2002. *International Journal of Management Reviews*, 7 : 1–24.

Farndale, E., Scullion, H., & Sparrow, P. 2010. The role of corporate HR function in global talent management. *Journal of World Business*, 45 : 161-168.

Fiss, P. C., & Zajac, E. J. 2004. The diffusion of ideas over contested terrain : The（non）adoption of a shareholder value orientation among German firms. *Administrative Science Quarterly*, 49 : 501-534.

Fiss, P. C., & Zajac, E. J. 2006. The symbolic management of strategic change : Sensegiving via framing and decoupling. *Academy of Management Journal*, 49 : 1173-1193.

Fligstein, N. 1985. The spread of the multidivisional form among large firms, 1919-1979. *American Sociological Review*, 50 : 377-391.

Fligstein, N. 1997. Social skill and institutional theory. *American Behavioral Scientist*, 40 : 397-405.

Fligstein, N. 2001. Social skill and the theory of fields. *Sociological Theory*, 19 : 105-125.

Fombrun, C. J. 1989. Convergent dynamics in the production of organizational configurations. *Journal of Management Studies*, 26 : 439-458.

Forbes, T. 2012. Institutional entrepreneurship in hostile settings : Health and social care partnerships in Scotland, 2002-05. *Environment and Planning C-Government and Policy*, 30 : 1100-1115.

Fox-Wolfgramm, S. J., Boal, K. B., & Hunt, L. G. 1998. Organizational adaptation to institutional change : A comparative study of first-order change in prospector and defender bank. *Administrative Science Quarterly*, 43 : 87-126.

Friedland, R. & Alford, R. R. 1991. Bringing society back in : Symbols, practices, and institutional contradictions. In W. W. Powell & P. J. DiMaggio（Eds.）, *The new institutionalism in organizational analysis* : 232-263. Chicago : University of Chicago Press.

Garud, R., Jain, S., & Kumaraswamy, A. 2002. Institutional entrepreneurship in the sponsorship of common technological standards : The case of Sun Microsystems and Java. *Academy of Management Journal*, 45 : 196-214.

Gaur, A. J., Delios, A., & Singh, K. 2007. Institutional environments, staffing strategies, and subsidiary performance. *Journal of Management*, 33 : 611-636.

George, E., Chattopadhyay, P., Sitkin, S. B., & Barden, J. Q. 2006. Cognitive underpinnings of institutional persistence and change : A framing perspective. *Academy of Management Review*, 31 : 347-365.

Gilbert, C. K. 2005. Unbundling the structure of inertia : Resource versus routine rigidity. *Academy of Management Journal*, 48 : 741-763.

Gioia, D. A., Corley, K. G., & Hamilton, A. L. 2013. Seeking qualitative rigor in inductive Research : notes on the Gioia Methodology. *Organizational Research Methods*, 16 : 15-31.

Gioia, D. A., Patvardhan, S. D., Hamilton, A. L., & Corley, K. G. 2013. Organizational identity formation and change. *The Academy of Management Annals*, 7 : 123-192.

Gioia, D. A., Price, K. N., Hamilton, A. L., & Thomas, J. B. 2010. Forging an Identity : An Insider-outsider Study of Processes Involved in the Formation of Organizational Identity. *Administrative Science Quarterly*, 55 : 1-46.

Glaser, B., & Strauss, A. 1967. *The discovery of grounded theory : Strategies for qualitative research*. Chicago : Aldine Publishing Company（後藤隆・大出春江・水野節夫訳『データ対話型理論の発

見 調査からいかに理論をうみだすか』新曜社, 1996年).

Glassman, R. B. 1973. Persistence and loose coupling in living systems. *Behavioral Science*, 18 : 83‒98.

Glynn, M. A. 2000. When cymbals become symbols : Conflict over organizational identity within a symphony orchestra. *Organization Science*, 11 : 285‒298.

Glynn, M. A. 2008. Beyond constraint : How institutions enable identities. In R. Greenwood, C. Oliver, K. Sahlin, & R. Suddaby (Eds.), *The Sage handbook of organizational institutionalism :* 413‒430. London : Sage Publications.

Gondo, M. B., & Amis, J. M. 2013. Variations in practice adoption : The roles of conscious reflection and discourse. *Academy of Management Review*, 38 : 229‒247.

Gooderham, P. N., Nordhaug, O., & Ringdal, K. 1999. Institutional and rational determinants of organizational practices : Human resource management in European firms. *Administrative Science Quarterly*, 44 : 507‒531.

Goodstein, J. D. 1994. Institutional pressures and strategic responsiveness : Employer involvement in work family issues. *Academy of Management Journal*, 37 : 350‒382.

Granovetter, M. 1985. Economic action and social structure : The problem of embeddedness. *American Journal of Sociology*, 91 : 481‒510.

Greenwood, R., & Hinings, C. R. 1996. Understanding radical organizational change : Bringing together the old and the new institutionalism. *Academy of Management Review*, 21 : 1022‒1054.

Greenwood, R., Oliver, C., Lawrence, T. B., & Meyer, R. E. 2017. Introduction : Into the fourth decade. In R. Greenwood, C. Oliver, T. B. Lawrence, & R. E. Meyer (Eds.), *The Sage handbook of organizational institutionalism* (2nd ed.) : 1‒24. London : Sage Publications.

Greenwood, R., Oliver, C., Sahlin, K., & Suddaby, R. 2008. Introduction. In R. Greenwood, C. Oliver, K. Sahlin, & R. Suddaby (Eds.), *The Sage handbook of organizational institutionalism :* 1‒46. London : Sage Publications.

Greenwood, R., Raynard, M., Kodeih, F., Micelotta, E. R., & Lounsbury, M. 2011. Institutional complexity and organizational responses. *Academy of Management Annals*, 5 : 317‒371.

Greenwood, R., & Suddaby, R. 2006. Institutional entrepreneurship in mature fields : The big five accounting firms. *Academy of Management Journal*, 49 : 27‒48.

Greenwood, R., Suddaby, R., & Hinings, C. R. 2002. Theorizing change : The role of professional associations in the transformation of institutionalized fields. *Academy of Management Journal*, 45 : 58‒80.

Gurses, K., & Ozcan, P. 2015. Entrepreneurship in regulated markets : Framing contests and collective action to introduce pay TV in the US. *Academy of Management Journal*, 58 : 1709‒1739.

Hagan, J., Hewitt, J. D., & Alwin, D. F. 1979. Ceremonial justice : Crime and punishment in a loosely coupled system. *Social Forces*, 58 : 506‒528.

Hallet, T. 2010. The myth Incarnate : Recoupling processes, turmoil, and inhabited institutions in an urban elementary school. *American Sociological Review*, 75 : 52‒74.

Hambrick, D. C., & Mason, P. A. 1984. Upper echelons : The organization as a reflection of its top managers. *Academy of Management Review*, 9 : 193‒206.

Han, S. K. 1994. Mimetic isomorphism and its effect on the audit services market. *Social Forces*, 73 :

637-664.

Hannan, M. T., & Freeman, J. 1977. The population ecology of organizations. *American Journal of Sociology*, 82 : 929-964.

Hardy, C., & Phillips, N. 1998. Strategies of engagement : Lessons from the critical examination of collaboration and conflict in an interorganizational domain. *Organization Science*, 9 : 217-230.

Harrison, S. H., & Corley, K. G. 2011. Clean climbing, carabiners, and cultural cultivation : Developing an open-systems perspective of culture. *Organization Science*, 22 : 391-412.

Haunschild, P. R. 1993. Interorganizational imitation : The impact of interlocks on corporate acquisition activity. *Administrative Science Quarterly*, 38 : 564-592.

ヘイコンサルティンググループ『グローバル人事 課題と現実』日本経団連出版，2007 年.

Heenan, D. A., & Perlmutter, H. V. 1979. *Multinational organization development : A social architecture perspective*. Reading : Addison-Wesley（江夏健一監訳『多国籍企業：国際化のための組織開発』文真堂，1982 年）.

Hensmans, M. 2003. Social movement organizations : A metaphor for strategic actors in institutional fields. *Organization Studies*, 24 : 355-381.

Hirsch, P. M., & Lounsbury, M. 1997. Putting the organization back into organization theory-Action, change, and the "new" institutionalism. *Journal of Management Inquiry*, 6 : 79-88.

Hoffman, A. J. 1999. Institutional evolution and change : Environmentalism and the US chemical industry. *Academy of Management Journal*, 42 : 351-371.

Holm, P. 1995. The dynamics of institutionalization : Transformation processes in Norwegian fisheries. *Administrative Science Quarterly*, 40 : 398-422.

Ingram, P., & Simons, T. 1995. Institutional and resource dependence determinants of responsiveness to work family issues. *Academy of Management Journal*, 38 : 1466-1482.

石田英夫（1985）．『日本企業の国際人事管理』日本労働協会.

Jonsson, S., & Regner, P. 2008. Normative barriers to imitation : Social complexity of core competencies in a mutual fund industry. *Strategic Management Journal*, 30 : 517-536.

Kaplan, R. S., & Haas, D. A. 2014. How not to cut health care costs. *Harvard Business Review*, November 2014.

Keeley, T. D. 2001. *International human resource management in Japanese firms*. New York : Palgrave.

経済同友会（2008）．『新・日本流経営の創造』経済同友会.

経済産業省（2015）．『通商白書 2015』経済産業省.

Kelly, E., & Dobbin, F. 1998. How affirmative action became diversity management-Employer response to antidiscrimination law, 1961 to 1996. *American Behavioral Scientist*, 41 : 960-984.

Kennedy, M. T. 2008. Getting counted : Markets, media, and reality. *American Sociological Review*, 73 : 270-295.

Kennedy, M. P., & Fiss, P. C. 2009. Institutionalization, framing, and diffusion : The logic of TQM adoption and implementation decisions among U. S. hospitals. *Academy of Management Journal*, 52 : 897-918.

Kiesler, S., & Sproull, L. 1982. Managerial response to changing environments : Perspectives on problem sensing from social cognition. *Administrative Science Quarterly*, 27 : 548-570.

Kinnie, N. J., Swart, J., & Purcell, J. 2005. Influence on the choice of HR system : The network organization. *International Journal of Human Resource Management*, 16 : 1004-1028.

Kodeih, F., & Greenwood, R. 2014. Responding to institutional complexity : The role of identity. *Organization Studies*, 35 : 7-39.

厚生労働省（2007）.『厚生労働白書2007』. 厚生労働省.

Kossek, E. E., Dass, P., & Demarr, B. 1994. The dominant logic of employer-sponsored work and family initiatives : Human resource managers' institutional role. *Human Resources*, 47 : 1121-49.

Kraatz, M. S. 1998. Learning by association? Interorganizational networks and adaptation to environmental change. *Academy of Management Journal*, 41 : 621-643.

Kraatz, M. S. 2009. Leadership as institutional work : a bridge to the other side. In T. B. Lawrence, R. Suddaby, & B. Leca（Eds.）. *Institutional work : Actors and agency in institutional studies of organizations :* 59-91. Cambridge, UK : Cambridge University Press.

Kraatz, M. S., & Zajac, E. J. 1996. Exploring the limits of the new institutionalism : The causes and consequences of legitimate organizational change. *American Sociological Review*, 61 : 812-836.

キャメルヤマモト・太田智（2009）『グローバルリーダー開発シナリオ』日本経済新聞出版社.

Lawrence, T. B. 1999. Institutional strategy. *Journal of Management*, 25 : 161-187.

Lawrence, T. B., & Phillips, N. 2004. From Moby Dick to Free Willy : Macro-cultural discourse and institutional entrepreneurship in emerging institutional fields. *Organization*, 11 : 689-711.

Lawrence, T. B. & Suddaby, R. 2006. Institutions and institutional work. In S. R. Clegg, C. Hardy, T. B. Lawrence, & W. R. Nord（Eds.）. *The SAGE handbook of organization studies :* 215-254. London : Sage Publications.

Lawrence, T. B., Suddaby, R., & Leca, B.（Eds.）. 2009. *Institutional work : Actors and agency in institutional studies of organizations*. Cambridge, UK : Cambridge University Press.

Leblebici, H., Salancik, G. R., Copay, A., & King, T. 1991. Institutional change and the transformation of interorganizational fields : An organizational history of the United States radio broadcasting industry. *Administrative Science Quarterly*, 36 : 333-363.

Lepoutre, J., & Valente, M. 2012. Fools breaking out : The roles of symbolic and material immunity in explaining institutional nonconformity. *Academy of Management Journal*, 55 : 285-313.

Levy, D., & Scully, M. 2007. The institutional entrepreneur as modern prince : The strategic face of power in contested fields. *Organization Studies*, 28 : 971-991.

Litchfield, E., H. 1956. Notes on a general theory of administration. *Administrative Science Quarterly*, 1 : 3-29.

Lincoln, J. R., Hanada, M., & Olson, J. 1981. Cultural orientations and individual reactions to organizations : A study of employees of Japanese-owned firms. *Administrative Science Quarterly*, 26 : 93-115.

Lounsbury, M. 2002. Institutional transformation and status mobility : The professionalization of the field of finance. *Academy of Management Journal*, 45 : 255-266.

Lounsbury, M. 2007. A tale of two cities : Competing logics and practice variation in the professionalizing of mutual funds. *Academy of Management Journal*, 50 : 289-307.

Lounsbury, M., & Crumley, E. T. 2007. New practice creation : An institutional perspective on innovation. *Organization Studies*, 28 : 993-1012.

MacLean, T. L., & Behnam, M. 2010. The dangers of decoupling : The relationship between compliance programs, legitimacy perceptions, and institutionalized misconduct. *Academy of Management Journal*, 53 : 1499-1520.

Maguire, S., Hardy, C., & Lawrence, T. B. 2004. Institutional entrepreneurship in emerging fields : HIV/AIDA treatment advocacy in Canada. *Academy of Management Journal*, 47 : 657-679.

Marquis, C., & Qian, C. L. 2014. Corporate social responsibility reporting in China : Symbol or substance? *Organization Science*, 25 : 127-148.

Marquis, C., & Raynard, M. 2015. Institutional strategies in emerging markets. *Academy of Management Annals*, 9 : 291-335.

Martinez, R. J., & Dacin, M. T. 1999. Efficiency motives and normative forces : Combining transactions costs and institutional logic. *Journal of Management*, 25 : 75-96.

Mellahi, K., & Collings, D. G. 2010. The barriers to effective global talent management : The example of corporate elites in MNEs. *Journal of World Business*, 45 : 161-169.

Merton, R. K. 1940/1957. Bureaucratic structure and personality. In R. K. Merton（Ed.）, *Social theory and social structure*（2nd ed.）. Glencoe : Free Press.

Meyer, A. D. 1982. Adapting to environmental jolts. *Administrative Science Quarterly*, 27 : 515-537.

Meyer, J. W., & Rowan, B. 1977. Institutional organizations : Formal structure as myth and ceremony. *American Journal of Sociology,* 83 : 340-363.

Meyer, J. W., Scott, W. R., & Deal, T. E. 1983. Institutional and technical sources of organizational structure : Explaining the structure of educational organizations. In J. W. Meyer, & W. R. Scott（Eds.）, *Organizational environments : Ritual and rationality*, Beverly Hills : Sage Publications.

Meyer, R. E. 2006. Visiting relatives : Current developments in the new sociology of knowledge. *Organization*, 13 : 725-738.

Miles, M. B., & Huberman, M. 1994. *Qualitative data analysis : An expanded sourcebook*（2nd ed.）. Thousand Oaks : Sage.

宮川公男（2005）『意思決定論：基礎とアプローチ』中央経済社.

Moll, J., & Hoque, Z. 2011. Budgeting for legitimacy : The case of an Australian university. *Accounting Organizations and Society*, 36 : 86-101.

Nag, R., Corley, K. G., & Gioia, D. A. 2007. The intersection of organizational identity, knowledge, and practice : Attempting strategic change via knowledge grafting. *Academy of Management Journal*, 50 : 821-847.

Nag, R., & Gioia, D. A. 2012. From common to uncommon knowledge : Foundations of firm-specific use of knowledge as a resource. *Academy of Management Journal*, 55 : 421-457.

Nakane, C. 1970. *Japanese society*. Berkeley : University of California Press.

日本生産性本部（2012）.『2012 年度版日本的雇用・人事システムの雇用に関する調査』日本生産性本部.

沼上幹・軽部大・加藤俊彦・田中一宏・島本実（2007）.『組織の"重さ"―日本的企業組織の再点検』日本経済新聞社.

O'Donnell, S. 2000. Managing foreign subsidiaries : Agents of headquarters or an independent network? *Strategic Management Journal*, 21 : 525‒548.

Okhmatovskiy, I., & David, R. J. 2012. Setting your own standards : Internal corporate governance codes as a response to institutional pressure. *Organization Science*, 23 : 155‒176.

Oliver, C. 1991. Strategic responses to institutional processes. *Academy of Management Review*, 16 : 145‒179.

Oliver, C. 1992. The antecedents of deinstitutionalization. *Organization Studies*, 13 : 563‒588.

Oliver, C. 1997. Sustainable competitive advantage : Combining institutional and resource-based views. *Strategic Management Journal*, 18 : 697‒713.

Paauwe, J., & Boselie, P. 2005. Best practices...in spite of performance : Just a matter of imitation? *International Journal of Human Resource Management*, 16 : 987‒1003.

Pache, A. C., & Santos, F. 2010. When worlds collide : The internal dynamics of organizational responses to conflicting institutional demands. *Academy of Management Review*, 35 : 455‒476.

Pache, A. C., & Santos, F. 2013. Inside the hybrid organization : Selective coupling as a response to competing institutional logics. *Academy of Management Journal*, 56 : 972‒1001.

Palmer, D. A., Jennings, P. D, & Zhou. X. 1993. Late adoption of the multidivisional form by large U. S. corporations : Institutional, political, and economic accounts. *Administrative Science Quarterly*, 38 : 100‒131.

Perrow, C. 1961. The analysis of goals in complex organizations. *American Sociological Review*, 26 : 854‒866.

Pfeffer, J. 1981. *Power in organizations*. Boston : Pitman.

Pfeffer, J, & Salancik, G. R. 1978. *The external control of organizations.* Stanford : Stanford University Press.

Phillips, N., Lawrence, T. B., & Hardy, C. 2006. Discussing "Discourse and institutions" : A reply to Lok and Willmott. *Academy of Management Review*, 31 : 480‒483.

Pitsakis, K., Biniari, M. G., & Kuin, T. 2012. Resisting change : Organizational decoupling through an identity construction perspective. *Journal of Organizational Change Management*, 25 : 835‒852.

Power, M. 1997. The audit society : Rituals of verification. New York : Oxford University Press（國 部 克彦・堀口真司訳『監査社会：検証の儀式化』東洋経済新報社，2003 年）.

Quintanilla, J., Susaeta, L., & Sanchez-Mangas, R. 2008. The diffusion of employment practices in multinationals : 'Americanness' within US MNCs in Spain? *Journal of Industrial Relations*, 50 : 680‒696.

Raaijmakers, A. G. M., Vermeulen, P. A. M., Meeus, M. T. H., & Zietsma, C. 2015. I need time! Exploring pathways to compliance under institutional complexity. *Academy of Management Journal*, 58 : 85‒110.

Reay, T., Golden-Biddle, K., & Germann, K. 2006. Legitimizing a new role : Small wins and microprocesses of change. *Academy of Management Journal*, 49 : 977‒998.

Reay, T., & Hinings, C. R. 2009. Managing the rivalry of competing institutional logics. *Organization Studies*, 30 : 629‒652.

Roberts, P. W., & Greenwood, R. 1997. Integrating transaction cost and institutional theories : Toward a constrained-efficiency framework for understanding organizational design adoption. *Academy of Management Review*, 22 : 346-373.

Roberts, K., Kossek, E. E., & Ozeki, C. 1998. Managing the global workforce : Challenges and strategies. *Academy of Management Executive*, 12 : 93-106.

労働政策研究・研修機構（2013）．『従業員の採用と退職に関する実態調査』労働政策研究・研修機構．

Rowan, B. 1982. Organizational structure and the institutional environment : The case of public schools. *Administrative Science Quarterly*, 27 : 259-279.

Sahlin, K., & Wedlin, L. 2008. Circulating ideas : Imitation, translation and editing. In R. Greenwood, C. Oliver, K. Sahlin, & R. Suddaby （Eds.）, *The SAGE handbook of organizational institutionalism* : 218-242. London : Sage Publications.

Saka, A. 2004. The cross-national diffusion of work systems : Translation of Japanese operations in the UK. *Organization Studies*, 25 : 209-228.

Sambaraya, R. B. 1996. Foreign experienced of top management teams and international diversification strategies of U. S. multinational corporations. *Strategic Management Journal*, 17 : 739-746.

Sauder, M., & Espeland, W. N. 2009. The discipline of rankings : Tight coupling and organizational change. *American Sociological Review*, 74 : 63-82.

Scott, W. R. 1987. The adolescence of institutional theory. *Administrative Science Quarterly*, 32 : 493-511.

Scott, W. 1991. Unpacking institutional arguments. In W. W. Powell, & P. J. DiMaggio （Eds.）, *The new institutionalism in organizational analysis* : 164-182. Chicago : The University of Chicago Press.

Scott, W. 2014. *Institutions and organizations : Ideas, interests, and identities* （*4ᵗʰ edn.*）. Thousand Oaks : Sage Publications.

Scott, W. R., & Meyer, J. W., 1983. The organization of social sectors. In J. W. Meyer, & W. R. Scott （Eds.）, *Organizational environments : Ritual and rationality :* 1-16. Beverly Hills : Sage Publications.

Scullion, H., Collings, D. G., & Gunnigle, P. 2007. International HRM in the 21" century : Emerging themes and contemporary debates. *Human Resource Management Journal*, 17 : 309-319.

Selznick, P. 1949. *TVA and the grass roots*. Berkeley : University of California Press.

Selznick, P. 1957. *Leadership in administration : A sociological interpretation* （*1984 reprint ed.*）, Berkley : University of California Press（北野利信訳『組織とリーダーシップ』ダイヤモンド社, 1963 年）.

Selznick, P. 1996. Institutionalism "old" and "new". *Administrative Science Quarterly*. 41 : 270-277.

Seo, M. G., & Creed, W. E. D. 2002. Institutional contradictions, praxis, and institutional change : A dialectical perspective. *Academy of Management Review*, 27 : 222-247.

Sherer, P. D., & Lee, K. 2002. Institutional change in large law firms : A resource dependency and institutional perspective. *Academy of Management Journal*, 45 : 102-119.

Simon, H. A. 1960. *The new science of management decision*. New York : Harper & Brother.

Simon, H. A. 1972. Theories of bounded rationality. In C. B. McGuire & R. Radner （Eds.）, *Decision and organization* : 161–176. Amsterdam : North-Holland Publishing Company.

Smets, M., Morris, T., & Greenwood, R. 2012. From practice to field : A multilevel model of practice-driven institutional change. *Academy of Management Journal*, 55 : 877–904.

Stinchcombe, A. L. 1997. On the virtues of the old institutionalism. *Annual Review of Sociology*, 23 : 1–18.

Strauss, A., & Corbin, J. 1998. *Basics of qualitative research* (2nd ed.). Thousand Oaks : Sage Publications (操華子・森岡崇訳『質的研究の基礎：グラウンデッド・セオリーの技法と手順 (第 2 版)』医学書院，2004 年).

Suchman, M. C. 1995. Managing legitimacy : Strategic and institutional approaches. *Academy of Management Review*, 20 : 571–610.

須田敏子 (2013). 「特定組織フィールドにおける人事制度の変化・同型化：制度理論からの分析」『経営教育研究』16 (2)，19–31.

須田敏子 (2015). 『「日本型」戦略の変化：経営戦略と人事戦略の補完性から探る』東洋経済新報社.

Sutton, R. I., & Pfeffer, J. 2000. *The knowing-doing gap : How smart companies turn knowledge into action*. Boston : Harvard Business School Press (長谷川喜一郎監修，菅田絢子 訳『なぜ，わかっていても実行できないのか　知識を行動に変えるマネジメント』日本経済新聞出版社，2014 年).

Tarique, I., & Schuler, R. S. 2010. Global talent management : Literature review, integrative framework, and suggestions for future research. *Journal of World Business*, 45 : 122–133.

Thomas, J. 1984. Some aspects of negotiated order, loose coupling, and mesostructured in maximum security prisons. *Symbolic Interaction*, 7 : 213–231.

Thompson, J. D. 1967. *Organizations in action*. New York : McGraw-Hill.

Thornton, P. H. 2004. *Markets from culture : Institutional logics and organizational decisions in higher education publishing*. Stanford : Stanford University Press.

Thornton, P. H., & Ocasio, W. 1999. Institutional logics and the historical contingency of power in organizations : Executive succession in the higher education publishing industry, 1958–1999. *American Journal of Sociology*, 105 : 801–843.

Thornton, P. H., Ocasio, W., & Lounsbury, M. 2012. *The Institutional Logics Perspective : A New Approach to Culture, Structure, and Process*. New York : Oxford University Press.

Tilcsik, A. 2010. From ritual to reality : Demography, ideology, and decoupling in a post-communist government agency. *Academy of Management Journal*, 53 : 1474–1498.

Tolbert, P. S., & Zucker, L. G. 1983. Institutional sources of change in the formal structure of organizations : The diffusion of civil service reform, 1880–1935. *Administrative Science Quarterly*, 28 : 22–39.

Tolbert, P. S., & Zucker, L. G. 1996. Institutionalization of institutional theory. In S. Clegg, C. Hardy, & W. Nord (Eds.), *The handbook of organization studies* : 175–190. Thousand Oaks : SAGE Publications.

Tripsas, M., & Gavetti, G. 2000. Capabilities, cognition, and inertia : Evidence from digital imaging. *Strategic Management Journal*, 21 : 1147–1161.

Tsai, C. J. 2010. HRM in SMEs : Homogeneity or heterogeneity? A study of Taiwanese high-tech firms. *International Journal of Human Resource Management*, 21 : 1689–1711.

Vaccaro, A., & Palazzo, G. 2015. Values against violence : Institutional change in societies dominated by organized crime. *Academy of Management Journal*, 58 : 1075–1101.

Washington, M., & Ventresca, M. J. 2004. How organizations change : The role of institutional support mechanisms in the incorporation of higher education visibility strategies, 1874–1995. *Organization Science*, 15 : 82–97.

Weaver, G. R., Trevino, L. K., & Cochran, P. L. 1999. Corporate ethics practices in the mid-1990's : An empirical study of the Fortune 1000. *Journal of Business Ethics*, 18 : 283–294.

Weber, M. 1930. *The protestant ethic and the spirit of capitalism*.（T. Parson, Trans.）. London : Routledge（大塚久雄訳『プロテスタンティズムの倫理と資本主義の精神』岩波書店，1989 年）.

Weick, K. E. 1976. Educational organizations as loosely coupled systems. *Administrative Science Quarterly*, 21 : 1–19.

Westney, D. E. 1987. *Imitation and innovation : The transfer of western organizational patterns to Meiji Japan*. Cambridge : Harvard University Press.

Westphal, J. D., Gulati, R., & Shortell, S. M. 1997. Customization or conformity? An institutional and network perspective on the content and consequences of TQM adoption. *Administrative Science Quarterly*, 42 : 366–394.

Westphal, J. D., & Zajac, E. J. 1994. Substance and symbolism in CEO's long-term incentive plans. *Administrative Science Quarterly*, 39 : 367–390.

Westphal, J. D., & Zajac, E. J. 1998. The symbolic management of stockholders : Corporate governance reforms and shareholder reactions. *Administrative Science Quarterly*, 43 : 127–153.

Westphal, J. D., & Zajac, E. J. 2001. Decoupling policy from practice : The case of stock repurchase programs. *Administrative Science Quarterly*, 46 : 202–228.

Wijen, F., & Ansari, S. 2007. Overcoming inaction through collective institutional entrepreneurship : Insights from regime theory. *Organization Studies*, 28 : 1079–1100.

Williamson, O. E. 1975. *Markets and hierarchies*. New York : Free Press（岡本康雄・高宮誠訳『現代企業の組織革新と企業行動』丸善，1975 年）.

Yin, R. K. 1989. *Case study research : Design and methods*（*3ʳᵈ ed.*）. Thousand Oaks : SagePublications（近藤公彦訳『新装版 ケース・スタディの方法（第 2 版）』千倉書房，2011 年）.

Young, G. J., Charns, M. P., & Shortell, S. M. 2001. Top manager and network effects on the adoption of innovative management practices : A study of TQM in a public hospital system. *Strategic Management Journal*, 22 : 935–951.

Yu, K. 2013. Institutionalization in the context of institutional pluralism : Politics as a generative process. *Organization Studies*, 34 : 105–131.

Zajac, E. J., & Westphal, J. D. 2004. The social construction of market value : Institutionalization and learning perspectives on stock market reactions. *American Sociological Review*, 69 : 433–457.

Zietsma C., & Lawrence, T. 2010. Institutional work in the transformation of an institutional field : The interplay of boundary work and practice work. *Administrative Science Quarterly*, 55 : 198–221.

Zilber, T. B. 2002. Institutionalization as an interplay between actions, meanings, and actors : The case of a rape crisis center in Israel. *Academy of Management Journal*, 45 : 234–254.

Zucker, L. G., 1977. The role of institutionalization in cultural persistence. *American Sociology Review*, 42 : 726–743.

Zucker, L. G., 1987. Institutional theories of organizations. *Annual Review of Sociology*, 13 : 443–464.

あとがき

　本書は，日本企業のグローバル化に向けた人事制度の変革を題材に，事例分析を行った研究書である。本書の第3章は既出論文[1]を改訂したもので，他は博士論文とその研究を再編し大幅に加筆修正している。

　本書の研究の背景には，20年近い実務経験における問題意識がある。多くの企業をコンサルティング支援する中で，様々なプロジェクトの「栄枯盛衰」を見てきた。改革が経営陣の期待と共にスタートし，やがて停滞し色あせ，しかしある時から急に進展することもある。同じような改革テーマに多くの企業が取り組み，企業横断で見るとその後の推移にも実は共通のパターンがある。そしてそのような「改革」テーマが次々に生まれ，形を変えて繰り返される。そこには，チェンジマネジメントの巧拙を超えた，組織の営みと人間性に関する本質的な何かが潜んでいるのではないか。本書は，私なりにその答えを探ったものでもある。

　本書を書くに至る過程で，多くの方々のお世話になってきた。何よりも，京都大学の椙山泰生先生には，博士論文の指導者として本当に素晴らしいご指導をいただいた。先生の温かくも鋭いご指導無しに，博士号取得や本書の研究が実現することは考えられなかった。この場を借りてあらためて感謝の言葉を述べさせていただきたい。また博士論文に関して，京都大学の武石彰先生と他の先生方にも，本質的に重要な要素は何か，貴重なコメントとアドバイスをいただいた。そして，慶應義塾大学の浅川和宏先生には，実務家として討議させていただく中で，博士課程に関するアドバイスを頂戴し，また恩師となった椙山先生をご紹介いただいた。先生のご助言なしには，このような研究を行う道も存在しなかった。

　合わせて，本書のベースとなった研究に対して，学会で貴重なアドバイスをいただいた皆様にお礼を申し上げたい。特に国際ビジネス研究学会，組織学会，Academy of Management で諸先生方に多数の助言をいただいた。また，

---

1)　後藤将史（2016）．「制度の同化圧力を受ける組織における，外的正当性に対する感度―日本企業7社におけるグローバル人事制度導入の事例研究」『国際ビジネス研究』8（1），5-25.

本書の研究にご協力いただいた企業の皆様に，重ねて厚くお礼を申し上げたい。企業名を挙げることは出来ないが，貴重な情報を率直にご共有いただいたことではじめてこの研究が可能となった。

　その他，京都大学学術出版会の鈴木哲也氏には，編集において表現の幅を広げる助言をいただき，大変お世話になった。本書の出版には，「平成 29 年度京都大学総長裁量経費人文・社会系若手研究者出版助成」のご支援を受けている。ここに記して感謝の意を表したい。そして最後に，いつも応援してくれる家族に心から感謝している。

索　引

2-stage model　73, 90
coupling　10, 35, 145
decoupling　10, 35, 99
　　emergent decoupling　102
　　evasive decoupling　102
　　unintended decoupling　102
Gioia method　65, 191
loose coupling　98
loosely coupled systems　98
nested system　23
recoupling　145→coupling
routine implementation　102
strategic implementation　102
translation　225
unintended decoupling　102→decoupling

アキシャルコーディング（axial coding）　65, 192
アクター（actor）　25
意思決定プロセス（decision making process）　33
意図せざる不実行→unintended decoupling, emergent decoupling
印象管理（impression management）　100
埋め込まれたエージェンシーのパラドックス（paradox of embedded agency）　22
エージェンシー（agency）　20, 31
オープンコーディング（open coding）　65, 192

海外現地法人　47
外生的な複雑性　210→内生的な複雑性
外的正当性への感度　86, 209
外的妥当性（external validity）　223→内的妥当性
官僚制組織（bureaucratic organization）　97→組織
技術的中核（technical core）　97
規範的同型化（normative isomorphism）　19→同型化

旧制度学派（Old institutionalism）　9, 15→制度理論
経時的変化→制度の経時的変化
強制的同型化（coercive isomorphism）　19→同型化
競争的同型化（competitive isomorphism）　19→同型化
グラウンデッドセオリー（grounded theory approach）　52, 64
グローバル人材　49
グローバル人事制度（global talent management, GTM）　11, 46, 49
経営における認知（managerial cognition）　93
形式と実態の乖離→decoupling
形式と実態の乖離の解消→coupling
限定された合理性（bounded rationality）　17→合理性
構成概念妥当性（construct validity）　93, 138, 184
合理化された神話（rationalized myth）　19
合理性（rationality）　17, 21
　　限定された合理性（bounded rationality）　17→合理性
国際人的資源管理（international human resource management, IHRM）　46
コンフリクト（conflict）　103, 180

採用→施策の採用
採用時期（adoption timing）　72
「三種の神器」　48→日本的人事制度
資源依存理論（resource dependence theory）　93, 136
資源ベースアプローチ（resource-based view）　21
施策の採用（adoption）　34, 52, 72
施策の普及（diffusion）　35
実行加速　219→coupling
実務的利益（pragmatic concern）　73, 92, 98, 197, 206
社会化過剰（over-socialization）　20

社会的スキル（social skills） 26, 29
社会的ポジション（social position） 29
集団的な制度的企業家像 30→制度的企業家
人事制度 44
　グローバル人事制度（global talent management, GTM） 12, 46, 49
　日本的人事制度 48, 50
新制度学派（New institutionalism） 9, 15, 17
　→制度理論
人的資源管理（human resource management, HRM） 44
　国際人的資源管理（international human resource management, IHRM） 46
スーパーヒーロー仮説 30
政治的戦術（political tactics） 135, 174
制度（institution） 18, 44
　制度化（institutionalization） 10, 18, 73
　制度戦略（institutional strategy） 22
　制度的アイデンティティ（institutional identity） 211
　制度的圧力（institutional pressure） 13
　制度的関心（institutional concern） 90, 183, 206
　制度的企業家 （institutional entrepreneur） 20, 26
　　集団的な制度的企業家像 30
　　制度的企業家の発現条件 27
　制度的資本（institutional capital） 22
　制度的執着（institutional attachment） 32, 147
　制度的属性（institutional representation） 143, 178
　制度的立場 163
　制度的複雑性（institutional complexity） 24, 146
　制度的矛盾（institutional contradiction） 23→コンフリクト
　制度的リーダーシップ（institutional leadership） 148
　制度的利益（institutional interests） 73
　制度の経時的変化 11, 34
　制度派組織論（organizational institutionalism） 15→制度理論
　制度プロジェクト（institutional project） 20, 32
　制度変化（institutional change） 20, 31
　制度ロジック（institutional logic） 24
　制度ワーク（institutional work） 20
制度理論（institutional theory） 9, 15

旧制度学派（Old institutionalism） 9, 15
新制度学派（New institutionalism） 9, 15
制度派組織論（organizational institutionalism） 15
組織
　組織アイデンティティ（organizational identity） 211
　組織開発（organizational development） 174
　組織内プロセス（intra-organizational process） 204
　組織変革論（organizational change） 13
　組織モチベーション（organizational motivation） 73
　組織論（organizational theory） 9
　官僚制組織（bureaucratic organization） 97
　ハイブリッド組織（hybrid organization） 147
組織フィールド（organizational field） 19, 27, 71, 91

知識と実行のギャップ（knowing-doing gap） 12
定性研究（qualitative research） 37
同型化（isomorphism） 9, 19, 35→施策の同型化
　同型化圧力（isomorphic pressure） 44, 98
　規範的同型化（normative isomorphism） 19
　強制的同型化（coercive isomorphism） 19
　模倣的同型化（mimetic isomorphism） 19
　競争的同型化 （competitive isomorphism） 19
取引コスト経済学（transaction cost economics） 21

内生的な複雑性 210→外生的な複雑性
内的妥当性（internal validity） 94, 185, 223
　→外的妥当性
日本的グローバル化 208
日本的グローバル企業 208
日本的人事制度 48, 50
ネットワーク（network） 72

ハイブリッド組織（hybrid organization） 147
　→組織
パワー理論（power theory） 181
不確実性（uncertainty） 25
普及（diffusion）→施策の普及

索　引 247

プリンシパル・エージェント問題（principal-
　　agent problem）→海外現地法人　47
フレーミング（framing）　212
本社　47

模倣的同型化（mimetic isomorphism）　19→

同型化

リサーチクエスチョン（research question）　36
隣接組織フィールド　202
　　隣接模範的組織フィールド　213

［著者紹介］

後藤　将史（ごとう　まさし）

東京大学法学部卒。経営学修士（MBA，INSEAD），経営研究修士（MSc，オックスフォード大学），京都大学大学院経済学研究科博士後期課程修了（博士（経済学））。2010-17年度に早稲田大学グローバルエデュケーションセンター（旧メディアネットワークセンター）非常勤講師，2017年度に慶應義塾大学SFC研究所上席所員，慶應義塾大学大学院政策・メディア研究科特任准教授。

1999年より2014年にかけ，ボストンコンサルティンググループ，ブーズ・アンド・カンパニーにて内外企業に対する戦略・組織コンサルティングを行う。その後2016年までコンサルティング・シンクタンク組織にて執行役員を務める。

主な著作・研究：

後藤将史（2012）『グローバルで勝てる組織を作る7つの鍵　人材活用の新戦略』東洋経済新報社．

後藤将史（2016）「制度の同化圧力を受ける組織における，外的正当性に対する感度―日本企業7社におけるグローバル人事制度導入の事例研究」『国際ビジネス研究』8（1），5-25．

Goto, M.（2018）Theorization of institutional change in the emergence of disruptive technology : Big 4 accounting firms and AI audit. Academy of Management Specialized Conference, Big Data and Managing in a Digital Economy（University of Surrey）.

（プリミエ・コレクション　92）
グローバル人事改革の挫折と再生
──制度論で捉える組織変革　　　　　　　　　　　©Masashi GOTO 2018

2018年3月31日　初版第一刷発行

	著　者	後　藤　将　史
	発行人	末　原　達　郎
発行所		京都大学学術出版会

京 都 市 左 京 区 吉 田 近 衛 町 69 番 地
京都大学吉田南構内（〒606-8315）
電　話（075）761-6182
FAX（075）761-6190
URL　http://www.kyoto-up.or.jp
振　替　01000-8-64677

ISBN 978-4-8140-0144-6　　　　　　印刷・製本　亜細亜印刷株式会社
　　　　　　　　　　　　　　　　　　装幀　谷なつ子
Printed in Japan　　　　　　　　　　定価はカバーに表示してあります

本書のコピー，スキャン，デジタル化等の無断複製は著作権法上での例外を除き禁じられています。本書を代行業者等の第三者に依頼してスキャンやデジタル化することは，たとえ個人や家庭内での利用でも著作権法違反です。